後漢経学研究序説

井ノ口哲也［著］

勉誠出版

後漢経学研究序説◉目次

目　次

附編　阮籍の三玄の學

序章　後漢經學研究の視點

はじめに

後漢經學に關する研究は、少なくとも次の二つの課題を克服していかねばならない、と筆者は考えている。一つは、後漢時代約二百年にわたる範圍で經學という學問に關係した當時の知識人の活動情況をつぶさに把握したうえで、そこから後漢經學を論じることである。二つは、當時の一次資料、とりわけ膨大な量の注釋を仔細に讀解したうえで、そこから後漢經學を論じることである。

本書は、この二つの課題のうち、おおむね前者の課題に取り組んだものである。後者の課題についても、本書において、いくばくか試みてみたが、この二つの課題を克服する道のりは、なお遠い。本書は、まさにその第一歩である。後者の課題である注釋の讀解に基づく立論を後漢經學研究の核心とするならば、前者の課題に主として取り組んだ本書は、あくまでその入口に立ったものでしかない。本書を「後漢經學研究序説」と題する所以である。

本章では、まず、本書の第一章に置くべき内容を何にすべきか、このことを的確に捉え得るための視點として、いわゆる《儒教の國教化》説[1]が既に役割を果たし終えたことを述べ、議論をその次の段階に移すべきことを説く。尋いで、後漢時代が中國思想史上の一つの畫期と捉えられることを確認し、後漢經學研究を標榜することの意味について考察する。そして、本書の各章の論點を紹介し、最後に、本書で用いる「經學」の意味について説明しておきたい。

一　役割を果たし終えた《儒教の國教化》説

二〇〇五年三月、福井重雅氏の著書『漢代儒教の史的研究――儒教の官學化をめぐる定説の再檢討――』（汲古書院）が出版された。この書は、福井氏が約四十年の歳月をかけて、福井氏自身が提起した、いわゆる《儒教の國教化》に關する「定説」への疑義について、様様な角度から、証據を積み重ねて論證していった、福井氏の研究の集大成である。一九六七年一月、福井氏は、論文「儒教成立史上の二三の問題――五經博士の設置と董仲舒の事蹟に關する疑義――」において、

五經博士の設置や儒教の確立は董仲舒によるとする定説が、實は史記の記載の中には存在しないという事實を媒介として漢書を檢證した結果、それらはいずれも前漢末期に胚胎し徐々に釀成された儒家思潮の盛行によって、後から想像して附け加えられた理想的な現象に過ぎない。[2]

と、《儒教の國教化》に關する從來の「定説」に對し疑義を呈した。この論文は、それ以前ほとんど注目さ

れていなかった平井正士氏の業績に[3]スポットライトを浴びせることになったとともに、發表直後に佐川修氏の反論[4]をよび、さらに、それ以降に展開された數數の《儒教の國教化》説の火種となった、という意味において、今日までの漢代研究に極めて大きな影響を與えてきた。

筆者はここで、從來の《儒教の國教化》説に積極的に關與し各説の是非や意義等をめぐって議論したいと考えているわけではない。今日までに樣樣に展開されてきた《儒教の國教化》説の議論の經緯やそれぞれの所論の内容については、既に先學によってまとめられており、詳細はそちらに讓る[5]。筆者はむしろ、《儒教の國教化》というものの考え方自體が既に一定程度の役割を果たし終えたと考えており、議論の重心を次の段階に移すべきであると主張したいものである。福井氏による疑義の提出とその後に展開された《儒教の國教化》説とによって、今日では、少なくとも《儒教の國教化》の實現された時期を前漢武帝期にもとめることはできない、との共通理解を生み、その時期を前漢末期～後漢初期のあたりと考えるのが穩當である、という見方が支配的になっている。しかし、それでもなお、《儒教の國教化》の實現された時期が嚴密にはいつなのか、ということについての統一された見解の無い狀態が續いている。筆者は、統一見解をもとめようとすることと自體が無理なことであり、そこから先は煮詰まらない、と考えているし、《儒教の國教化》に關する議論はそこまででよい、とも考えている。なぜならば、《儒教の國教化》の時期に關する見解を研究者間で統一するためには、全ての研究者が同一の搖るがないメルクマールをもたねばならないからであり、それはあり得ないからである。加えて、「儒教」も「國教」も漢代のことばではなく、とりわけ「儒教」という語に至っては、定義の成功例を筆者は知らない。つまるところ、《儒教の國教化》というものの考え方自體が、實は曖昧模糊としているのである。

以上のことから、筆者は、《儒教の國教化》というものの考え方とそれをめぐる従來の言説とは、漢代研究、ひいては中國思想史研究において、既に一定程度の役割を果たし終えた、と考えているのであり、今後の議論の重心を次の段階へ移すべきである、と言いたいのである。では、その、「次の段階」とは、何であろうか。

上掲の福井氏による問題提起が數數の賛否兩論を呼んだこともあって、福井氏自身、一九六七年一月に提起した自説の正當性を論證するために、問題提起以降、自説を補強するその裏附けとなる証據を示す複數の論文を斷續的に發表してきた。これらの論文は、いわば、《儒教の國教化》の「定説」に對する疑義からうまれた〝副産物〟である。筆者が「次の段階」として注目したいのは、この〝副産物〟、これにほかならない。實は、その〝副産物〟の中に、筆者が本書を執筆する契機の一つとなった論文がある。それは、一九九四年一〇月に發表された福井氏の論文「六經・六藝と五經――漢代における五經の成立――」[(6)]である。この論文は、先秦から後漢初期までの一次資料に見える經書の總稱「六經」「六藝」「五經」各語の用例をくまなく調査したものである。その結果、福井氏は、「現存する文獻によるかぎり、五經という用語の確實な初見と見なされるのは、前漢の最末期から王莽の新王朝にかけて執筆された『法言』『太玄經』や『新論』の文中においてであり、後漢成立後の著作である『論衡』や『漢書』にいたって、はじめてそれが壓倒的多數を占めて用いられるようになった」[(7)]ことをつきとめ、

このようにただ六藝・六經・五經という用語の存在の有無のみに限定して、これらの用語の出自や沿革を跡附けてみると、前二者は先秦から前漢末期にかけて、ひろく一般に共通して使用された名稱であり、

> 後者は前漢末期以降、とくに後漢以後に多用化され、幅廣く定着するようになった表現であると結論附けることが可能である。その意味から、兩漢時代を通して大まかにいうならば、六藝と六經は前漢、すなわちほぼ西紀以前の今文學の、また五經は後漢、すなわち西紀以後の古文學の、それぞれ經學上の趨勢や時代色を反映し、代表する稱謂や概念であったと要約することができるであろう。[8]

と述べている。福井氏の所論の目的は、この結論から、前漢武帝期の五經博士の設置を「納得しがたい不可解な事例」[9]と認定し、「五經制度に關する『漢書』のもつ史料的不確實さ」[10]を指摘することにあったが、筆者としては、その論證のし方を穩當と認めつつも、本書においては、それらの問題について踏み込んで檢討するつもりはなく、ただ經書の總稱「六經」「六藝」という語が姿を消しはじめ、この二語に取って代わった「五經」という語が普及浸透してきたのが兩漢交替期あたりからである、という〝事實〟をとりあげるのみである。[11]筆者は、この〝事實〟に、中國の經學のみならず中國の學術・文化全般にとっての、一つの時代の曲がり角を見ているのである。

二　後漢という畫期

本節では、兩漢交替期から後漢時代あたりが、經學のみならず學術・文化全般においてエポック—メイキングとして捉えられ得ることを確認しておく。

池田秀三氏は、明確な理由を擧げていないものの、「思想史的には兩漢を一體のものとして捉えるよりも、むしろその間に一綫を畫したく思っている」と、兩漢交替期あたりに時代區分の分水嶺を設けたい旨を述べている。[12] また、川原秀城氏は、「兩漢の交ないしそれよりやや後れるあたりが、學術上の發展の大きな轉換點であった」と、天文暦數學・醫學・農學・地理學といった諸學の轉換點が兩漢交替期から後漢時代あたりにあることを指摘し、さらに製紙技術・製鐵技術・紡織技術・船舶技術・土木工事技術等の諸生産技術もこの頃に「フレイムワークを構築した」ことを述べている。[13] さらに、董仲舒以來の災異説をとり込んで飛躍的に流布した反體制知識人による「童謠」についても、「それまで民歌・兒歌・民謠・童謠などと呼ばれていたものがすべて童謠に一本化し」、それが「社會批判・體制批判の武器として定着した」のも「前漢末から後漢にかけての時期である」との指摘もある。[14] このほか、すでに先學によって指摘されていることを踏まえると、先の引用文中で福井重雅氏も言及しているように、前漢末期から新・後漢初期にかけて今文學派が衰退し古文學派が擡頭してくること、また、本編第一章で採りあげる讖緯が流布したのも前漢末期から後漢初期にかけてのことである。そして、後漢時代に入って顯著になってくるのが上述の製紙技術と關連する紙の普及（とそれによると思われる「通」の普遍化）[15]、社會の全體的富裕化による學問人口の増加と[16]、これにともなう學問のあり方の變化、具體的には經と注の合併が行われたことや書物に序文が記されるようになったことであり[17]、これらも前漢時代までとは一綫を畫する、學術に與えた重要な要素として擧げることができる。最後に、筆者自身の見解を附け加えると、次の三つである。①前漢時代までに中國思想に關する古典が概ね出揃い、後漢時代以降はそれらを解釋していく時期になっていくこと[18]、②近四十年、間斷なく發掘されてきた出土資料（ここでは思想關係のものに限定して話を進める）は、前漢時代までのものが壓倒的に多く、後漢時代以降のものはそれに比して極端に少ないという事實[19]、③後漢時代における佛教の傳來・初期道教の成立により、それ以前とそれ以後とで中國思想を捉えるためのメルクマールが自ずと異なってくること。以上のように、様様な觀點から、兩漢交替期から後漢時代あたりが、中國思想史上の大きな一つの畫期である、と考えられている。

したがって、前漢末期から後漢初期にかけて經書の總稱が「六經」「六藝」から「五經」へとかわっていったという現象を踏まえると、後漢時代の經學を研究對象とするばあいの一つのあり方として、「五經」という語が多用されるようになった時期から執筆を開始するのが穩當である、と言ってよいであろう。後漢初期の經學の樣相を檢討した「五經と讖緯」が本書の本編第一章に置かれる根據は、この點にある。

そもそも、兩漢交替期から後漢時代あたりは、中國思想史上の大きな一つの畫期であるのだから、この時期の思想が注目されて研究がかなりの程度進展していなければならないはずである。しかし、實情はそうではなく、相前後する前漢時代・魏晉時代の研究に比べて、研究の蓄積が豐富であるとは決して言えない状況が續いてきた。そのような状況の中でも、かつて後漢思想を總體的に捉える試みが、一部の研究者によって行われたことがあった。

それらを發表年次順に紹介すると、例えば、光武帝・明帝・章帝の治世の思想情況を考察の對象とした一九七二年發表の町田三郎氏の論文「後漢初期の社會と思想」は、

後漢初期の思想の問題は、章帝の建初四年、章帝臨席のもとで行なわれた白虎觀論議の經學史、學術史、政治思想史的な意義を畫定することと、王充の「論衡」に充溢する批判精神をその發生的な基盤から究明することの二點につきるもののようである。[20]

と述べ、白虎觀會議や王充『論衡』に至る思想の道程を考究している。この町田氏の論文に觸發されて成った一九八三年發表の辺土名朝邦氏の論文「後漢前期思想界の諸問題について」は、後漢前期の思想史的現象を劉漢主義・禮教主義・讖緯信奉と捉えている。(21)

また、一九八五年に發表された日原利国氏の論文「漢代思想はいかに研究されてきたか」は、漢代の思想に關する先行研究を紹介したものであり、後漢時代については、讖緯・桓譚・張衡・王充・王符・荀悦・仲長統の研究が紹介されている。(22)

さらに、一九八七年發表の町田三郎氏の論文「後漢思想史研究のための序」は、前漢中期から後漢後期までを視野に入れ、政治と學術の關係や禮教の地方への浸透について概述しているが、白虎觀會議と『白虎通義』について特にとりあげ紙幅を割いて論じており、町田氏の以前の論文「後漢初期の社會と思想」の問題意識を發展させたものと思われる。(23)

そして、一九九六年發表の池田秀三氏の論文「漢代思想史概説」は、漢代思想史の歷史的展開について、

> 項目のみ列擧するとすれば、前述の漢初における黄老・神僊思想の流行、武帝の儒教國教化などのほかに、昭・宣帝期における儒法論爭の跡を傳える『鹽鐵論』、前漢末の劉向父子による儒學とその統一、後漢章帝期における白虎觀會議をピークとする經今古文の鬪爭（その中心は春秋公羊學と左氏學の對立で、廣義には司馬遷・班固・何休の史學もその一環）、鄭玄による經學の集大成、後漢中末期における社會批判思潮などが擧げられる。(24)

と記している。

このように、一部の研究者によって後漢思想をどのように捉えるべきかが考察されてきたのであるが、問題意識が後漢前期に偏っていたり、特定のトピックを列ねたり、特定の人物の思想研究の紹介に終始したりと、思想の取り扱いかたが、いささかアンバランスであったことは否めない。實は、學術雜誌や研究書における後漢思想の扱われ方にも、こうした傾向が現れていた。

例えば、「秦漢」という語を冠する研究書をひもとくと、金谷治『秦漢思想史研究』（日本學術振興會、一九六〇年三月）、町田三郎『秦漢思想史の研究』（創文社、一九八五年一月）の扱う範圍は、文字どおりの秦漢（前二二一年～後二二〇年の約四四〇年間）ではなく、前漢時代までである。[25] 兩書とも前漢で區切る意味を思想史研究の觀點から見出だしてはいるが、[26] 具體的な作業として秦・前漢期の政治史を念頭に置いて議論を進める點で共通する。これは、政治や社會と切り離された思想など考えられない、というのが最たる理由と見てよいであろう。

「秦漢」以外に「漢」が前の時代とペアを組む語に「周漢」がある。重澤俊郎『周漢思想研究』（弘文堂書房、一九四三年八月）がこの例であり、これも扱う範圍が前漢時代までである。すなわち、「秦漢」「周漢」では、「漢」の範疇は「秦」「周」側に引き寄せられて前漢時代に偏っているのである。

同じことは「漢」が後代とペアを組むばあいにも言える。「漢魏」がこの例であり、このばあい、「漢」の範疇は後漢時代に偏っている。例えば、學術雜誌『漢魏文化』（漢魏文化研究會、一九六〇年六月の創刊號～一九七一年一〇月の第八號で休刊）は、緯書の研究を中心に後漢の思想に關する論文を多く收載し、堀池信夫『漢魏思想史研究』（明治書院、一九八八年一一月）は、「漢魏時代」を前漢期・後漢期・魏晉期に分けて敍述するが、後漢期の敍述が最も長い。

では、枚擧に暇の無い「兩漢」「漢代」の語を冠する學術雜誌や研究書は、前漢・後漢を扱うバランスがよいかというと、文字通り前漢・後漢を敍述してはいても、どちらかと言うと、やはり前漢時代の敍述に質・量ともに重きが置かれている嫌いは否定できないであろう。

結局、「後漢」は、その獨自性を顯示しようとするならば、單獨で表に出るしかない。すなわち、學術雜誌や研究書のタイトルに「後漢」という語を冠するのが手っ取り早い、ということになる。こうした狀況を背景にして、「後漢」を冠する研究書がわが國で初めて登場したのは、一九九〇年代の中國史研究においてであった。(27) 中國思想研究はこれより遲れ、「後漢」を冠するわが國の研究書としては、二〇一四年九月の時點で、田中麻紗巳『後漢思想の探究』(研文出版、二〇〇三年七月)、渡邉義浩『後漢における「儒教國家」の成立』(汲古書院、二〇〇九年三月)くらいであり、いささか物足りない感じはするものの、その一方で、『後漢書』の注釋書が數種出版されている今日の情況(28)等を考慮に入れると、後漢研究の獨自性が、各分野の研究者によって、ようやく認識されてきたのではないか、と筆者は考えている。(29)

以上のことから、後漢時代の經學を研究するばあいも、あえて「後漢經學」を標榜するのがよいであろう。(30) 本書のタイトルに「後漢經學」という語を用いた所以である。

三　各章の論點

それでは、序章をのぞく本書各章について、論點を示しておく。

本編「後漢經學の研究」は、七章から成る。

第一章から第三章までは、後漢時代における經學の學習狀況の實態を范曄『後漢書』の分析を通じて浮き彫りにしたい、という筆者の問題意識のもとで書かれた一連の論文であり、第四章から第七章までは、その後の約十年の歲月の中で個別のテーマのもとに書かれた論文である。

「第一章　五經と讖緯」では、後漢初期（光武帝・明帝・章帝期）における、讖緯の流行・「五經」という語の普及浸透・「古學」修得者の活躍、という三つの現象の關係を考察する。

「第二章　經學の繼受」では、「誦」「通」「傳」「教授」といった語に注目し、後漢時代における經學の繼受という學問的營爲を習得と傳授の兩面から分析し、繼受の方法やそのプロセス・仕組み等を明らかにする。

「第三章　經義・經文の正定」では、「口授」による傳授と「誦」による習得がごくふつうに行われた當時の學習形態において、經學の繼受の過程で傳え閒違い・聞き閒違いや恣意的な文言の改變等が生じるため、經義や經文をととのえる營爲が斷續的に行われていたが、その事例を時系列に竝べることにより、從來過大評價されてきた白虎觀會議の擧行や熹平石經の建立という兩事業の位置づけについて再檢討を行う。

「第四章「高宗諒陰三年不言」攷」では、『論語』憲問篇に見える『書』の文言「高宗諒陰三年不言」が、現在確認できる『尚書』には見えないことを指摘したうえで、『尚書』を出典として引用されている事例と、出典が明示されていない事例とを檢討し、なぜ殷の高宗についてだけ「三年不言」と言われるのか、なぜ多く引用されるほどの常套句にまでなったのか、こうしたことについて考察する。

「第五章『孟子』とその注釋」では、後漢時代につくられた複數の『孟子』注をとりあげ、他の散佚し斷片的に傳わる注に比べ、今日まとまって傳わる最古の注である趙岐注が、『孟子』を解釋する際に重寶されクローズアップされてきた、という現状を踏まえ、趙岐注そして他の注を後漢時代における複數の『孟子』注の一つとして當時の學術的文脈の中で正しく捉えるべく、後漢時代における『孟子』とその注釋の學術上の位置を考察する。

「**第六章　『易』と『周禮』**」では、『漢書』藝文志（『七略』）において『易』が他の五學（『詩』『書』『春秋』『禮』『樂』）を統べる筆頭の位置にあったが、のちに鄭玄によって『周禮』が禮解釋の基準とされ經學の核とされたことについて、『周禮』はなぜ鄭玄によって經學の核とされたのか、また、經學全體を統べる役割を擔っていた『易』はどうなってしまったのか、こうした問題を考察する。

「**第七章　顏回像の變遷**」では、孔子から唯一自分より能力が上であると認められた弟子・顏回について、戰國秦漢時代にどう捉えられたか、その變遷をたどった。まず『論語』本文からうかがえる顏回像を確認し、「顏氏の儒」（『韓非子』顯學篇）との關連で『莊子』における仲尼と顏回の會話を檢討し、さらにそれとの關連で上海博物館所藏戰國楚竹書『顏淵問於孔子』の試譯とその特徵をうかがう。その後、『史記』の孔子世家と仲尼弟子列傳の顏回傳、前漢時代の説話における孔子と顏回の會話を檢討し、後漢時代における顏回像について王充・鄭玄らの見方を明らかにする。これにより、これまでよく分からなかった後漢時代の『莊子』の役割について言及することができる、と考えている。

附編「阮籍の三玄の學」は、三章から成る。

後漢時代の一次資料に見える「通」の痕跡は、それ以降の一次資料では阮籍の『通易論』『通老論』『達莊論』に確認することができる。この三つの著作は三玄に關するものであり、玄學において三玄が揃うのは阮籍のこの三つの著作が初めてである。「通」を通じて、阮籍は、『易』『老子』『莊子』を意識的に一つのまとまりとして捉えたものと思われる。この三章を附編とする所以である。

「第一章　『通易論』初探」は、『易』の引用の仕方が比較的整然としている『通易論』について、その構成や『易』の引用の特徴を確認したうえで、阮籍の『易』理解の本質にせまろうとしたものである。

「第二章　『通老論』の検討」は、今に傳わる『通老論』の斷片記述計三條のそれぞれを現代日本語に飜譯し、私見を述べたものである。

「第三章　『達莊論』譯注」は、『達莊論』を便宜的に十四に分節し、譯注を施したものである。『達莊論』の本邦初譯である。

おわりに

本書は、後漢時代の經學を研究對象とするものである。最後に、筆者が本書で用いる「經學」の意味を明らかにしておく。

これまでの數ある「經學」という語の説明・定義の中で、ここでは、以下の五氏によるものを紹介しておきたい。その理由は、五氏が儒家の經書の研究に長く從事してきた人たちだからである。

まず、重澤俊郎氏は、「經學」を「儒家が經と呼ぶ所の一定範圍の古聖典に對して爲す所の創造的解釋學」(31)と定義している。

次に、関口順氏は、「經學とは、絶大な宗教的とも言える權威をもつ孔子の手訂・編纂、或いは解説を經たと考えられる典籍を考究する形式の、一種の解釋學である」[32]と定義し、のちに「六藝の經典解釋學」[33]とも言っている。

また、岩本憲司氏は、「經とは本來、先秦の諸學派がそれぞれに基本とした綱要の書をさすが、經學という場合の經とはそのなかの儒家のものに限られ、しかも時代的に降って儒家が獨尊の地位を得、儒學が國教化されていわゆる儒教となった前漢期以降についていう。つまり、儒教の經典のことである。そして、このような經に關する創造的解釋にもとづく注釋を中心とした、二千年にもわたるもろもろの知的營爲を經學と呼ぶ。その本質を一言で規定するのは難しいが、あえていえば、總合を方法とし致用を目的とする國家學である。[34]」という定義をくだした。

そして、小島毅氏は、「經學とは、經についての解釋學である。經の語源は「つね（恆、常、庸）」の意で、いつどこでも通用する普遍的な眞理だとされる。儒教ではいくつかの書物を「經」とし、そこに書かれた普遍的内容の教説を信奉してきた。ただし、經の文面はそのままで理解するには幾多の困難をともなう。そのため、經に記載された文言の正しい解釋を提示し、後世に傳えるための學術が必要となる。それが經學であった。[35]」と述べている。

さらに、間嶋潤一氏は、「これ以後（＝新・後漢時代以降、井ノ口注）、經學（經書解釋學）は今文學と古文學とに二分され、文字の相異、經書の理解・解釋の相異、思想の相異によって、論難・對立することになる。[36]」と記している。

五氏に共通しているのは、「經學」を儒家の權威あるテキストである經書についての解釋學と考えていることである。「經學」という言葉を説明したり定義するばあい、各研究者ともこのように足なみが揃うことが判明し、これはこれでよく理解できるものである。

ただ、ここでちょっと考えてみないといけないのは、後漢時代の實情に即したばあい、經學という營爲は、結局、儒家の經書だけを相手にするということで本當によいのか、ということである。例えば、當時まだ經書ではなかった儒家思想の重要な書である『孟子』に注釋を施したばあい、その營爲は經學とは呼ばないのであろうか。後漢時代の章句の學は、儒家の經書に對してのみならず、今日に傳わるものを擧げても、『孟子』章句や『楚辭』章句があるとおり、『孟子』や『楚辭』に對しても行われた。また、儒者が『老子』に注をつけたケースは、どうであろうか。『淮南子』や『呂氏春秋』にも注がつけられている。

章學誠（一七三八～一八〇二）が「傳があることにより經という名稱がありますが、これは子がいることにより父という呼び名を設けるようなものです[37]」と述べたように、經は、解説という學問的營爲があることによりはじめて存立するものである。後漢時代から時代を遡って、戰國・秦・前漢時代の一次資料を見てみると、儒家の「經―傳（注）」に限らず、例えば、『墨子』の「經―經説」、『管子』の「經―解」、『老子』に對する『韓非子』の喩老篇・解老篇、あるいは一篇内における「經―説」構造、こうしたものが諸子百家の文獻や出土資料に少なからず確認できる[38]。これは、どういうことであろうか。それは、池田知久氏が、「「經學」と言えば、人々はとかく中國古代の儒家のそればかりを思い描きがちであるが、實は同じ時代の墨家や道家を始めとする諸子百家もほぼ同じものを持っていた[39]」と述べているとおりであろう。「經學」は、もとより儒家の專賣特許ではなかったのである。

このことを踏まえて話を後漢時代にもどしてみると、儒家の經書ではない書物に注がつけられた營爲も、れっきとした經學であろう。したがって、筆者は、後漢時代の經學に、即座に先の五氏による説明や定義を當て嵌めることには、留保をもとめたいのである。

一方で、話を儒家の經書に限ってみても、浦山きか氏からは、「一つ一つの〈經書〉によって若干の違いはあるものの、〈經書〉それ自體の文言、つまり經文はそれ自體獨自の文化に基づいた身體觀を内藏している。經文を許愼や鄭玄の解釋を通してしか見ないことは、〈經書〉の意圖をゆがめる可能性がある。(40)」という指摘がある。

以上のことから、本書では、解釋する者が儒者であるか否かにかかわらず、儒家の經書に限定されないある特定の文獻に對して何らかの「解釋學」的營爲が認められさえすれば、それをひろく「經學」と呼んでおくことにしたい。

注

(1) ここに言う「《儒教の國教化》説」とは、從來、漢代に「儒教」もしくは「儒學」が「國教」化した・「官學」化した・「成立」した、などと各人各様に唱えられてきた諸言説を、いま引っ括めて便宜的に呼ぶものである。

(2) 福井重雅「儒教成立史上の二三の問題――五經博士の設置と董仲舒の事蹟に關する疑義――」(『史學雜誌』第七六編第一號、史學會、一九六七年一月/大幅に改稿され、福井重雅『漢代儒教の史的研究――儒教の官學化をめぐる定説の再檢討――』〔汲古書院、二〇〇五年三月〕の「緒言　漢代儒教の官學化をめぐる諸問題」に收録される)、著書一三頁。

なお、宮本勝「五經博士について」(『北海道大學人文科學論集』第一三號、北海道大學、一九七七年三月)は、『漢書』儒林傳の贊に見える武帝五經博士に關する記述について檢討し、疑問をつらねているが、福井氏がもっていたような問題意識は、そこに無い。

(3) 平井正士「董仲舒の賢良對策の年次に就いて」(『思潮』第一一年第二號、大塚史學會、一九四一年九月)、平井正士「賢良方正を擧げた動機について」(『思潮』第五一號、大塚史學會、一九五四年三月)、平井正士「漢の武帝時代に於ける儒家任用――儒學國教化の前階として――」(東京教育大學東洋史學研究室編『東洋史學論集』第三、不昧堂書店、一九五四年一一月)。

(4) 佐川修「武帝の五經博士と董仲舒の天人三策について――福井重雅氏「儒教成立史上の二三の問題」に對する疑義――」(『集刊東洋學』第一七號、中國文史哲研究會、一九六七年五月/のちに「武帝の五經博士と董仲舒の天人三策――福井氏の所説に對する疑義――」と改題され、佐川修『春秋學論考』(東方書店、一九八三年一〇月)に收録される)。

(5) 臺灣やその他の漢字文化圏の讀者を對象としたものに、渡邉義浩著・松金佑子譯「日本有關「儒教國教化」的研究回顧」(『新史學』第一四卷第二期、三民書局、二〇〇三年六月)があり、日本語で記されたものには、福井重雅「儒教の官學化をめぐる學説・研究略史」(もと福井重雅『儒教の國教化(稿)――日本における學説史・研究史の整理――』、平成九・十・十一年度文部省科學研究費研究成果報告書、二〇〇〇年一月/大幅に改稿され、改題のうえ注(2)所掲福井重雅氏著書に收録される)、渡邉義浩「日本における「儒教の國教化」をめぐる研究について」(渡邉義浩編『兩漢の儒教と政治權力』、汲古書院、二〇〇五年九月)、保科季子「圖讖・太學・經典――漢代「儒教國教化」論爭に對する新たな視座――」(『中國史學』第一六卷、中國史學會、二〇〇六年一〇月)、保科季子「近年の漢代「儒教の國教化」論爭について」(歴史科學協議會編『歴史評論』第六九九號、校倉書房、二〇〇八年七月)、渡邉義浩『後漢における「儒教國家」の成立』(汲古書院、二〇〇九年三月)の「序論　「儒教の國教化」をめぐる議論と本書の方法論」、渡邉義浩「儒教の「國教化」論と「儒教國家」の成立」(『中國――社會と文化』第二四號、中國社會文化學會、二〇〇九年七月)、鄧紅「日本における儒教國教化論爭について――福井再検討を中心に」(『北九州市立大學國際論集』第一二號、二〇一四年三月)、等がある。

　なお、関口順「「儒教國教化」論への異議」(『中國哲學』第二九號、北海道中國哲學會、二〇〇〇年一二月)は、從來の「儒教の國教化」説を検討したうえで、

　　それにしても、漢代に國教化されたはずの儒教――この認識は以上の論者のすべてが一致している

――その儒教がその後の時代においては、思想史上であろうと歴史學上一般であろうと、「國教」として論じられ問題にされることの絶えて無いのは如何なる故か。いささかの奇觀と言うべきではないだろうか。（六頁）

以上の「儒教の國教化」論全體を通していえる、大きな問題が二つある。それは、「儒教」とは何か、とくに前漢末から後漢にかけての時期の「儒教」とはどのようなものとして存在していたのか、という點が考慮されていないことである。もう一つは、「國教化」の「國」はいったい何を指しているのか、曖昧だということである。……。「儒教」も「國教」も當時の概念ではなく、現代の我々の歴史（思想史）に對する認識の枠組みに外ならない。それがあまりにも無造作に使われてしまっているのである。この二點は從來からの儒教國教化言説においても事情は同じなのだが、その弊害はより多く批判的「儒教の國教化」論の方に現れている。「儒教國教化」の時期も指標も定まらないのはそのためではないか。（一六頁）

と述べている。筆者は、基本的に関口氏の所論に贊同し、本章を執筆しているものである（関口氏の所論に對する反論があるのも承知しているが、いまは觸れない）。

（6）福井重雅「六經・六藝と五經――漢代における五經の成立――」（『中國史學』第四卷、中國史學會、一九九四年一〇月／大幅に改稿されて「五經の用語とその沿革」と改題され、注（2）所掲福井重雅氏著書に收録される）。

なお、この福井氏の論文に先行して、「六經」と「五經」の兩語について考察したものに、菅谷軍次郎「六經及び五經についての一考察」（『宮城學院女子大學研究論文集』I、宮城學院女子大學、一九五一年一二月）がある。菅谷氏は、「六經及び五經の盛衰を見るに、五經が漢代から稱せられると、六經の名、漸く衰微した。」（一六三頁）と述べているが、「六經」と「五經」の交代の時期やその詳細な証據は示されていない。

（7）注（2）所掲福井重雅氏著書の第一篇第一章「五經の用語とその沿革」、一六九頁。

（8）注（2）所掲福井重雅氏著書の第一篇第一章「五經の用語とその沿革」、一六九頁～一七〇頁。

（9）注（2）所掲福井重雅氏著書の第一篇第一章「五經の用語とその沿革」、一七〇頁。

（10）注（2）所掲福井重雅氏著書の第一篇第一章「五經の用語とその沿革」、一七一頁。

（11）『白虎通義』五經篇は、「五經」という語が篇名に用いられた最古の例である。「五經」という語が篇名に用いられたことは、後漢前期における「五經」という語の普及浸透を示す一つの痕跡と言える。
注（2）所掲福井重雅氏著書が出版されたあと、城山陽宣「五經博士の設置に關する疑義の再檢討――『史記』『漢書』における「五經」を中心として」（『關西大學中國文學會紀要』第二八號、關西大學中國文學會、二〇〇七年三月）が發表された。城山氏は、①「五經」という語が表す象徴概念が武帝期と後漢時代では異なり、武帝期の「五經」の用例は宣帝期以降のそれに比べてまだ高い神聖性を有していないこと、②武帝期に多くの「五經」の用例が存在すること、③「通五經」と言われる人物の學統が異なること、主にこの三點を論據として、前漢武帝期の五經博士の設置を「後世の附會」とする福井重雅氏の說が成り立たない旨を述べた。しかし、城山氏が擧げている「五經」の用例は、『史記』の用例わずか一例をのぞき、あとの三十八例はすべて『漢書』の「五經」の用例である。「五經」という語が經書の總稱として使用されていた後漢時代に記された『漢書』の武帝期の記述に「五經」という語が見えるのはあたりまえのことであり、これをもって福井氏の說を退けようとするのは、どう考えても不可能である。兩漢交替期あたりに經書の總稱が「六藝」「六經」から「五經」にかわっていったという〝事實〟は動かないのである。

（12）池田秀三「漢代思想史概說」（橋本高勝編『中國思想の流れ（上）兩漢・六朝』、晃洋書房、一九九六年五月）、一二頁。

（13）川原秀城『中國の科學思想――兩漢天學考』（創文社、一九九六年一月）の序章の二の(二)「中國科學のフレイムワーク」、四八頁～五三頁（引用文は四八頁のもの）。また、杜石然・范楚玉・陳美東・金秋鵬・周世德・曹婉如編著、川原秀城・日原伝・長谷部英一・藤井隆・近藤浩之譯『中國科學技術史』上（東京大學出版會、一九九七年二月）の「第4章　古代科學技術體系の形成――秦漢期（前221―後220年）」（陳美東氏執筆箇所）も參照。

（14）串田久治「豫言に託す變革の精神――古代中國の豫言と童謠――」（『豫言の力』アジア遊學29號、勉誠出版、二〇〇一年七月）、五頁。串田久治『中國古代の「謠」と「豫言」』（創文社、一九九九年一二月）の特に「第6章　古代中國の豫言」（原載誌掲載は一九九六年）では、君主權の抑制を機能として擔っていた董仲舒以來の「災異説の理論が現實社會で具體的に機能していたのが「謠」であったと言うことができよう」（二四七頁）と述べられている。また、東晋次『後漢時代の政治と社會』（名古屋大學出版會、一九九五年一一月）にも、後漢時代の「風謠」について、「風謠には郷里社會で生きて働く民衆の思いが込められているだけに、それが暗黙の政治的社會的規制力をもっていたことは疑えない」（二八二頁～二八三頁）と述べられている。

（15）後漢時代における紙の普及とそれにともなう學習生活の變化については、本編第一章の注（51）を參照。

（16）後漢時代における社會の全體的富裕化による學問人口の增加については、本編第一章の注（50）を參照。

（17）池田秀三「「序在書後」説の再検討」（『東方學報　京都』第七三冊、京都大學人文科學研究所、二〇〇一年三月）は、「後漢の後期は、實は中國文獻史上の重大な轉換期であった。その轉換とは、それまで單獨で行われていた經と傳、あるいは經と注が合併されたことである。……。このような書物の體裁の變更が試みられたのは、馬融と鄭玄の例からも明らかなように、讀者の便宜を圖ってのことであった。そしてそのような便宜を考慮せねばならぬ狀況を招いたのは、學問のあり方の變化の故、すなわち少數の徒弟的教育が崩れ、學者層が急激に増大・廣汎化したことである。その廣汎化の一因が紙の普及にあったことは言うまでもない。」（一五三頁）と述べている。

また、古勝隆一「後漢魏晉注釋書の序文」（原載誌掲載は二〇〇一年三月／古勝隆一『中國中古の學術』、研文出版、二〇〇六年一一月）は、「大まかにいって馬融のころから經書の注釋には形態上の二つの變化が起こりはじめ、その一つは注釋家の序文が冠されるようになった事で、いま一つはそれまで別行するのが普通であった注と經とが一つの本に合わせて書かれるようになった事である」（七〇頁）と指摘し、「…序文を附し、經注を合併するという習慣は、明らかに同一の根源から生じた二つの發露に違いない。つまり注釋家が讀者を明確に意識した、その現れである。序文は、讀者に向かって古典の要旨を簡潔に傳える表現を確立した。そして經注の合併は、それ以前には避けることができなかった古典讀者の大きな手間を省いたのである。」（七五頁）と述べている。

（18）井ノ口哲也『入門　中國思想史』（勁草書房、二〇一二年四月）が、夏代から中華人民共和國までの中國思想史を、「古典形成の時代」（夏～前漢）・「古典解釋の時代」（新・後漢～清）・「古典再評價の時代」（中華民國・中華人民共和國）という三つの時代に區分したのは、この理解を一部反映させたものである。

（19）思想關係のものに限っても、なぜ前漢以前の出土資料がとてつもなく多く後漢以降のそれが極端に少ないのか、いま筆者はこのことをうまく説明することができない。例えば、もしも後漢時代に紙の書籍が流通しており、それが副葬品として身分のたかい人の墓に埋葬されたとしても、時が經ち紙が朽ちてしまって跡形もなくなり、出土しないためであろうか。ともあれ、この偏りこそ、前漢時代までに古典が概ね出揃った、ということを暗に示している、と考えるほうが、むしろ自然であるのかもしれない。

（20）町田三郎「後漢初期の社會と思想」（『集刊東洋學』第二八號、中國文史哲研究會、一九七二年一〇月）、二八頁。

（21）辺土名朝邦「後漢前期思想界の諸問題について」（『九州中國學會報』第二四卷、九州中國學會、一九八三年六月）。辺土名氏も町田氏と同じく考察對象の時期は光武帝・明帝・章帝期であり、辺土名氏はそれを「後漢前期」と呼んでいる。

（22）日原利国「漢代思想はいかに研究されてきたか」（『中國思想史研究』第七號、京都大學文學部中國哲學史研究會、一九八五年三月）。これは、日原氏の「Ⅳ　思想史（Ⅰ）――春秋戰國と秦漢――」（島田虔次・萩原淳平・本田實信・岩見宏・谷川道雄編『アジア歴史研究入門　第3卷　中國Ⅲ』、同朋舎出版、一九八三年一一月）の「3　漢代の思想史」（「漢代思想研究の現況」と改題され、日原利国『漢代思想の研究』〔研文出版、一九八六年二月〕に收録される）を增補したものである。

なお、日原利国編『中國思想史』（上下二册、ぺりかん社、一九八七年三月・一九八七年七月）は、人物傳でたどる中國思想通史であるが、上册では、後漢時代の人物は、王充・何休・蔡邕・鄭玄・仲長統の五人が採りあげられている。日原氏によるこの人選について、池田秀三氏は、論文「盧植とその『禮記解詁』（上）」（『京都大學文學部研究紀要』第二九、京都大學文學部、一九九〇年三月）の中で、「何氣なく見れば、至極當然の顔ぶれのように思われるかもしれないが、實はこれはまことに新鮮かつ大膽な人選なのである」（一頁）と述べたうえで、

右の五人のうち、王充と仲長統とは内外を問わず、また通史と斷代史の別なく、ほとんど全ての思想史に項目として取り上げられており、とりわけ王充については、多くの頁を割いて詳述するのが常となっ

ている。王充の紹介だけで後漢部分をすませているものさえ一二に止まらない。何休もまた、この兩者とまったく同等とはいかないまでも、それに準じた取り扱いを受けていることが多い。ところがこれに對して殘りの二名、鄭玄と蔡邕は實に冷遇されているのである。鄭玄はいちおう出てくることは出てくるが、經學の集大成者としてごく簡單にふれられるだけという場合が大半であり、蔡邕に至っては名前さえほとんど見えない有樣である。（一頁）

と、それまでの中國思想通史における後漢知識人の人選に偏りがあったことを指摘している。

(23) 町田三郎「後漢思想史研究のための序」（『東方學會創立四十周年記念東方學論集』、東方學會、一九八七年六月）。

(24) 注（12）所掲池田秀三氏論文、一四頁。

(25) 同様の傾向は、「秦漢」の語を冠する日本の中國史研究の研究書にも顯著である。いま戰後の研究書を擧げると、増淵龍夫『中國古代の社會と國家――秦漢帝國成立過程の社會史的研究――』（弘文堂、一九六〇年二月／新版は増補改訂し副題が無い、岩波書店、一九九六年一〇月）、栗原朋信『秦漢史の研究』（吉川弘文館、一九六〇年五月）、鎌田重雄『秦漢政治制度の研究』（日本學術振興會、一九六二年一二月）、西嶋定生『中國の歷史　第2卷　秦漢帝國』（講談社、一九七四年七月／のち、『秦漢帝國　中國古代帝國の興亡』、講談社、一九九七年三月）、好並隆司『秦漢帝國史研究』（未來社、一九七八年三月）、鶴間和幸『秦漢帝國へのアプローチ』（山川出版社、一九九六年一一月）等が、前漢までの敍述か後漢に及んだばあいも明帝・章帝期あたりで敍述に比重を置いており、後漢末までを丁寧に敍述するものは少ないと言える。これは、研究者の關心が秦漢帝國の成立や構造・諸制度に注がれてきたことによる。裏を返せば、後漢への言及が少ないのは、秦・前漢期に確立する秦漢帝國の構造・諸制度が後漢でどのように推移するかという、あくまで研究の主體を前漢期までに置いて後代への影響を眺めるという研究姿勢に起因している、ということになろう。

なお、いちいち例示しないが、「秦漢」の語を冠する中國大陸の研究書は、大方秦~後漢を敍述する。

(26) 金谷治『秦漢思想史研究』の「序章　秦漢思想史の主題」、町田三郎『秦漢思想史の研究』の「序　秦漢思想史への視角」。

(27) 一九九〇年代に、狩野直禎『後漢政治史の研究』（同朋舍出版、一九九三年二月）、渡邉義浩『後漢國家の

支配と儒教』（雄山閣出版、一九九五年二月）、東晋次『後漢時代の政治と社會』（名古屋大學出版會、一九九五年一一月）という三つの研究書が相ついで刊行され、「後漢」の語を初めて冠したわが國の中國史研究の三研究書として注目された。この三研究書については、小嶋茂稔「後漢時代史研究の近年の動向――國家と社會に關わる諸論考を中心として――」（原掲誌掲載は一九九八年二月／小嶋茂稔『漢代國家統治の構造と展開――後漢國家論研究序説――』〔汲古書院、二〇〇九年二月〕に收録される）、井ノ口哲也「後漢研究へのまなざし」（『歴史學研究』第七〇七號、青木書店、一九九八年二月）を參照。

（28）范曄『後漢書』の注釋書で一九九〇年代以降刊行のものを擧げると、雷國珍・汪太理・劉強倫譯『後漢書全譯』（全五册、貴州人民出版社、一九九五年五月）、章惠康・易孟醇主編『後漢書今注今譯』（全三册、嶽麓書社、一九九八年七月）、吉川忠夫訓注『後漢書』（全一〇册＋別册一册、岩波書店、二〇〇一年九月～二〇〇七年三月）、渡邉義浩主編『全譯後漢書』（汲古書院、二〇〇一年一二月～刊行中）、韓復智・洪進業註『後漢書紀傳今註』（全一〇册、五南圖書出版、二〇〇三年一〇月）等がある。このほか、同時期に、張舜徽主編『後漢書辭典』（山東教育出版社、一九九四年八月）、宋文民『後漢書考釋』（上海古籍出版社、一九九五年九月）、戴蕃豫『稿本後漢書疏記』（書目文獻出版社、一九九五年一二月）、國立歴史民族博物館が所藏する國寶の宋慶元四年（一一九八年）黄善夫刊『後漢書』一二〇巻六〇册を影印した『後漢書㈠』『後漢書㈡』『後漢書㈢』（古典研究會叢書漢籍之部第二十九卷・第三十卷・第三十一卷、汲古書院、一九九九年七月・一九九九年九月・二〇〇〇年二月）等、『後漢書』研究のための工具書類が出版された。

（29）「秦漢」という語を冠する齋木哲郎『秦漢儒教の研究』（汲古書院、二〇〇四年一月）が、文字通り秦～後漢の「儒教」について敍述しているのは、事實上前漢までを指していたかつての「秦漢」という語に對する意識が、その後の研究の進展によって、ようやく修正されてきたことを意味するのではなかろうか。

（30）いささか手前味噌になってしまうが、筆者も末席を汚している後漢經學研究會の活動（二〇〇〇年一〇月發足）と機關誌『後漢經學研究會論集』の刊行（現在までに第三號を刊行）も、こうした意識から出てきた「後漢經學」という語を冠する研究活動である、と筆者は考えている。

（31）重澤俊郎『原始儒家思想と經學』（岩波書店、一九四九年九月）、一九五頁。

（32）關口順「經學的思惟構造の分析――春秋公羊學に即して――」（『東方學』第五一輯、東方學會、一九七六年一月）、一四頁。関口氏は、「少なくとも前漢時代まではこれが必要十分な定義であると思う」（一四頁）と述べるが、本書で扱う範圍の「經學」を考える際にも、関口氏のこの定義は有效である。

（33）関口順『儒學のかたち』（東京大學出版會、二〇〇三年一〇月）、一五七頁。

（34）岩本憲司・小島毅・濱口富士雄「經學」（溝口雄三・丸山松幸・池田知久編『中國思想文化事典』、東京大學出版會、二〇〇一年七月）、三三七頁。この事典の項目執筆は三者によるものであるが、本文中に引用した「經學」の定義は、岩本憲司氏によるものと判明している（岩本憲司『春秋學用語集』〔汲古書院、二〇一一年一二月〕の「はじめに」ｉ頁に基づく）。

（35）小島毅「儒教經學と王權」（小島毅編『東アジア社會と王權』アジア遊學151號、勉誠出版、二〇一二年三月）、五二頁。

（36）間嶋潤一「鄭玄の經書解釋　『三禮』と今文學說・古文學說」（堀池信夫總編集、渡邉義浩・菅本大二編『知のユーラシア　激突と調和　儒教の眺望』、明治書院、二〇一三年一〇月）、七一頁。

（37）章學誠『文史通義』巻一・經解上の「因傳而有經之名、猶之因子而立父之號矣」。

（38）この問題については、以前、井ノ口哲也「「經」とその解説――戰國秦漢期における形成過程――」（『中國出土資料研究』第二號、中國出土資料研究會、一九九八年三月）で考察したことがある。この論文では、馬王堆漢墓出土帛書『經法』の君正篇と亡論篇の「經―説」構造を圖示した。

（39）池田知久「經學とは何か」（中國出土資料學會編『地下からの贈り物　新出土資料が語るいにしえの中國』、東方書店、二〇一四年六月）、一一一頁。

（40）浦山きか「經書の中の數と身體」（『鍼灸OSAKA　別册ムック　總特集　東洋の身體知――［からだ］を通して見るアジア――』第一巻第一號、森ノ宮醫療學園出版部、二〇〇四年六月）、九五頁～九六頁。

本編　後漢經學の研究

第一章　五經と讖緯

はじめに

後漢時代の初期（光武帝・明帝・章帝期）は、讖緯が流行し、[1]「五經」という語が普及浸透し、[2]「古學」[3]修得者が勢力を得つつあった時期である。この、讖緯の流行・「五經」という語の普及浸透・「古學」修得者の活躍、という三者は、いずれも無關係に起こり、時期的にも偶然に一致した現象なのであろうか。いや、そうではあるまい。しかし、この三者は、これまで個別に論じられることはあっても、これら相互の關係については、明らかにされてこなかった。本章では、この三者の關係を明らかにするべく、後漢時代における五經に對する讖緯の關與について考察することにしたい。

一　讖緯の「經」化

まず、本節では、後漢初期の讖緯の流行と、それがもたらした讖緯の「經」化という現象について考えることにしたい。

後漢初期における讖緯流行の要因は、范曄『後漢書』(4)の張衡列傳に、

最初、光武帝は讖緯を好み、顯宗（明帝）・肅宗（章帝）の兩代にいたっては（讖緯を）繼承し祖述した。中興以降、儒者はわれさきにと圖緯を學習し、さらにあやしいことばを附加した。(5)

とあり、方術列傳上に、

その後王莽はいつわって符命を利用し、光武帝にいたってはとりわけ讖緯の文言を信奉し、時勢にうまく乘ろうとする讀書人は、だれもが奔走して（讖緯を）讀みあさって解釋をこじつけ、われさきにと讖緯について論じたのである。(6)

とあるように、皇帝による讖緯の信奉と、それに伴う儒者の讖緯に對する異常な學習熱であった。學問が政治の具である以上、すなわち、學問を修めた者が仕官して政治と關わっていく以上、讖緯がこのように皇帝權力と結びついた當時、讖緯があたかも一つの學問領域であるかのような形をとって經とともに學ばれたのは、理の當然であった。(7)

實際、後漢時代に經書と讖緯が併修された事例は、數多く確認できる。たとえば、當時の一次資料として石刻資料を調べると、數例ある。(8)それらを年次順に示すと、建寧二年（一六九年）の郭泰碑に、

……、六經を考察し、圖緯を探究してまとめ、……、(9)

とあり、熹平元年（一七二年）の楊震碑に、

さらに『歐陽尚書』・河圖・洛書・讖緯にくわしかった。(10)

とあり、熹平二年（一七三年）の李翊碑に、

經書にも讖緯にも通曉し、併せて古めかしい趣きをきわめた。(11)

とあり、光和六年（一八三年）の唐扶頌に、

道にふけり古のことを好み、『書』をとうとび『詩』をうたい、讖緯・河圖・洛書に通曉し、多くの書籍をきわめるに至った。(12)

とあるような事例である。ほかに、當時の一次資料としては『東観漢記』に、

經書を好んで學び、經傳や圖讖を編集し、『五經通論』を著した。(13)

と、經書と讖緯が身についている人物の例が見える。

そして、後漢時代約二百年の史的展開を窺うための最も據るべき基本資料である范曄『後漢書』には、以下のとおり、事例が豊富である。すなわち、姜肱傳に、

姜肱は幅廣く五經に通暁し、併せて星緯にもくわしく、遠くからやって來て學んだ讀書人は三千人餘りであった。(14)

とあり、申屠蟠傳に、

仕官から身を退いて學問に精勵し、幅廣く五經に通暁し、併せて圖緯にもくわしかった。(15)

とあり、劉瑜傳に、

劉瑜はわかい頃に好んで經學を學び、とりわけ圖讖・天文・暦算の學を得意とした。(16)

とあり、張衡列傳に、

張衡はわかい頃に文章を作ることを得意とし、三輔の地に遊學し、そこで京師にやって來て、太學で学

び、五經六藝に通曉した。……。張衡は圖緯はうそでたらめであって、聖人がもたらした法度ではないと考えた。(17)

とあり、荀淑傳附荀爽傳に、

さらに『公羊問』と『辯讖』を著し、その他の著作を併せて、『新書』と題した。(18)

とあり、黨錮列傳の魏朗傳に、

博士の郤仲信に師事して『春秋』と圖緯を學び、さらに太學まで至って五經を修め、京師で學德のすぐれた李膺らはわれさきにと魏朗に師事した。(19)

とあり、儒林列傳上の任安傳に、

わかい頃に太學に遊學し、『孟氏易』を修め、併せて複數の經書にも通じた。さらに同郡の楊厚に師事して圖讖を學び、その學問をきわめた。(20)

とあり、儒林列傳下の景鸞傳に、

わかい頃に師にしたがって經書を學び、七州の地をわたり歩いた。『齊詩』『施氏易』を充分に修め、併せて河圖・洛書・圖緯をも修めた。『易説』と『詩解』を著し、文言は河圖・洛書から兼用し、それらを類別し、『交集』と名づけた。(21)

とあり、儒林列傳下の薛漢傳に、

代々『韓詩』に習熟し、父子は章句によって名を知られた。薛漢はわかい頃に父の学問を傳承し、とりわけ災異・讖緯を説き明かすのを得意とし、教授した學習者は常に數百人であった。建武年間の初め、博士となり、詔を受けて圖讖を校訂した。(22)

とあり、方術列傳上の李郃傳に、

李郃は父の學問をつぎ、太學に遊學し、五經に通曉し、河圖洛書・風角占星を得意とした。(23)

とあり、方術列傳上の廖扶傳に、

專ら經書に精通し、とりわけ天文・讖緯・風角・推歩の學にもくわしかった。(24)

とあり、方術列傳下の韓説傳に、

幅廣く五經に通曉し、とりわけ圖緯の學を得意とした。[25]

とあり、南蠻西南夷列傳の夜郎に、

桓帝の時代、（牂柯）郡の人である尹珍は自分が邊境の地で生まれ、禮や義をわきまえていないと考えた。そこで汝南の許愼や應奉に師事して經書や圖緯の學を受け、學問が成就すると、郷里にかえって教授した。ここにおいて南の地域にようやく學問が興った。[26]

とあるように、かくも多くの經書と讖緯を併修した事例が記されている。さらに、今文・古文・讖緯の總合化を企圖した鄭玄については、『世説新語』文學篇劉孝標注引鄭玄別傳に、

十三歳の時に五經を暗誦し、天文・占候・風角・隱術の學を好んだ。……。二十一歳の時、幅廣く多くの書籍をきわめ、曆數圖緯の文言に精通し、併せて算術にも精通した。[27]

という傳記が綴られている。

ここに長長と列擧した數多くの事例は、後漢時代、經書を修めた者が讖緯をも學んだ（あるいは經書ととも

に讖緯も學習對象であった）ことを示すものである。これらの豊富な事例が意味することは、讖緯が學習對象として經書と同様に扱われて學ばれるばあいが多かった、すなわち、讖緯の「經」化[28]が行われ、そのことにより、讖緯は經書と同列に扱われるばあいが多かった、ということである。

この、讖緯が經書と同列に扱われた、という事實は、「五經」とともに「讖記」が經文を記すための二尺四寸簡[29]に記された、という次の范曄『後漢書』曹褒傳の事例からも明らかである。

曹褒はすでに下命を受け、そこで禮の事柄に順序をつけ、古い典章に準據し、五經や讖記の文を取り集め、天子から庶民までの冠婚・吉凶・喪祭生誕の制度を順序立てて編纂して百五十篇とし、二尺四寸簡に書き寫した。[30]

讖緯が「經」化したことについて、板野長八氏は、いわゆる《儒教の國教化》について說く中で、次のように述べている。

……、私見によれば、孔子教は光武帝が經としての圖讖、孔子の作れる圖讖によって、命の己にあることを自負して兵を擧げ天下を平らげ、圖讖に依據して皇帝となり、圖讖に基づいて制度を定め政治を行ない封禪を擧行し、圖讖を非經なりとする者を非聖無法のものとしてこれを抑圧し、かつ圖讖を天下に宣布したことによって國教となった。[31]

本節冒頭に引用した范曄『後漢書』張衡列傳の記述に見えるとおり、光武帝・明帝・章帝は讖緯を信奉したが、その中でもとりわけ光武帝は、熱心に讖緯を信奉した。[32] このことは、桓譚・鄭興・尹敏らが讖緯を批判して光武帝を不機嫌にさせたことからも知られる。[33] 讖緯信奉に熱心であった光武帝は、中元元年（五六年）に、「圖讖を天下に宣布」（范曄『後漢書』光武帝紀）したが、このできごとについて、鍾肇鵬氏は次のように解説している。

「圖讖を天下に宣布」したとは、圖讖を決定版として正式に公開した、ということである。……。「圖讖を天下に宣布」したとは、讖緯を決定版として書き上げ、讖緯を定型化してしまい、その後はおよそ讖緯（の文言）を増損・改易すると處罰されることになった、ということである。このようにして讖緯の書籍を定型化してしまい、且つ政治と法律という權力によって讖緯神學の尊嚴を維持したのである。[34]

讖緯の「定型化」とは、學ぶべき標準とされる公認の讖緯のテキストができた、ということであり、結局はこれを習得してしまえばよいというものである。この讖緯の「定型化」は、讖緯があたかも一つの學問領域であるかのような形をとっていくことにお墨附きを與え、讖緯の「經」化に拍車をかけたものと考えられる。

しかし、讖緯は「經」化して經書と同列にならぶにとどまるものではなかった。經書と同列にならぶに至ることによって、讖緯は（もしくは讖緯を利用する者は）はじめて經書に關與することができ、それによって、さらには經書を凌ぐ勢いをもって經書に關與してきたのである。

二　「五經」に對する讖緯の關與

經書の本文は、本來、一字も手を觸れてはいけない不可侵のものであり、永久に一定不變であるはずである。[35] そして、當然のことながら、經書と正面から格闘する學習者だけが、その經書の本質に觸れることができる。したがって、學習者と經書との關係を言い表すばあい、例えば、經書の内容が學習者に影響を與えたとか、學習者が經書の内容から影響を受けた、といったもの言いは、實は正しくない。なぜならば、こうしたもの言いは、不變不動であるはずの經書の本文と格闘し、そのことによって當該經書に關する知識を獲得し、さらにはその學習内容に啓發されて人格の陶冶にまで至る、という學習者の經書に對する一方的な關與(＝學習)のプロセスを逆手にとった見方によるものにすぎないからであり、經書の文言と格闘する者にとって、經書の文言は、言わば、變わってはいけない、變わるはずのない〝觸媒〟に相當するのである。したがって、讖緯と「五經」の關係を窺うばあいには、「五經」に對する讖緯(を利用する者)の關與(または不關與)を探ることになる。

前節で列擧した事例中、經書を學習した者のうち、姜肱は「星緯」を、申屠蟠は「圖緯」を、劉瑜と任安は「圖讖」を、魏朗は「圖緯」を、景鸞は「河洛圖緯」を、李郃は「河洛風星」を、薛漢と廖扶は「讖緯」を、韓説は「圖緯之學」を、鄭玄は「圖緯之言」をそれぞれ併修し、また張衡は上疏して圖讖の禁絶をうったえた。[36] 讖緯が經書とともに學ばれた理由が皇帝權力との結び附きによる「讖緯の「經」化」にあることは、前節で述べたとおりである。但し、「經」化した讖緯は、經書に關與しない獨立した學問領域の一つとなっていたのではなく、實際は經書と同列にならぶどころでない、經書を凌ぐ勢いをもって經書に關與した。次の范曄『後漢書』樊宏傳附樊儵傳の事例はそのことを示すものである。

永平元年（五八年）に、（樊儵は）長水校尉に補され、高位高官の者たちと天地のまつりや祖先祭祀の禮式をごたごたと定め、讖記によって五經の異説を正した。(37)

また、范曄『後漢書』の儒林列傳上の尹敏傳に、

光武帝は尹敏が幅廣く經や記に通じていると考え、尹敏に圖讖を校訂させ、崔發が王莽のために竝列著錄した文言を除去させた。(38)

とあり、儒林列傳下の薛漢傳に、

建武年間の初め、（薛漢は）博士となり、詔を受けて圖讖を校訂した。(39)

とあるような事例は、經書に通じた者に圖讖を「校」訂させている事例である。(40)これらの事例は、經書に通じている者が、同時に讖緯にも通じている（はずである）ことを示すものである。

さらに、後世の評價も、例えば、『文心雕龍』正緯篇に、

光武帝の時代になって、光武帝がこの學をあつく信奉し、その影響がいきわたることになって、學習者がひしめきあうほど多くなり、沛獻王劉輔は讖緯を集めて經書に通じ、曹褒は讖緯をえらんで禮を定めるなど、一定の基準を踏み外すこと、尋常ではなかった。(41)

とあり、『隋書』經籍志に、

王莽が符命を好み、光武帝が圖讖によって擡頭してから、讖緯は盛んに世に行われるようになった。(後)漢の時、東平王劉蒼に詔を下して、五經の章句を正させたが、いずれも讖緯にしたがって正すよう命じた。俗儒は時勢にはしり、ますます讖緯の學をおさめ、讖緯の書物や題目は、増加擴大していった。五經を説く者は、だれもが讖緯に依據して自説を立てた。(42)

とあり、朱彝尊『經義考』巻二百九十八に、

東漢の時代、七緯に通じることを内學とし、五經に通じることを外學とした。……。當時の議論は、みな内學を重視したようである。(43)

とあり、鄭珍『鄭學録』巻三に、

その當時の世俗は内學をとうとんだようである。圖緯に精通していなければ、通儒とは呼ばなかった。(44)

とあり、顧頡剛『秦漢的方士與儒生』に、

當時は七經緯は内學と呼ばれ、もとからある經書は外學と呼ばれた。緯とはいっても、その地位はかえって經よりも優勢な地位を占めたのである。(45)

とあるように、後漢時代には讖緯が經書を凌ぐ甚大な勢いをもち、それをもって經書に深く關與したことをいずれも認めるものである。

こうした經書に對する讖緯の深い關與に、當時の學習者が（一經にとどまらずに）五經を學ぶ傾向にあった理由を解く鍵があると思われる。以下、後漢時代に、五經學習者が多かった理由を考えてみよう。

一つは、經書の總稱である「五經」という語が「六經」「六藝」兩語にとって代わる勢いで、兩漢交替期の頃から普及し、後漢初期に定着し浸透したことと關係がある。序章注（6）所掲の福井重雅氏の研究で明らかになっているように、「五經」という語の普及以前は、經書の總稱として専ら「六經」「六藝」の兩語が用いられてきた。やがて、揚雄『法言』に「六經」「六藝」の兩語が見えず「五經」という語のみが使用されていることに顕著に現われているように、前漢末期から後漢初期にかけて「六經」「六藝」は用語としては衰退し、「五經」の方が經書の總稱として浸透していったのである。このことは、何を意味するのであろうか。

經書の總數が六か五かの違いは、いわゆる『樂經』をカウントするか否かの違いである。この『樂經』の扱いについて、傾聽するに値するのは、兒玉憲明氏の見解である。

兒玉氏によると、「禮」や「樂」は文獻學習よりも身體による實習を主體とするため、「禮」「樂」の文獻化には制約があった。けれども、『易』『詩』『書』『春秋』が經書として整備されていくなかで、「禮」も前漢時代に編纂されて經書として定着し、「樂」も文獻化された。文獻化された「樂」、それは『漢書』藝文志に著録される「樂記」であった。しかし、「樂記」は經書となり得なかった。兒玉氏は、次のように述べている。

しかしながら、この「樂」文獻がそのまま「樂經」として固定化され、既出の「五經」に追加されて「六藝」の一員の座を獲得したわけではない。結局のところこの文獻は「樂經」としての獨立を果たせず、「禮」經典のひとつである『禮記』の中に「樂記篇」として編入されることになったのである。このことはつまり、早くから「四術」あるいは「六藝」の中に地歩を得ていたはずの「樂」が、最終的には經學の體系の中で獨立的地位を得ることができず、「禮」部門に吸收されるに終わったということになる。事實をもっていえば、やはり「樂經」は成立しなかったのである。これ以後、經學における「樂」の議論は『禮記』樂記篇を中心に展開する。こうして經學體系の中で獨立できなかった「樂」は「禮」部門の分家に甘んじることになったのである、といちおうは言うことができるであろう。(46)

「樂」が經書となり得なかった理由は、實は詳らかでない。ただ、少なくとも、「樂」は、音樂やダンスといった身體による實踐が中心となるため、文言のみで繼受される學問とは性格を異にする、ということは指摘できる。ともあれ、「六經」「六藝」の兩語が經書の總稱としての實質を伴わないことの理由に『樂經』が存在しないという事實があり、前漢末期から後漢初期にかけての「六經」「六藝」から「五經」への用語の轉換は、この時期の知識人たちの間で、〝六つの經〟との見方が崩れて〝五つの經〟との認識に塗り替えられていったことを意味している、ということは、言っておいてよいであろう。

この、〝五つの經〟という當時の認識に關して、狩野直喜氏は、「古今學」の學風の違いに言及する中で、以下のように述べている。

……、今文學者の方は……、先づ一經專門の遣り方なり。東漢時代には……、五經兼通の如き人隨分多かったが、それは學問の餘力があったから之れを修めたものにて、元來今文學の方では經と經との聯絡統一が薄い。……。然るに古文の方はさにあらず。五經全體で一の經學となって居る。全體で一の經學であるから、嚴密な意味よりいはば、古文學に於いては、一經專門といふ事はなく、又成立せぬ譯なり。……。東漢の古文學者は、荀爽・馬融・鄭玄の如き、殆んど總べての經に手を入れて注釋を書いて、又其說が互ひに相矛盾せざるように注意して居る。又矛盾する如く見ゆる所は、疏家が說明する如く、それには必ず理由ある事にて、何處までも五經を一の體系と見て行く遣方である。それで又今文學の學者が古文學に對して反對する場合にも、古文學を一つのものと見做して反對をなす。(47)

この、狩野氏の「五經全體で一の經學となって居る」という指摘が當を得ているのは、後漢時代に五經學習者が多かったことの他の理由を見ていくうえでよく理解されることである。狩野氏の言葉を借りて他の理由を擧げることにしよう。

二つは、五經に對する讖緯の關與である。既に見てきたように、①「五經」という經書の總稱が浸透した時期に、學習者によって讖緯が經書と併修されたこと、②經書の文言や經義の調整に讖緯が關わったこと、③『易』に對する『易緯』、『春秋』に對する『春秋緯』といった具合に、經書を前提として各經書に對應する緯書ができあがってきたこと等(48)、讖緯が五經に絶えず附隨し關與し續けることで、〝五つの經〟は「全體で一」となった。讖緯は、〝五つの經〟の紐帶的役割を果たしたのである。

三つは、「古學」修得者の學習方針である。狩野氏は、「古學」が「五經全體で一の經學」である、と述べた。逆に言えば、「古學」は一經專修を肯定しない立場、ということになるが、このことは、前漢末の劉歆の主張に早早と現われているものである。(49)但し、「古學」修得者が直面した現實的な問題としては、複數の經書に通じていること――一經專門家をはるかにまさる豐富な知識量とその運用能力――を武器にしなければ、當時まだ勢力のあった一經專門家に太刀打ちできない（あるいはとって代わることができない）という事情が存した、と考えてよいであろう。ともあれ、「五經」という經書の總稱のもと、紐帶的役割を果たした讖緯によって「全體で一」となった五經を、「古學」修得者がまとめて修める傾向が目立った、ということになる。五經をまとめて修得することが目立ったことによって、「五經」という語はさらに一層浸透していったものと思われる。

このほか、五經すべてとは言わないまでも複數の經書を修める學習者が增加した理由としては、學習者人口の急增(50)に伴う過當競爭や、廉價な紙の書籍の普及による學風の變化等(51)が可能性として考えられる。

このように、「古學」修得者に五經をまとめて修得する傾向のあることは分かったが、五經に絶えず附隨し關與し續ける讖緯に對しては、「古學」修得者は必ずしも寛容でなかった。次節では、讖緯に對する「古學」修得者の對應を見たい。

三　讖緯と「古學」修得者——賈逵を中心に——

讖緯を批判した（が批判しきれなかった）桓譚・鄭興・尹敏の三人は、いずれも「古學」修得者である。光武帝の前で、桓譚は、

わたくしは讖を學習しません。(52)

と言い、鄭興は、

わたくしは讖を習得しません。(53)

と述べて、この二人は讖緯を學ばないことを表明したが、しかし、讖緯の内容を知っていなければ讖緯への批判やその學習を拒絶することは困難であろうから、實際はこの三人も讖緯を學んで知っていた（讖緯に關する知識を有した）、と視ておいてよい。

一方、同じく「古學」修得者である賈逵は、范曄『後漢書』賈逵傳に、

父の賈徽は、劉歆に師事して『左氏春秋』を教わり、『國語』や『周官』に併せて習熟し、さらに塗惲に『古文尚書』を教わり、謝曼卿に『毛詩』を學び、『左氏條例』二十一篇を著した。賈逵は父の學問をあますところなく繼承し、二十歳の時には『左氏傳』と五經の正文を暗誦することができ、『大夏侯尚書』を教授した。古學をおさめたが、併せて五家の『穀梁』の學説にも通じた。……。とりわけ『左氏傳』『國語』に通じ、その『解詁』五十一篇をつくり、永平年間に、上疏してこれを獻上した。顯宗(明帝)はこの書を重んじ、書き寫して宮中の書庫に收藏した。(54)

とあるように、父の學問を受け繼ぎ、とりわけ『左氏傳』と『國語』に通曉していた「古學」修得者であったが、このうち『左氏傳』に關しては、范曄『後漢書』賈逵傳に、彼の上奏文が次のように記録されている。

……。わたくしは永平年間に『左氏』は圖讖と(内容が)合致することを上書しましたが、先代の明帝は民間の意見を放棄されず、わたくしの言葉を受け入れてくださり、その解釋を書き寫され、これを宮中の書庫に收藏してくださいました。……。(劉歆や哀帝の時代を經て)光武帝にいたっては、獨自のすぐれた聰明さを發揮され、『左氏』『穀梁』を學官に立てようとされましたが、たまたま二家の先生方は圖讖を理解されず、道半ばにして廢されました。……。さらに五經はいずれも圖讖によって劉氏が堯の後裔であるということを證明しませんが、ただ『左氏』だけには明文があります。五經の各家はだれもが

顓頊が黄帝に代わり、堯は火徳となり得なかったと言っております。（けれども）『左氏』は少昊が黄帝に代わったとしており、すなわち圖讖の言う「白帝朱宣」であります。もし堯を火徳とすることができないなら、漢は赤（火徳）となり得ません。『左氏』の明らかにすることは、役に立つことがまことに多いのです。……。(55)

この記述のうち、ただ『左氏傳』のみによって漢が堯の後裔であることが證明されているというのは、のちの李賢によって、

『春秋』によると、晉の大夫である蔡墨が、「陶唐氏の時代が終焉を迎え、その後裔に劉累がいた。彼は龍を飼育することを學び、孔甲につかえた。范氏がその後裔である。」と述べたが、范會は秦から晉にもどり、秦にとどまっていたのは劉氏であった。このことは漢が堯の後を繼承していることを證明している。(56)

と注された内容であり、ここの「『春秋』」とは、『左氏傳』昭公二十九年の傳文と文公十三年の傳文とから構成されるものを指す。(57) また、ただ『左氏傳』のみによって漢が堯の後裔であることが證明されているということを、賈逵が『左氏傳』と圖讖とを結びつけて説いている部分「『左氏』は少昊が黄帝に代わったとしており、すなわち圖讖の言う「白帝朱宣」であります。（左氏以爲少昊代黄帝、即圖讖所謂帝宣也。）」については、

『左氏傳』に、「黄帝氏は雲を印とし、少昊氏は鳥を印とした。」とある。そういうわけで少昊が黄帝に代わったのである。『河圖』に、「大きな星がまるで虹であるかのように、華渚へ流れ落ち、女節が心の中で感應し、白帝朱宣を生んだ。」とあり、宋均は「朱宣とは、少昊氏のことである。」と注している。(58)

と李賢の注で説明されているが、より詳しく言えば、これは『左氏傳』昭公十七年の傳文と『河圖』とを結びつけたものである。(59)

このように、賈逵は『左氏傳』の有用性を圖讖と結び付けて説いた。その目的は、表向きには、『左氏傳』によってのみ、漢が堯の後であって赤（火德）にあたっていること、すなわち漢の正統を論證し、『春秋』の他の傳のみならず他のすべての經書に比して『左氏傳』の有用性を明らかにし、そこから『左氏』學の經學としての確固たる位置を認めてもらうことにあった、と思われる。(60)しかし、翻って考えてみると、彼も紛れもなく「古學」修得者であり、なぜ他の「古學」修得者が批判した讖緯をわざわざ肯定的に用いる方法をとったのであろうか。言い換えれば、彼が他の「古學」修得者と異なり、經書でない讖緯を退けなかった理由は何であろうか。これは、同じ「古學」修得者であっても、范曄『後漢書』鄭興傳に、

鄭興は古學を好み、とりわけ『左氏』『周官』にくわしく、暦數を得意とし、杜林・桓譚・衞宏らからは（その考えを）つねに參考にされた。世の人人は、『左氏』は鄭興を祖師とする者が多いけれども、賈逵自身は父の學問を受け繼いだため、（『左氏傳』には）鄭興の學統と賈逵の學統がある、と言う。(61)

とあるように、讖緯に批判的だった鄭興とは「古學」（狭義には『左氏傳』）の系統が異なったことも理由の一つであるかもしれないが、前引の上奏文において彼が圖讖を用い『左氏傳』を根據にして劉氏（漢王朝）の正統を唱えていること、また、讖緯を信奉する章帝が『左氏傳』を好んだこと、[62]さらに、

桓譚は讖緯を好まなかったために他郷をさまよい、鄭興はへり下った言葉によってかろうじて罪を免れ、賈逵は附会と粉飾に長けており、最も身分が高く有名であった。[63]

という范曄の評などを考慮に入れると、理由として考えられるのは、賈逵は經學の本質を追究するために圖讖を重視したと言うよりも、どうやら彼の得意な學問である『左氏傳』と皇帝權力の象徴である圖讖との妥協（皇帝權力への迎合）をはかったのではないか、ということである。このことについて、李育の事例を引き合いに出して考えてみることにしよう。

李育は、建初四年（七九年）の白虎觀會議で賈逵と論爭した、『公羊春秋』や『左氏傳』を修めた「古學」修得者であるが、范曄『後漢書』儒林列傳下の李育傳に、

わかい頃に『公羊春秋』に習熟した。……。常に戰亂の地を避けて教授活動を行い、門弟は數百人であった。古學（のテキスト）を讀みあさった。かつて『左氏傳』に目を通し、文章のみごとさを樂しんだが、それでも聖人の深い考えを理解できていないとおもった。前代の陳元と范升が互いに謗りあい挫きあって、（各自の主張に）圖讖を多く引用し、論理展開を據り所としなかったことをおもい、そこで『難

左氏義』四十一事を著した。(64)

とあるように、光武帝期に『左氏傳』立學をめぐって論爭した范升・陳元が圖讖を引用して自説を展開したことに納得しなかった。しかし、賈逵はそうではなかったし、賈逵ももちろん數十年前の桓譚・鄭興・尹敏の不遇の事例や范升・陳元の議論の應酬を知っていたはずである。賈逵による『左氏傳』と圖讖の結び付け（附会）は、こうした過去の事例を考慮に入れたうえでの方策であった、と見ることが自然ではなかろうか。なぜなら、圖讖を批判してみすみす自らの居場所を失う必要はないからである。むしろ、彼自身が學習し得意とした『左氏傳』にスポットライトをあてるためには、皇帝權力の象徴と化した圖讖をうまく利用するのが最も合理的であった、と言える。狩野直喜氏が、賈逵を「要するに其學問は非常にあったけれども、曲學阿世の風ある人なり。(65)」と評したのも、いかにももっともなことだと理解できるが、賈逵もその時代を生き抜かねばならなかったのである。

しかし、賈逵の立場があくまでも妥協（迎合）の産物である以上、裏を返して言えば、賈逵の本來目指した學問の本質は、やはり讖緯という要素を加えない經學の追究であったに違いない。この點に關する説明としては、田中麻紗巳氏の次の文章が明快である。

このように見てくると、後漢前期における讖緯は、儒教教説の一部として光武帝以下の人々、少なくとも知識階級には理解されていて、彼等は讖緯説と經學説との本質的な差異などはかなり辨えていたのであり、ただそれが後漢王朝の根據づけに主に使われたために、敢えて逆らわなかったものと思われる。

かなり非合理な面のあることを知りながらそれに従う風潮を、明らさまに非難するのは、王朝創設間もない時期には、迫害を加える恰好の理由になりえたのだろう。他方、讖緯を信じる傾向に盲從し過ぎるのも同様に危險だったらしいことが、眞定王劉揚（『後漢書』列傳一一耿純傳）、張滿（同、列傳一〇祭遵傳）、淮南王劉延（同、列傳三二本傳）そして楚王劉英（同本傳）などの事例から知られる。だから後漢前期の人人の熱心な讖緯依據の底には、冷やかなそれの認識があったのではないかと思われる。(66)

讖緯は、皇帝權力を背景にして、あたかも五經の接ぎ木――五經の紐帶的役割を擔うものとして常に五經とともにあるもの――のようになり、やがて一つの學問對象となってその勢力の幅を擴張するに至ったが、このことは同時に、學問の本質を追究する（學問のための學問をする）ことよりも、皇帝權力を常にその念頭に置き、自らの榮達や保身を望んでその時代を生き抜かねばならないことの方がまさり、讖緯を經學の世界から排除できずに「經」化させ（やがて經書と一體化させ）てしまった後漢初期の知識人たちの敗北でもあった。

おわりに

以上、本章では、讖緯の流行・「五經」という用語の普及浸透・「古學」修得者の活躍、という後漢時代初期の三つの現象に着目して、おおむね賈逵の時點までの「五經」に對する讖緯（を利用する者）の關與（または不關與）について考察を加えてきた。約言すれば、三つの現象の關係は、「五經」という經書の總稱のもと、皇帝權力を背景に「經」化した讖緯が五つの經の紐帶的役割を擔って五經の縛りを強固にし、「古學」修得者がその「全體で一となった」五經をまとめて修得した、というものであった。「五經無雙」（范曄『後漢書』許愼傳）といわれた許愼ら五經をあまねく修得したとされる者たちが登場する素地がここにととのったのである。

讖緯によって五經が「全體で一になった」という狀態は、後の鄭玄による經學の綜合化という仕事に、かなり大きな便宜を與えたであろう。鄭玄が經學の綜合化の際に讖緯をも採り入れたのは、もはや讖緯と不可分の關係になっていたこの時點の五經の狀態に由來しよう。鄭玄にとっては、五經と讖緯が不可分に關係づけられている狀態は、もはや當たり前のことであったのである。

注

（1）　ここで用いる「讖緯」とは、圖・緯・讖をほぼ同義と捉える廣義のそれである。從來、讖緯・圖讖・圖緯・緯書などの呼稱や、讖と緯の別などの問題については議論があるが、狩野直喜氏は、「後漢のときは、緯と讖と、後世の學者の言ふ如く判然として分れたるものにあらず。」と指摘しており（狩野直喜『兩漢學術考』〔もと一九二五年度・一九二六年度の京都大學文學部での講義原稿。筑摩書房、一九六四年一一月〕の「兩漢文學考」の「十四　後漢の經學と緯讖」）、ここではその種の問題に立ち入らない。

（2）　序章の注（6）〜注（8）を參照。

（3）　本章では、後漢時代には用いられた形跡の無い、後世の者による呼稱である「今文學」「古文學」という語を用いず、特に「古學」という呼稱のみを用いる。實は、このことは、夙に狩野直喜氏が氣附いていて、注（1）所揭著書の「兩漢文學考」の「八　後漢の古文學」に、次のような言及がある。

當時は古文を主張する學派を單に古學といって居る。これは當時學官に立てられぬ特殊の學であったからかく名づけたもので、元來が兩者を對立さする考へはない。即ち當時は博士のやりしものが「學」で

あるから、別に古學に對する名前といふものはない。　（一一九頁）

ちなみに、范曄『後漢書』を調べると、確かに「古學」という語は、杜林傳・桓譚傳・鄭玄傳・鄭興傳・賈逵傳・盧植傳・段熲傳・衛宏傳などに見えるが、「古學」に對する語は見當たらない。狩野氏の言う通り、後世「今文學」と言われる學問は官學（公認の學問）であるため、特別にそれだけを表現する語は必要なかったのであろう。但し、「古學」とセットで呼ばれる場合に、范曄『後漢書』では、以下の通り、「古今學」と表現されている。

初、中興之後、范升・陳元・李育・賈逵之徒爭論古今學、後馬融荅北地太守劉瓌及玄荅何休、義據通深、由是古學遂明。　（鄭玄傳）

少與鄭玄俱事馬融、能通古今學、好研精而不守章句。　（盧植傳）

さらに「古學」という語に關しては、本章のもとになった拙論が發表されたあと、水上雅晴氏から御手紙（二〇〇二年七月一五日付）をいただき、

解云、左氏先著竹帛、故漢時謂之古學。公羊漢世乃興、故謂之今學。

（『春秋公羊傳』何休序「是以治古學、貴文章者、謂之俗儒。」句下徐疏）

という「古學」に對する「今學」という語の見える資料を教えていただいた。この場を借りて水上氏に御礼を申し上げる。徐彦は「古學」と「今學」の區別をしているが、これは何休の用いた「古學」という語を説明するための便宜であろう。やはり後漢時代に「今學」という語は無かったようである。なお、前漢末期から後漢初期にかけての「古學」修得者の活躍に焦點を絞った研究に、金谷治「漢代の今古文學――古文派擡頭の思想史的意味――」（もと一九七三年度の講義原稿／『金谷治中國思想論集　上卷　中國古代の自然觀と人間觀』、平河出版社、一九九七年五月）がある。金谷氏は、

災異思想に蔽われて現實對應を誤り、一經專門、師法尊重で章句の學にとらわれている狹量な當時の經學に反對し、五經兼修の總括的な立場から古學としての眞の孔子の敎えを闡明しようとしたのが、古學提唱の意圖であった。　（五三一頁）

と述べている。

（4）　本書では、范曄『後漢書』の底本に、王先謙『後漢書集解』（藝文印書館本）を用いる。范曄『後漢書』

を讀解するに際しては、施之勉『後漢書集解補』（全四册、中國文化大學出版部、第一册は一九八二年五月刊、第二～四册は一九八四年一〇月刊）や序章の注（28）に擧げた注釋書や工具書類を適宜參照した。特に儒林列傳に關しては、湯城吉信・矢羽野隆男・山口澄子・横久保義洋・釜田啓市「『後漢書』「儒林傳　上」譯注」（『研究紀要』第三〇巻、大阪府立工業高等専門學校、一九九六年六月）、湯城吉信・矢羽野隆男・山口澄子・釜田啓市「『後漢書』「儒林傳　下」譯注」（『研究紀要』第三一巻、大阪府立工業高等専門學校、一九九七年六月）も參照した。

（5）初、光武善讖、及顯宗・肅宗因祖述焉。自中興之後、儒者爭學圖緯、兼復附以妖言。（范曄『後漢書』張衡列傳）

（6）後王莽矯用符命、及光武尤信讖言、士之赴趣時宜者、皆騁馳穿鑿、爭談之也。（范曄『後漢書』方術列傳上）

（7）讖緯が學問の形をとっていることを示す端的な例としては、後漢時代當時の語ではなく後世の語ではあるが、范曄『後漢書』に「圖讖學」（楊厚傳）、「圖緯之學」（方術列傳下・韓説傳）とある。

（8）後漢時代の石刻資料については、「圖版・釋文篇」と「本文篇」の二册から成る永田英正『漢代石刻集成』（同朋舍出版、一九九四年二月）を參照した。後漢時代の碑に引かれている讖緯については、皮錫瑞「漢碑引緯攷」（皮錫瑞『師伏堂叢書』所收）を參照。

（9）……、遂考覽〔六經、探綜〕圖〔緯〕、……、（郭泰碑）

（10）又明歐陽尚書・河洛緯度。（楊震碑）

（11）通經綜緯、兼究古雅。（李翊碑）

（12）耽道好古、敦書咏詩、綜緯河雒、底究羣典。（唐扶頌）

（13）好經書、論集經傳・圖讖、作五經通論。（『東觀漢記』沛獻王輔傳）

ちなみに、范曄『後漢書』光武十王列傳・沛獻王輔傳には、

輔矜嚴有法度、好經書、善説京氏易・孝經・論語傳及圖讖。作五經論、時號曰沛王通論。

と記されている。

（14）肱博通五經、兼明星緯、士之遠來就學者三千餘人。（范曄『後漢書』姜肱傳）

（15）遂隱居精學、博貫五經、兼明圖緯。（范曄『後漢書』中屠蟠傳）
（16）瑜少好經學、尤善圖讖・天文・歷算之術。（范曄『後漢書』劉瑜傳）
（17）衡少善屬文、游於三輔、因入京師、觀太學、通五經、貫六藝。……。衡以圖緯虛妄、非聖人之法。（范曄『後漢書』張衡列傳）
（18）又作公羊問及辯讖、幷它所論敍、題爲新書。（范曄『後漢書』荀淑傳附荀爽傳）
（19）從博士郤仲信學春秋・圖緯、又詣太學受五經、京師長者李膺之徒爭從之。（范曄『後漢書』黨錮列傳・魏朗傳）
（20）少遊太學、受孟氏易、兼通數經。又從同郡楊厚學圖讖、究極其術。（范曄『後漢書』儒林列傳上・任安傳）
（21）少隨師學經、涉七州之地。能理齊詩・施氏易、兼受河洛圖緯。作易説及詩解、文句兼取河洛、以類相從、名爲交集。（范曄『後漢書』儒林列傳下・景鸞傳）
（22）世習韓詩、父子以章句著名。漢少傳父業、尤善説災異・讖緯、教授常數百人。建武初、爲博士、受詔校定圖讖。（范曄『後漢書』儒林列傳下・薛漢傳）
（23）襲父業、遊太學、通五經、善河洛風星。（范曄『後漢書』方術列傳上・李郃傳）
（24）專精經典、尤明天文・讖緯・風角・推步之術。（范曄『後漢書』方術列傳上・廖扶傳）
（25）博通五經、尤善圖緯之學。（范曄『後漢書』方術列傳下・韓説傳）
（26）桓帝時、郡人尹珍自以生於荒裔、不知禮義。乃從汝南許愼・應奉受經書・圖緯、學成、還郷里教授。於是南域始有學焉。（范曄『後漢書』南蠻西南夷列傳・夜郎）
　當該部分については、早稻田大學長江流域文化研究所「『後漢書』南蠻西南夷列傳譯注（三）」（『長江流域文化研究所年報』第三號、早稻田大學長江流域文化研究所、二〇〇五年一月）の邦譯と詳しい注釋も參照した。
（27）年十三、誦五經、好天文・占候・風角・隱術。……。年二十一、博極羣書、精曆數圖緯之言、兼精算術。（『世説新語』文學篇劉孝標注引鄭玄別傳）
（28）本書でいう「讖緯の「經」化」について説明しておく。ここで言う「經」化とは、ある先行する文言に傳や解や説が記されてはじめてその文言が「經」となる、ということを意味しているのではなく、讖緯が經書と同列の乃至は相補的な對應關係にあったことを指している。讖緯と經書の對應關係を「道術」という語を手がかりとして考察したものに、保科季子「漢代における「道術」の展開――經學・讖緯・術數――」（『史林』第八三巻第五號、史學研究會、二〇〇〇年九月）があり、この論文では、讖緯が經學と術數學の架け橋になったことを論じている。

(29) 當時、二尺四寸簡が經文を書き記す長さの簡であることについては、王充の『論衡』に、

二尺四寸、聖人文語、朝夕講習。（『論衡』謝短篇）

と、「聖人の文語」すなわち經文が二尺四寸簡に記されたことが見え、また『論衡』正説篇にも經書でない書物は二尺四寸簡に書き記されない旨の記述が見えている。さらに、同時期の緯書『（孝經緯）鉤命決』（あるいは鄭玄注『論語』序）にも、

鉤命決曰、春秋二尺四寸書之、孝經一尺二寸書之。（『春秋左氏傳』杜預序疏所引鄭玄注『論語』序）

とあり、『春秋』が二尺四寸簡に記された旨が見え、鄭玄注『論語』序にも、

易・詩・書・禮・樂・春秋策皆二尺四寸、孝經謙半之、論語八寸策者、三分居一、又謙焉。（『儀禮』巻二四聘禮賈公彦疏所引鄭玄注『論語』序。原文に亂れがあり、引用に際して阮元『十三經注疏挍勘記』を反映させた）

とあり、六經を記す簡の長さがいずれも二尺四寸であることが述べられ、范曄『後漢書』周磐傳も、

編二尺四寸簡、寫堯典一篇、幷刀筆各一、以置棺前、示不忘聖道。

とあって、『尚書』堯典を二尺四寸簡に書き寫したことを傳えている。以上の事例はすべて文獻上の記述であるが、何よりも有力な物證として、一九五九年七月に甘肅省武威磨咀子六號墓からいわゆる武威漢簡『儀禮』が出土し、その簡長が當時の二尺四寸に相當することにより、經文が確かに二尺四寸簡に書き記されていたことが確認された。簡牘の長さについては、大庭脩『木簡』（學生社、一九七九年三月）の「二　木簡のかたち」、林巳奈夫編『漢代の文物』（京都大學人文科學研究所、一九七六年一二月）の永田英正「一一書契」、冨谷至『木簡・竹簡の語る中國古代　書記の文化史』（岩波書店、二〇〇三年七月）の「第三章　木簡と竹簡」、冨谷至『文書行政の漢帝國』（名古屋大學出版會、二〇一〇年三月）の「第二章　視覺簡牘の誕生――簡の長さについての一考察――」等を參照。

（30）襃既受命、乃次序禮事、依準舊典、雜以五經・讖記之文、撰次天子至於庶人冠婚吉凶終始制度、以爲百五十篇、寫以二尺四寸簡。（范曄『後漢書』曹褒傳）

（31）板野長八「圖讖と儒教の成立」（原載誌掲載は一九七五年二月・三月（連載））／板野長八『儒教成立史の研究』、岩波書店、一九九五年七月）、三二九頁。

（32）光武帝の圖讖への關與については、安居香山「圖讖の形成とその延用――光武革命前後を中心として――」（原載誌掲載は一九六四年二月／安居香山・中村璋八『緯書の基礎的研究』、國書刊行會、一九六六年六月）、平秀道「後漢光武帝と圖讖」（『龍谷大學論集』第三七九號、龍谷學會、一九六五年一一月）を參照。また、光武帝・明帝の時代における政治と讖緯の關わりについて考察したものに、冨谷至「白虎觀會議前夜――後漢讖緯學の受容と展開――」（『史林』第六三卷第六號、史學研究會、一九八〇年一　月）があり、章帝期までの政治と讖緯の關わりを考察したものに、張廣保「緯書與漢代政治」（陳明・朱漢民主編『原道』第五輯、貴州人民出版社、一九九九年四月）がある。

（33）桓譚・鄭興・尹敏が讖緯を批判して光武帝を不機嫌にさせたことは、范曄『後漢書』の各本傳に見える。これらの事例を含む後漢時代の讖緯批判の事例については、安居香山『緯書の成立とその展開』（國書刊行會、一九七九年二月）の前篇第四章「圖讖批判を通してみた緯書成立の考察」を參照。また、堀池信夫『漢魏思想史研究』（明治書院、一九八八年一一月）第二章の二「經學、圖讖および天」にも鄭興の讖緯批判が採り上げられている。

（34）鍾肇鵬『讖緯論略』（遼寧教育出版社、一九九一年一一月）の「第一章　讖緯的起源和形成」、二七頁、には以下の文章がある。

〝宣布圖讖於天下〟，就是把圖讖作爲定本正式公開。……。〝宣布圖讖於天下〟就是把讖緯寫成定本，使讖緯定型化，此後凡有增損改易讖緯也得治罪。這樣就使讖緯書籍定型化，幷且用政治和法律的權力來維持讖緯神學的尊嚴。

（35）經書の本文は永久不可變のはずであるが、「口授」による傳授と「誦」による習得がごくふつうに行われていた當時の情況では、學派や師の個性や地域性や方言等の諸條件によって、經書の文言が誤って傳えられそのまま學ばれることも少なくなかった、と考えられる。本書本編第三章でとりあげる「經義・經文の正定」という營爲が後漢時代に斷續的に行われた理由は、ここにもとめられる。

(36) 張衡が圖讖の禁絶を訴えた上疏については、中島千秋「張衡の思想」(『愛媛大學紀要　第一部　人文科學』第一巻第一號、愛媛大學、一九五〇年)、注(31)所掲板野長八氏論文、注(33)所掲安居香山氏著書の前編第四章第三節「張衡の圖讖批判」、田中麻紗巳「張衡「請禁絶圖讖疏」」(原載誌掲載は一九九一年／田中麻紗巳『後漢思想の探究』、研文出版、二〇〇三年七月)を參照。

(37) 永平元年、拜長水校尉、與公卿雜定郊祠禮儀、以讖記正五經異說。(范曄『後漢書』樊宏傳附樊儵傳)

(38) 帝以敏博通經記、令校圖讖、使蠲去崔發所爲王莽著録次比。(范曄『後漢書』儒林列傳上・尹敏傳)

(39) 初、爲博士、受詔校定圖讖。(范曄『後漢書』儒林列傳下・薛漢傳)

(40) 本書でいう「經義・經文の正定」という營爲とは、「經」化した讖緯の校訂を含むものである。

(41) 至於光武之世、篤信斯術、風化所靡、學者比肩、沛獻集緯以通經、曹褒撰讖以定禮、乖道謬典、亦已甚矣。(『文心雕龍』正緯篇)

(42) 起王莽好符命、光武以圖讖興、遂盛行於世。漢時、又詔東平王蒼、正五經章句、皆命從讖。俗儒趨時、益爲其學、篇卷第目、轉加增廣。言五經者、皆憑讖爲說。(『隋書』經籍志)

(43) 東漢之世、以通七緯者爲内學、通五經者爲外學。……。蓋當時之論、咸以内學爲重。(朱彝尊『經義考』巻二百九十八「說緯」)

(44) 蓋其時俗尚内學。非精圖緯、不名通儒。(鄭珍『鄭學録』巻三「書目　尚書中侯注」の解題の一文)

(45) 那時稱七經緯爲内學、稱原有的經書爲外學。雖說是緯、它的地位反而占了經的上風了。(顧頡剛『秦漢的方士與儒生』「第二十一章　讖緯在東漢時的勢力」)

本文に掲げた拙譯は、顧頡剛『秦漢的方士與儒生』(旧題は『漢代學術史略』、一九三五年出版、一九五五年に改題)の邦譯書である小倉芳彦・川上哲正・小松原伴子・原宗子・星野謙一郎共譯『中國古代の學術と政治』(大修館書店、一九七八年一二月)の「第二十一章　後漢時代における讖緯の勢力」の譯文を參照したものである。なお、南昌宏「鄭玄の感生帝説——周の始祖説話を中心として——」(『中國研究集刊』盈號(總第十一號)、大阪大學中國學會、一九九二年八月)の考察によれば、「内學」が七緯や緯學をさし、「外學」が五經や經學をさす語として「清朝には定着していたと思われる」が、「後漢における用例や、「内學」という言葉の正確な意味については、依然として未詳である」（以上、六一頁）。したがって、顧頡剛氏の文中の「當時は七經緯は内學と呼ばれ、もとからある經書は外學と呼ばれた。」については留保が必要である。

（46）兒玉憲明「經學における「樂」の位置」（『人文科學研究』第一〇六輯、新潟大學人文學部、二〇〇一年八月）、四五頁～四六頁。また、「六經」と「六藝」の相違や、「六經」と「五經」の相違から『樂經』の有無について論じたものに、鄧安生「論〝六藝〟與〝六經〟」（『南開學報』二〇〇〇年第二期、二〇〇〇年三月）がある。

（47）注（1）所掲狩野直喜氏著書の「兩漢文學考」の「十二　古文學の特色としての兼習」、一三二頁～一三五頁。

（48）經書に對應する緯書については、注（33）所掲安居香山氏著書の前篇第二章第三節「七經緯について」、張廣保「緯書對經書的闡釋」（《中國哲學》編輯部・國際儒聯學術委員會 合編『經學今詮初編《中國哲學》第二二輯』、遼寧教育出版社、二〇〇〇年六月）、王令樾「「緯以配經説」詮釋」（國立臺灣師範大學國文學系編輯・發行『第二屆儒道國際學術研討會――兩漢　論文集』、二〇〇五年八月）を參照。

『漢書』李尋傳の「五經六緯」という文言に對する顔師古（五八一～六四五）の注に、

孟康曰、六緯、五經與樂緯也。張晏曰、六緯、五經就孝經緯也。師古曰、六緯、五經之緯及樂緯也。孟説是也。

とある。これら三説の是非は別として、三説に共通しているのは、六緯の構成が、五經に對應する緯書を基本とするものである、ということである。緯書も經書と同樣、やはり五經が基本であった。

（49）一經專修を肯定しない劉歆の主張は、『漢書』楚元王傳附劉歆傳と『漢書』藝文志・六藝略「大序」の二箇所に見える。この劉歆の主張の趣旨としては、川原秀城氏が、

劉歆によれば、六經は、ほんらいすべてを兼修し總合的に理解すべきものである。學術上の性格はさまざまに異なっているものの、同一の理念にもとづき、同一の理想を表現しているからには、あらゆる六經に通じ、實用に供する努力を怠ってはならない。かれは六經兼修の道理をこう主張し、當時の經今文學の「拘守一經」「專己守殘」の風尚を非難する。

と述べているのが穩當である（川原秀城『中國の科學思想――兩漢天學考』〔創文社、一九九六年一月〕の「Ⅳ　劉歆の三統哲學」、一八五頁）。

(50)　例えば、范曄『後漢書』には、

自是遊學增盛、至三万餘生　（儒林列傳上）

という記述のほか、學問を修めた特定の人物に就いて學ぶ「諸生」の數が百人單位・千人單位である記述も同書に目立つ。こうした學習者の增加について、東晋次『後漢時代の政治と社會』（名古屋大學出版會、一九九五年一一月）の第三章第二節「儒學敎育の普及」には、「一時期でも何萬もいたと推測される諸生層を生み出したのは、官僚の家や豪族のみに限定されるのではなく、當時の人口構成比でいえば壓倒的多數の小農民層が諸生を送り出す社會的基盤となっていたのではないだろうか」（一八一頁～一八二頁）、「營營として自らの力を蓄え、諸生をも生み出すほどの餘力をもち始めた小農民層も廣汎に存在しつつあった、換言すれば漢代社會の全體的富裕化こそが諸生遊學盛行を支えていたのではないだろうか」（一八三頁）と、富裕化した小農民層からの出身者が「諸生」の多くを占めていたであろうことが指摘されている。當時の「遊學」については、張鶴泉「東漢時代的游學風氣及社會影響」（『求是學刊』一九九五年第二期、一九九五年三月）、方燕「東漢游學活動初探」（『四川師範大學學報』社會科學版第二七卷第二期、二〇〇〇年三月）を、また當時の私塾に關する專論として、照内崇仁「後漢時代の私塾に關する基礎的考察」とその附録資料「後漢時代を中心とする學問授受に關する事例一覽」（『史料批判研究』第九號、史料批判研究會、二〇一〇年一二月）を參照。

(51)　後漢時代は、書寫材料としての簡牘と紙の併用期であるが、紙の發明がもたらした學習生活の變化は甚大だったようである。後漢時代における紙の普及とそれに伴う學風の變化については、清水茂「紙の發明と後漢の學風」（『東方學』第七九輯、東方學會、一九九〇年一月／清水茂『中國目録學』、筑摩書房、一九九一年九月／蔡毅譯『清水茂漢學論集』〔中華書局、二〇〇三年一〇月〕に「紙的發明與後漢的學風」として收録される）を參照。清水氏によれば、後漢時代には生產費の安い輕量の紙の書籍が出現して書籍の流通量が盛んとなり、「それが前漢では希少であった諸經兼通の學が普遍化する現象を引き起こしたよう」（『中國目録學』一七二頁）であり、鄭玄の學問について「このように、地方にいて、しかも貧しかった鄭玄が數多くのテキストを見られたというのは、すべてではないにしても、廉価にして攜帶に便利な紙の書籍をかなり利用したのではなかったか。まして、鄭玄の師は、紙の書簡についての記録をのこしている馬融である。鄭玄が今古文のテキストを兼采して兩漢の經學を集大成できたのは、紙の發明の恩恵を受けているであろうと思われるのである。」（同一七六頁）と述べている。また、注（29）所揭冨谷至氏著書『木簡・竹簡の語る中國古代　書記の文化史』が、「簡牘から紙への移行は、社會の制度、政治の形態、さらには人間の知的營みに無視できない影響をあたえた」（二二四頁〜二二五頁）と述べているのも參照。

その一方で、范曄『後漢書』賈逵傳に、

書奏、帝嘉之、賜布五百匹・布一襲、令逵自選公羊嚴・顏諸生高才者二十人、教以左氏、與簡紙經傳各一通。

という記述があり、その「簡紙」に對する李賢の注に「竹簡及紙也。」と説明されているように、當時は紙と木竹簡の併用期であったこと、前漢時代の紙が出土しており後漢時代は蔡侯紙に代表されるように製紙技術が高かったこと、湖南省長沙市で出土した三國時代の一次資料である十萬本を數えるといわれる走馬樓呉簡の存在、等を考慮に入れると、後漢時代における紙の普及がいったいどの程度のことであったのかを愼重に考えなければならない、とも言える。

(52) 臣不讀讖。（范曄『後漢書』桓譚傳）

(53) 臣不爲讖。（范曄『後漢書』鄭興傳）

(54) 父徽、從劉歆受左氏春秋、兼習國語・周官、又受古文尚書於塗惲、學毛詩於謝曼卿、作左氏條例二十一篇。逵悉傳父業、弱冠能誦左氏傳及五經本文、以大夏侯尚書教授。雖爲古學、兼通五家穀梁之説。……。尤明左氏傳・國語、爲之解詁五十一篇、永平中、上疏獻之。顯宗重其書、寫藏秘館。（范曄『後漢書』賈逵傳）

(55) ……。臣以永平中上言左氏與圖讖合者、先帝不遺芻蕘、省納臣言、寫其傳詁、藏之秘書。……。至光武皇帝、奮獨見之明、興立左氏・穀梁、會二家先師不曉圖讖、故令中道而廢。……。又五經家皆無以證圖讖明劉氏爲堯後、而左氏獨有明文。五經家皆言顓頊代黃帝、而堯不得爲火德。左氏以爲少昊代黃帝、即圖讖所謂帝宣也。如令堯不得爲火、則漢不得爲赤。其所發明、補益實多。……。（范曄『後漢書』賈逵傳）

(56) 春秋、晉大夫蔡墨曰、陶唐氏既衰、其後有劉累、學擾龍、事孔甲、范氏其後也。范會自秦還晉、其處者爲劉氏。明漢承堯後也。
（范曄『後漢書』賈逵傳「又五經家皆無以證圖讖明劉氏爲堯後、而左氏獨有明文。」に對する李賢注）

（57）當該部分に關係する『左氏傳』昭公二十九年の傳文は、

……、有陶唐氏既衰、其後有劉累、學擾龍于豢龍氏、以事孔甲、能飲食之。……。范氏其後也。

であり、當該部分に關係する『左氏傳』文公十三年の傳文は、

晉人患秦之用士會也。……。郤成子曰、……、不如隨會、……、且無罪。……。既濟、魏人譟而還、秦人歸其帑。其處者爲劉氏。

である。士會については、杜預の注に「士會、堯後劉累之胤。」と記されている。

（58）左氏傳曰、黄帝氏以雲紀、少昊氏以鳥紀。是以少昊代黄帝也。河圖曰、大星如虹、下流華渚、女節意感、生白帝朱宣。宋均注曰、朱宣、少昊氏也。
（范曄『後漢書』賈逵傳「左氏以爲少昊代黄帝、即圖讖所謂帝宣也。」に對する李賢注）

（59）當該部分に關係する『左氏傳』昭公十七年の傳文は、

郯氏曰、吾祖也、我知之。昔者、黄帝氏以雲紀、故爲雲師而雲名。……。我高祖少皞摯之立也、鳳鳥適至、故紀於鳥、爲鳥師而鳥名。……。

である。

『河圖』については、李賢注の表記にしたがい、本文ではただ「『河圖』」とのみ譯したが、安居香山・中村璋八輯『重修緯書集成』の分類によると、この『河圖』は『河圖稽命徵』とされ、ここの文言がそのまま採録されている。（いま、筆者は、『重修緯書集成』に基づく一九九四年一二月河北人民出版社刊『緯書集成』全三册の下册で確認した。）

（60）好並隆司「後漢期、皇帝・皇太后の政治と儒家思想」（原載誌掲載は二〇〇七年五月／好並隆司『後漢魏晉史論攷――好並隆司遺稿集』、溪水社、二〇一四年二月）は、「賈逵はこうして公羊を批判し、左氏を君父を支える思想として評價するのであるが、この左氏と、問題の圖讖とに彼は共通性を認め、雙方を「合」流する試みを行った。これは天（圖讖）・人（儒教）の矛盾を解決することの狙いに他ならない。」（遺稿集五一頁）と述べ、賈逵の「試み」について、「賈逵の考案の新味は、この説（＝漢家「堯の後裔」説、井ノ口

注）を帝の信奉する圖讖に適合させ、左傳を媒介として雙方を調整した點において、大きな政治的意味を持ったと言えよう」（同五一頁）と指摘している。

(61) 興好古學、尤明左氏・周官、長於歴數、自杜林・桓譚・衛宏之屬、莫不斟酌焉。世言左氏者多祖於興、而賈逵自傳其父業、故有鄭・賈之学。（范曄『後漢書』鄭興傳）

(62) 章帝が『左氏傳』等古文のテキストを好んだことは、

肅宗立、降意儒術、特好古文尚書・左氏傳。（范曄『後漢書』賈逵傳）

から分かるが、さらにこのことは、「古學」が勢力をもちつつあった建初八年（八三年）に、古文のテキストを「高才生」に學習させ、經學振興を企圖した以下の施策からも、よく分かる。

①詔曰、……。其令羣儒選高才生、受学左氏・穀梁春秋・古文尚書・毛詩、以扶微學、廣異義焉。（范曄『後漢書』肅宗孝章帝紀）

②八年、乃詔諸儒各選高才生、受左氏・穀梁春秋・古文尚書・毛詩、由是四經遂行於丗。（范曄『後漢書』賈逵傳）

③又詔高才生受古文尚書・毛詩・穀梁・左氏春秋、……。（范曄『後漢書』儒林列傳上）

(63) 桓譚以不善讖流亡、鄭興以遜辞僅免、賈逵能附會文致、最差貴顯。（范曄『後漢書』賈逵傳、論）

(64) 少習公羊春秋。……。常避地教授、門徒數百。頗涉獵古字。嘗讀左氏傳、雖樂文采、然謂不得聖人深意、以爲前世陳元・范升之徒更相非折、而多引圖讖、不據理體、於是作難左氏義四十一事。（范曄『後漢書』儒林列傳下・李育傳）

(65) 注（1）所掲狩野直喜氏著書の「兩漢文學考」の「五　白虎通義」、一一〇頁。

(66) 田中麻紗巳『兩漢思想の研究』（研文出版、一九八六年一〇月）の第三章第二節「賈逵の思想」（原載誌掲載は一九七六年一一月）、一四八頁。

第二章　經學の繼受

はじめに

本章では、當時の官學か否かの區別無く、後漢經學全般に目を轉じ、范曄『後漢書』中の記述を多用して、後漢時代に經學がどのようにして師から傳授（教育）され後學に繼承（學習）されていったのか、その全體的な傾向を論じることにしたい。范曄『後漢書』の記述を多用するのは、前章でも述べたとおり、范曄『後漢書』が後漢時代約二百年の史的展開を窺うための最も據るべき基本資料であり、約二百年にわたって必要な情報を網羅的に採集するのに非常に便利だからである。(1)

范曄『後漢書』儒林列傳には、『易』『書』『詩』『禮』『春秋』の順序で各經に精通した者が立傳されている。これらの傳を讀むことにより、各經を師から習得して後進に傳授するという經學の繼受の概要が窺える。しかし、この儒林列傳上には、

東京（後漢）の學習者はやたらに多く、（その情況を）詳らかに記載するのは難しい。今はただ經書に通

曉することができた名だたる者を記録するにとどめ、そうして「儒林」篇とした。もともと傳に列せられた者は、（「儒林」篇に）あわせて書き記さなかった。（特定の經書の）師承關係で、名を記して明らかにしておくのがよい者は、これを著録した。(2)

と記され、儒林列傳以外の別の巻にも「經に通」じた者が立傳されていることに注意しなければならない。すなわち、儒林列傳は、われわれが約二百年間にわたる後漢時代の經學の繼受について論じる際に、その全體的な傾向を把握するための重要な資料でありはしても、范曄『後漢書』においてその事例を悉くカヴァーしたものでは、當然、ない。范曄『後漢書』における經學の繼受に關する全事例を知るには、各事例を儒林列傳以外の別の巻からも隈なく丹念に蒐集し儒林列傳のそれと併せる必要がある。以上のことは、後漢時代における經學の繼受についてその基本的な骨格を知るために行うべき、言わずもがなの前提準備的な作業である。

では、范曄『後漢書』から隈なく拾い上げた經學の繼受の各事例をどのように分析すればよいであろうか。一つの方法として、各事例を悉く檢討しコメントを附すという方法が考えられるであろう。しかし、この方法では、結局のところ、各經書の學習者たちを單に羅列的に示し得るだけのことになる。(3) そうではなく、むしろ、その羅列的な資料の山から多くの事例に通底するキーワードを見出だし、それが各事例でどう機能しているかを探り出すことのほうが、當時の經學上の營爲を明らかにする點でも有益であると思われる。その事例が各經書の繼受に關する事例であり、繼受という營爲が繼承する側と傳授する側とから成る營爲である以上、そのキーワードは、經書の習得（繼承）と傳授（教育）に關する語に、おのずから絞られる。

漢代の、經書を習得する「諸生」やその學業生活については、「誦」という習得方法に着目して當時の習得の實情を明らかにした東晋次氏の研究が、この方面の考察を進める際の出發點として注目される[(4)]。しかし、「誦」に關しては、檢討の餘地もなお存する。「誦」を實踐して特定の經書を修めた者が、やがてその知識を自らの門弟に傳授する側となった時にどのような活動を展開するのか、を窺うことも、經學の繼受を傳授（教育）の側から考察する際に必要なことである。

本章は、後漢時代における經學の繼受という學問的營爲を習得と傳授の兩面から分析し、繼受の方法やそのプロセス・仕組み等を明らかにすることを目的とするものである。

一　經學の習得――「誦」をめぐって――

本節では、諸生が各經書の文言（とその章句）を師から習得する方法やプロセスについて考察する。前節で述べたように、「誦」については東晋次氏の研究が既にあるので、「誦」に關する東氏の見解を踏まえ、私見を述べたい。

東氏は、「諸生達はまず基本として對象經典を諷誦することを要求される。「誦」こそが漢代の學習の基本であった[(5)]。」と述べる。「誦」とは、端的に言えば、東氏の言う「暗誦」[(6)]であるが、これを筆者の言葉で説明するならば、「それを記憶して自らのものにしてしまうべく、實際に聲に出してとなえること」くらいか。後漢時代に、學習者が實際に聲に出してとなえて學習したことは、范曄『後漢書』の張霸傳に、郡内では爭って節操をみがき、經書を學習する者は千人單位で數えられ、道路ではただ暗誦の聲を耳にするばかりであった(7)。

とあり、呉祐傳に、

當時濟北の戴宏の父は縣丞となり、戴宏は十六歳で、父に隨行し縣丞の官舍に住んだ。呉祐は庭園を通るたびに、いつも（經書を）暗誦する（戴宏の）聲を耳にし、戴宏を優れているとして厚遇し、友人としてつきあった。結局のところ（戴宏は）儒者の第一人者となり、名を東方に知られ、官位は酒泉太守にまでのぼった(8)。

とある事例が明確に示している。このほか、「誦」の「音」「聲」についての言及は見えないものの、范曄『後漢書』承宮傳には、

鄉里の徐子盛という者は、諸生數百人に『春秋經』を教授していた。承宮は休息用の小屋のそばを通りかかった際、（そこで行われていた徐子盛らの）その學問を樂しいと思った。そこで近附いて經を聽き、そのまま（徐子盛の）門下に留まることを願い出、諸生のために薪を拾（うことから學業生活が始ま）った(9)。

という「經を聽」いた事例もある。東氏は、「誦には恐らく句讀の仕方によって、節まわしその他の約束事

があり、それぞれの師によって異なっていたであろう」[10]と述べるが、いま、この東氏の見解を踏まえると、師からは「誦」の「節まわしその他の約束事」をともなう經學の傳授が行われた、と見るのが自然であり、承宮が「聽」いた「經」も、その種のものに違いない。

范曄『後漢書』から、この「誦」という學習方法により學習されたテキストを調査してみると、「誦經典」（皇后紀上・和熹鄧皇后紀）、「諷誦經籍」（張霸傳附張楷傳）、「習誦經傳」（王允傳）、「誦經」（袁安傳、儒林列傳下・包咸傳、方術列傳下・公沙穆傳、逸民列傳・高鳳傳）の如く、ふつう經と傳であり、具體的には、「誦易」（皇后紀上・明德馬皇后紀）、「誦論語」（皇后紀下・順烈梁皇后紀）、「誦詩」（鄧禹傳、馮衍傳、周磐傳、劉陶傳）、「誦詩・書」（馬援列傳）、「誦左氏傳及五經本文」（賈逵傳）、「誦詩三百」「誦虞・夏之書」（以上二例、班彪傳附班固傳）、「誦孝經」（荀淑傳附荀爽傳）、「誦義文之易・虞夏之書」（延篤傳）などと記されている。但し、「誦詩賦」（班彪傳附班固傳）、「誦黃・老之微言」（光武十王列傳・楚王英傳）の例もあり、「誦」により學習されたのは、儒家の經・傳だけではなかったようである。

以上に擧げた諸事例からは、特に「誦」によって學習されたテキストのうち、特に『詩』が目立つ。東氏は、經書の暗誦の順序として、「五經では『詩』が最初に選ばれたようであ」り、「『詩』は恐らく最も諷誦に適していたためであろう。」とその理由を述べている。[11] 事實、『詩』については、後漢時代の石刻資料であるが、光和六年（一八三年）の唐扶頌に、

道にふけり古のことを好み、『書』をとうとび『詩』をうたい、讖緯・河圖・洛書を統べ、多くの書籍をきわめるに至った。[12]

とあるほか、范曄『後漢書』にも、班彪傳附班固傳に、

現今の論者は舜と禹の『書』をとなえ、殷と周の『詩』をうたい、伏羲と文王の『易』を説き明かし、孔丘の『春秋』を論じることをただ理解するにすぎず、古今の（政治・社會の治亂や善惡といった）清濁に精通したり、漢王朝の徳の由來を考究できる者はめったにいない。(13)

とあり、延篤傳に、

朝は伏羲と文王の『易』・舜と禹の『書』をとなえ、周公旦の典制禮儀の次第をととのえ、仲尼の『春秋』に目を通す。日暮れ時は中庭でのんびりとし、南向きの窓邊で『詩』をうたう。(14)

とあり、逸民列傳の梁鴻傳に、

そこで一緒に霸陵山の山中に入り、耕作と機織りをナリワイとし、『詩』『書』をうたい、琴を彈じて自らたのしんだ。(15)

とあって、いずれの例も『詩』は「詠」（＝咏）じられている。(16)『詩』は「諷誦に適していた」と言えそうである。但し、これらの引用文から『詩』だけでなく『書』も「誦」えられ「詠」じられたことが知られる

ほか、「經書」は「吟」じられたのである。(17)「誦には恐らく句讀の仕方によって、節まわしその他の約束事があ」るという東氏の見解は、「詠」「吟」という語から考えても、首肯してよいものであろう。

このように、經書は「誦」によって習得されたのであるが、では、なぜ習得方法は、テキストを手にもって讀むことによるのでなく、「誦」なのであろうか。このことについては、東氏が、

未だ紙も普及せずもっぱら簡牘に書いていた時代であるから、後世の如く容易にテクストを見ることができない。テクストを自分の頭の中に納めてしまうのが勉學に最も好都合だったからだろうか、それとも日常的言動や政治的理念を聖人の教えに合致させたいと希う漢代人にとっての當然の務めであったからか、また或いは佛僧が佛典を誦すると同様に宗教的な意味をもっていたからであろうか。(18)

と、推測ながらも考えられ得る理由を示している。筆者を含め、こうした疑問をもつということ自體、紙を用いて文字を讀み書きする文化に慣らされてしまった現代人ならではの感覺からくる一大問題である。言い換えれば、こうした疑問は、テキストの文言を聽覺ではなくまず視覺で捉えるのが當たり前であるという意識を前提にしていることにより湧き出てくる疑問である。そのことをまず了解したうえで、なぜ「誦」による習得が實踐されたのかを考えたい。

東氏が考えられ得る理由を示した文章の中で、後漢時代を「未だ紙も普及せずもっぱら簡牘に書いていた時代」としている部分は、訂正が必要である。後漢時代は、簡牘と紙が書寫材料として併存した時代である。そこの部分は訂正を要するが、ただ、東氏が「容易にテキストを見ることができない」と述べた意圖を前後

の文脈を參考にして推し量れば、簡牘のテキストは嵩張るうえに持ち運びに不便であって紙のように輕くて薄いものでないから、「容易にテクストを見ることができない」ということなのであろう。賓は、皮錫瑞氏の説明が、そのようなものとなっている。

このように（後漢經學が）盛んな理由は、漢代の人に師のいない學問はなく、字義解釋や文章の切り方はいずれも（師からの）口傳えによる。後世の書籍のように、音韻や解釋が具備し、簡牘をみて暗誦できる譯ではない。書籍はいずれも竹簡であり、入手することが非常に難しく、もし師に就かないなら、テキストの文言を書き寫して記録することがない。後世の書籍のように、購買が極めてたやすく、車を數臺も從えて積載できるというわけではない。書籍を入れるハコを背負い（師のもとに門弟が）雲のように集まったのは、主にこうした理由による。[19]

この皮氏の説明によれば、後漢時代、竹簡の書籍は入手することが難しく、師が「口授」した内容を門弟は聽き書きした、という。

こうした知識の傳達について、清水茂氏は、「何らかの知識をつぎの世代に受け渡すことは、必ずしもことばによらねばならぬことはない」が、「一つの固定化したものとして傳えるためには、ことば（音聲・文字）とする必要があり、特に文字化しない限りは、容易に消えてしまう」と述べる。[20] 范曄『後漢書』杜林傳に「特に文字化しない限りは、容易に消えてしまう」ことを窺わせる事例がある。

杜林は以前西州の地で漆で書かれた『古文尚書』一巻を入手し、いつもそれを重寶し、災難困苦に遭遇しても、しっかり握りしめ肌身離さぬ狀態であった。（杜林はその『古文尚書』を）取り出して衞宏らに示してこう言った。「わたくしは流浪や戰亂に際し、この經書がなくなるのではないかといつも心配しました。どうして東海の衞君と濟南の徐君に傳えられると考えたでしょうか、この（學問の）道はとうとう地に墜ちることはありませんでした。古文は時務に適っていませんが、諸君が古文のテキストを學んだことを後悔することのないよう願っています。」衞宏と徐巡はさらに一層（『古文尚書』を大事に守った）杜林（の精神）を尊重し、ここにおいて古文のテキストが行われていった。(21)

これは、「古學」修得者が杜林の當時にまだ勢力を得ていなかったという情況を反映した記述でもあるが、その後古文のテキストが行われた契機として、杜林が重寶し遭難の際も肌身離さず攜帶した『古文尚書』を門弟の衞宏と徐巡に傳え得たことが注目される。もし『古文尚書』の繼受が專ら音聲によるならば、文字化された『古文尚書』の存滅をわざわざ問題にはしないであろう。すなわち、この事例は、音聲による方法でなく、文字化された『古文尚書』の現物が、知識の傳達に大きな役割を果たしたことを示す事例である、と見なければならない。また、『古文尚書』は一時期、學問の世界から姿を消していた經書であって正統性に乏しかったであろうし、また、その傳授の仕方も、學問の表舞臺で營營と繼受が行われてきたいわゆる今文の經書のばあいに見られる師からの「口授」によって傳授の場で展開される文字化されない閒《ま》のとり方・節回し・解釋の仕方等とは異なっており、特に文字化されなければ「容易に消えてしまう」可能性があった、と思われる。

このように、後漢時代、一部の經書は書寫材料に記されて次世代に受け繼がれた面をもつものの、それでも、基本的になぜ諸生の習得は「誦」により、なぜ師からの傳授は「口授」によるのであろうか。「口授」における師の間《ま》のとり方や節回しは文字化できないものであり、耳で聽いて體で憶えるしか方法がなく、それを自らのものとして定着させるためには、「誦」を何度も繰り返すことによって身につけるしか方法がなかったのではなかろうか。また、後述するように、一つの家で特定の經書を代代受け繼ぐ「家學」を重視する儒者の意識が依然根強く、古來の「誦」「口授」が當時もなお實踐され續けた、ということも考慮に入れておく必要があろう。

では、「誦」に限って考えたばあい、身につけるべき學習内容を記憶として定着させ自らそれをいつでも再現できるようにするために、具體的にはどのようにして口に出してとなえたのであろうか。これについては、實際の方法をうかがう一次資料が存しないものの、W・J・オング氏の次の見解が示唆に富む。

> 聲の文化にはテクストはない。いったい聲の文化においては、どうやって系統だったことがらを思い出せるようにとりまとめておくのか。……。答えはただ一つ。記憶できるような思考を思考することである。……。このような思考は、次のようなしかたで口に出されなければならない。すなわち、強いリズムがあって均衡がとれている型にしたがったり、反復とか對句を用いたり、頭韻や母音韻をふんだり、〔あだ名のような〕形容句を冠したり、その他の決まり文句的な表現を用いたり、紋切り型のテーマ（集會、食事、決闘、英雄の助太刀、など）ごとにきまっている話しかたにしたがったり、だれもがたえず耳にしているために難なく思い出せ、それ自體も、記憶しやすく、思いだしやすいように型にはまって

いることわざを援用したり、あるいは、その他の記憶をたすける形式にしたがったりすることである。(22)師からの「口授」の際には、まず師が彼自身の間《ま》のとり方・節回しを伴う經書の讀みや暗誦のし方を實踐して示し、次に門弟がそれを眞似することから開始して、「誦」という方法で身につけていったのであろう。また、門弟自身も自ら工夫して、師の方法とは異なるもっと憶えやすい方法を編み出して實踐したこともあったであろう。

以上、東晋次氏が示した考えられ得る理由以外に、筆者の考えられ得る理由を示してみた。結局のところ、文字化されない學習内容を身につけるには、「誦」「口授」が簡牘や紙の使用より都合がよいとされた、ということに盡きてしまうが、オング氏の見解は「誦」や「口授」の實際について考える際に、まことに示唆に富むものであると思う。

「誦」について、范曄『後漢書』文苑列傳下の禰衡傳における孔融の推薦文を見ることにしよう。

> 學問をやりはじめた頃から、堂（表座敷）にのぼって學問の奥義まで見てしまうほどであり、ちょっと目にしただけの文章でも、そのたびごとに暗誦することができ、ちょっと耳にした情報でも、心に留めて忘れないのです。(23)

「誦」が口でとなえて記憶する習得の方法である以上、となえる際の口のはたらき以外に、となえる對象を見、耳にする音を聞くという目や耳のはたらきも記憶に作用する。こうした事例は、ほかにも、范曄『後

漢書』には王充傳に、

家が貧しくて書籍をもたず、いつも洛陽の書店に出かけては、賣られてある書籍を讀み、一たび目を通すとそのたびごとに暗誦して記憶でき、幅廣く諸學派の言説に通曉した。(24)

とあり、荀淑傳附荀悦傳に、

家が貧しくて書籍をもたず、社會に出向くたびに、目を通した書物は、一たび讀むとよく暗誦して記憶できた。(25)

とあるように、「書」「篇牘」を閲覽し暗誦して記憶した王充と荀悦の事例がそうである。さらに、桓譚は「才學洽聞」（宋弘傳）、韋彪は「好學洽聞」（韋彪傳）、杜林は「博洽多聞」（杜林傳）、趙典は「篤學博聞」（趙典傳）、殷肅は「達學洽聞」（班彪傳附班固傳）、胡廣は「博物洽聞」（胡廣傳）、周興は「博物多聞」（周榮傳）、楊終は「學多異聞」（楊終傳）、應劭は「博覽多聞」（應奉傳附應劭傳）、楊震は「明經博覽」（楊震傳）、楊賜は「篤志博聞」（楊震傳附楊賜傳）、周擧は「博學洽聞」（周擧傳）、孔融は「奇逸博聞」（孔融傳）、趙祐は「博學多覽」（宦者列傳・呂強傳）と記されるのは、文字通りには學習や見聞の幅廣さをいうが、これらの語はそのまま、當時、個人のもつ知識や能力を「覽」「聞」など目や耳のはたらきに直結する語を以て云云したことを如實に表すものと見てよいであろう。

先に引用した王充傳にも見えたが、范曄『後漢書』の馮衍傳に、

馮衍は幼い時からすぐれた才能をもっており、九歳の時に、『詩』を暗誦することができ、二十歳になると多くの書籍に幅廣く通曉していた。(26)

とあり、班彪傳附班固傳に、

九歳の時に、文章を作ったり詩や賦を暗誦することができ、成長すると、書籍や諸學派の言説に幅廣く通じ、究めないものはなかった。(27)

とあるように、「誦」が實踐されたその先に「通」という狀態に至るケースがある。(28) 次に、この「通」に考察を加え、その意味を明らかにしておきたい。

二　「通」攷

「通」という語は、先秦から前漢にかけては、『易』繫辭上傳に「往來不窮、謂之通。」とあり、『荀子』榮辱篇に「榮者常通、辱者常窮。通者常制人、窮者常制於人。」とあり、『莊子』秋水篇に「我諱窮久矣、而不免命也。求通久矣、而不得時也。當堯・舜、而天下無窮人、非知得也。當桀・紂、而天下無通人、非知失也。

時勢適然。……知窮之有命、知通之有時、臨大難而不懼者、聖人之勇也。」とあり、『莊子』讓王篇に「君子通於道、之謂通、窮於道、之謂窮。」「古之得道者、窮於樂、通亦樂。所樂非窮通也。道德於此、則窮通爲寒暑風雨之序矣。」とあり、その他諸文獻中に「通窮」「窮通」という語が散見するように、一般に「窮」という語と對にされてきた。後漢時代にも、「通」と「窮」をテーマとした『風俗通義』窮通篇が著わされたが、これは先秦以來の「通」「窮」を受けて成ったものであり、そこに新機軸は無い。

「博學多通」や「通儒」等の語に見られる「通」という評價が中國の知識人に與えられるようになるのは、漢代、とりわけ後漢時代になってからのようである。東晋次氏は、范曄『後漢書』に見える「通」の用例を擧げ、「ここで「通」というのはどの程度のことをいうのか明かではないが、通がその前提にあったことは言うまでもない。[29]」と述べる。「通」が「通」の「前提にあ」るのは、前節で見た王充・馮衍・班固の事例からも明らかである。但し、范曄『後漢書』に見える「通」は、あくまで後漢時代の知識人に對する後世からの評價の語であり、われわれがそれをそのままその知識人が生きた後漢時代の歴史舞臺に放り込むことには愼重でなければならない。そこで、本節では、まず後漢時代の「通」に關する先行研究を概觀したうえで、後漢時代の一次資料から後漢時代に通行していた「通」の意味を探り、次に范曄『後漢書』における經學の繼受の事例に見える「通」の意味を考察して、「通」の先にある「通」とはどういう状態を指すのかを特定することにしたい。

1　先行研究

後漢時代の知識人について言われる「通」をめぐっては、見ておくべきいくつかの先行研究がある。以下、數人の研究者の「通」に關する見解をとりあげたうえで、檢討すべき問題點を提示することにしたい。

加賀榮治氏は、前漢末期から後漢時代に章句の學を「批判否定」した學者について、

さて、このような章句の學の煩瑣化を批判否定しようとする學者が、多く博學・博覽・博通であったのは、それによって訓詁を通じ・大義を通じ・義理を通じようとするためであった。また、このように「通」を求めようとする人は、「通人」と呼ばれている。したがって、この通人こそ章句の學の批判者・否定者であったのである。(30)

と述べ、例として范曄『後漢書』と劉勰『文心雕龍』に見える「通人」の用例を引用し、

通人とは「古今を博覽するもの」（論衡、超奇篇）であり、萬卷の書に通じて「雅言を弘暢し、文義を審定し、以て教授して人の師たるもの」（仝上）で、具體的には後漢末の大儒鄭玄のような、博覽多通の學者をさす。したがってまた通人は、「通儒」と同意である。(31)

と述べている。ここで注意を要したいのは、王充『論衡』に見える「通人」と范曄『後漢書』・劉勰『文心雕龍』に見える「通人」とを全く同義の語として用いてよいのかどうか、また「通人」は「通儒」と「同意」なのかどうか、この二點である。この二點は、後で檢討する。

戸川芳郎氏は、王充『論衡』の人材論を分析し、

『論衡』八十五篇の著者王充は、その程材・量知・謝短の三篇に、自らの士人像をかかげ、下級屬吏の文吏と官僚候補の儒生とを論比し、前者の〝狎習〟による事務能力よりも〝大道〟の學藝に志す後者の學力を高く評定した。ついで效力・別通・超奇の三篇に、かの有名な材力論を展開させ、諸經書と傳義の故訓によって道本（道藝）を修得する儒生の上に、材力の一層卓拔した通人（通儒）を、すなわち古今ノ行事・百家ノ言――歴史的眞實と博綜の知識に通曉する大人を設定した。同時代の蘭臺令史、班固・賈逵や楊終・傅毅を通人として、それら〝周世通覽〟の士輩にあこがれている。(32)

と述べている。筆者の疑問は、王充は本當に「通人」に「あこがれてい」たのであろうか、ということである。筆者の考えは後述する。また、戸川氏は、「通儒」や「通人」について、「王充自身、通儒などを一般に通人・文人と呼びかえてもいる（超奇）。」と述べている。(33) 實は、『論衡』には「通人」という語は見えるが、「通儒」という語は見えない。すなわち、戸川氏が言う「通儒」は、『論衡』の用語としての「通儒」でなく、他書に見え我我が通常理解している、學問上の能力がすぐれている「通儒」の謂いである。その「通儒」が、『論衡』超奇篇では「通人」「文人」と表現されている、と戸川氏は言っているのであるが、これは、「通人は、「通儒」と同意である」とする加賀榮治氏の見方に類する、と言わねばならない。（加賀氏の言う「通儒」も、戸川氏の言う「通儒」の意であろう。）この點についても、後述する。

日原利国氏・東晋次氏・王葆玹氏の「通」に關する見解は、共通する部分が多い。日原氏は、

いったい前漢が一經專門だったのと對照的に、後漢には二經以上を學ぶ者が少なくない。しかも同一學

派のなかの數經を學ぶだけでなく、今文學と古文學を兼修する「通儒」がめだつ。(34)

と述べ、東氏は、

一經にとどまらず複數の或いは五經すべてをマスターし、今文古文雙方に通ずる賈逵、馬融、鄭玄のような通儒、大儒といわれる人人が後漢に多くあらわれ、前漢の一經專門の風とは異なってきた(35)

と述べ、王氏は、

古文經學家の劉歆・賈逵・馬融・鄭玄らの人はみな〝通人〟で知られ、〝通〟には多くの經にまんべんなく習熟するという意味がある。……。たとえば桓譚『新論』は劉向・劉歆父子が〝ともに通人である〟といい、『論衡』は劉歆が通であるといい、『後漢書』本傳は賈逵・馬融が〝通儒〟であるというように、古文經學家は多くが通人であり、古文經學が通の學であることがわかる。(彼らは)古文經學に立脚しているものの、今文經學についても研究することができて、(良し惡しの)取捨ができる。(36)

と述べている。この三者の共通點は、「通儒」「通人」は複數の經書を修めている人物である、との理解である。また、日原氏と東氏が「通儒」を今文・古文雙方の經書を修めた者と見ることと、王氏が「古文經學家」を「通人」の例に擧げることからは、「通儒」「通人」が「古學」修得者に對して使われている、と少なくとも言える。すなわち、從來、「通」とは古文のテキストを含む複數の經書を修めた狀態を指す、と理解されてきた、ということになろう。

吉川忠夫氏は、

かくして、眞の學問愛好者は、頑迷固陋な太學の博士よりも、五經に兼通する「通儒」を支持した。六朝士大夫に一貫して流れているのは、まさしくこの通の意識にほかならない。六朝人の理想は、さらに「通儒」をこえて、經學以外のあらゆる事象にも通ずる人間、すなわち「通人」をめざしたが、この「通人」の語が、かかる時代精神をになった人間典型を示すものとしてあらたな息吹をあたえられたのは、やはり後漢末のことであったように思われる。たとえば、五經はもとよりのこと、今古兩文學にも精通した鄭玄（一二七—二〇〇）は、通儒とよばれるにきわめてふさわしいが、その彼をすら、「才說ある」袁紹の賓客たちは、儒者とは認めても通人とは認めず、また通人たちは彼の學問方法を繁と譏ったといわれる（『後漢書』傳二五鄭玄傳）。この話柄は、「通儒」と「通人」と、そのいずれによりたかい價値がおかれるにいたったかを知るうえに、きわめて有用であろう。(37)

と述べ、「通儒」から「通人」へと目指す六朝期の士大夫像を示している。吉川氏の見解は、明らかに、「通儒」と「通人」とはそれぞれが異なる段階にある存在であり、學問を積むことにより「通儒」→「通人」と學習者としての段階が進んでいくというものであり、「通儒」と「通人」が同義であると理解している加賀氏や戸川氏と意見を異にしている。これについても、後で言及する。

木島史雄氏は、先秦から六朝期までの文獻に見える「通儒」という語の變遷をたどり、その語義を考察したが、その結果、「大きく言って前漢時代まで、「通儒」ということばは、存在しなかった、そしてそれは、「通儒」という概念の不在をも暗示しよう」(38)と述べ、前漢以前は、我我が通常理解している「通儒」はいなかったことを説く。さらに、後漢時代以降のものとして『漢書』・應劭『風俗通義』・范曄『後漢書』等に見える「通儒」の用例を檢討して、盧植・馬融・高誘ら「「いわゆる通儒」にあたる學者たちが輩出するようになって、彼らを括って形容する言葉として「通儒」が定着していった」(39)と、後漢末期に我我が通常理解している「通儒」の意味が定着したとの見方を示している。木島氏がとりあげた用例やそこから導き出される見解は、筆者にとって教えられる點が少なくないが、後漢時代の「通」の意味をさぐるには、木島氏がとりあげた「通儒」の用例に加え、『論衡』に見える「通人」の意味や他の後漢時代の一次資料に見える「通」の意味をも考慮に入れなければならない。

渡邉義浩氏の「通」に關する見解は、後漢時代の用例を直接檢討したものではなく、のちの貴族制社會について述べたものであり、吉川忠夫氏の見解を繼承する形で「今文・古文に精通した鄭玄であっても、袁紹麾下の「名士」達に「通人」とは認められなかったように、儒教に止まらず、あらゆる文化に博通する「通」への指向は、後漢末より始まった。」(40)と述べ、儒教だけでは名聲を得られない貴族が文學・玄學・史學・道教・佛教等多元的な文化價値を専有すること（＝「通」）を重視した、との見方を示している。後漢時代の學問とここに擧げられた儒教・文學・玄學・史學・道教・佛教という貴族制社會での學問とでは學問のジャンル自體が異なるが(41)、經學とともに經學以外の學問を修める傾向は、范曄『後漢書』に立傳された人物の學問の修得情況から容易に確認できるし、またその傾向は博學の王充が記した『論衡』にも見えており、「儒教に止まらず、あらゆる文化に博通する「通」への指向は、後漢末より始ま」るものではない。但し、後漢前期には確認できるこの「指向」がのちの貴族制社會まで續いているということからは、後漢時代を通じて知識人の間で「通」に對する意識が持續した、と言ってよいであろう。

以上のように、「通」に對しては研究者各人各樣のイメージがあり、微妙なズレが認められる。しかし、本來は、「通」についての統一した見解があって然るべきである。このズレを解消するために、まず後漢時代の一次資料の記述に即して、後漢時代に通行していた「通」について考察を進めることにしたい。

2　後漢時代の一次資料における「通」

後漢時代の一次資料に見える「通」のうち、『漢書』に見える「通儒」については、既に木島史雄氏によって、

……以下の二つの事柄は認めてよいであろう。一、班固の時代まで、「通儒」という熟語はあまり通用していなかった。分量的にはけっして小さなものとはいえない『漢書』において、その用例がわずか二例しかないことからそれは確認される。いまひとつは『漢書』における「通儒」が決してすぐれた學問的能力保持者をささないことである。むしろ學問をふまえた意見に敵對するものである。(42)

との檢討結果が記されている。この「班固の時代まで、「通儒」という熟語はあまり通用していなかった」という指摘は、同時期に成った王充『論衡』や班固の編に成る『白虎通義』といった比較的分量のある一次

資料に「通儒」の語が一つも見えないことからも、首肯できる。しかし、後漢前期に「通儒」はいなくとも、『白虎通義』のほか、桓譚『新論』に識通篇があり、王充『論衡』に別通篇がある等、書名・篇名に「通」字が使われたことからは、「通」という語を後漢前期の知識人はかなり意識していたに違いない。後述するが、「通」字を書名に使う後漢後期の應劭『風俗通義』には、木島氏が検討したように「通儒」という語が見えている。(44)

このうち、『白虎通義』の書名に用いられている「通」については、後人による考察があるのみであり、(45)『白虎通義』中に具體的に説明されてはいない。但し、「通」を述部に用いた説明として、『白虎通義』聖人篇に、

聖人とは何か。聖とは、通であり、道であり、聲である。その道行く所に通じない所はなく、その輝きは照らさない所はなく、音聲を耳にすれば實情を理解し、天地と德をぴたりと合わせ、日月と輝きをぴたりと合わせ、四時と順序をぴたりと合わせ、鬼神と吉凶をぴたりと合わせる。(46)

とあり、『説文解字』十二上にも「聖、通也。」とある。しかし、これらの説明からは、「聖人」が「通」の狀態を保有している存在である、ということが分かるにすぎず、「通」の狀態に至った者が「聖人」であるとの答えには至らない。

他方、後漢後期の『風俗通義』の書名に用いられている「通」については、以下のとおり、著者の應劭自身による説明が「『風俗通義』序」(47)に見える。

いま漢の王室はひどく崩壊し、國土は分裂し、混亂はしずまることなく、人人には希望も無い。わたくしは後進がますます迷って愚かになってしまうのではないかと心配し、今しばらく無い才知をふりしぼって（讀者である）あなたがご存じの事柄を擧げ、それらを分類すると全十巻となった。これを『風俗通義』という。その意味は、俗世間のあやまりに通曉して、それらを（正確な）意味と論理において明らかにする、ということである。(48)

書名が『風俗通義』であること、そして「通」の對象が「俗世間のあやまり（流俗之過謬）」であることに注意したい。俗世間のあやまりを論理的に正していくという精神は、後漢前期の王充『論衡』對作篇の、

いま『論衡』は世俗の書籍について、その眞僞をただし、まことかうそかを明らかにするものであって、……。(49)

という精神に通底するものである。こうした「俗」についての『風俗通義』の見方の一端は、范曄『後漢書』杜林傳の「林從竦受學、博洽多聞、時稱通儒。」に對する李賢注に、

『風俗通』にはこうある。儒とは、分けることである。それは、古今の事柄を區別する、という意味である。じっとしている時は聖人哲人のことばを繰り返し勉強し、活動している時は典籍に示された道を實行し、先王の制度を模範とし、現在のできごとに對處する、これが通儒である。知識を獲得すること

はできてもその知識を發揮することができず、發言することはできてもそれを實行することができず、學習するばかりで、融通がきかないような人、これが俗儒である。(50)

と見える「通儒」と「俗儒」の對比からもうかがえる。先に見た「通」と「窮」の對比とは別に、「通」と「俗」とが對にされたこと、これが後漢時代の「通」に見られる特徴の一つである。この「通儒」と「俗儒」の對比から、木島史雄氏は、『論衡』における「文儒」と「世儒」の對比を想起し、「文儒」と「世儒」を對比した『論衡』書解篇のくだりを分析して、「『風俗通義』が肯定的に記していた「通儒」は、『論衡』では「世儒」として否定され、彼處で否定的に語られていた「俗儒」が、一轉「文儒」の名のもとに高い評價をうけている」(51)と述べている。しかし、この木島氏の見解は當たっているであろうか。『論衡』にみえる「通人」という語(52)を手がかりに、この點について考察する。

『論衡』超奇篇には、王充による「通人」の定義と「通人」を含む差等とが、以下のように示されている。

千篇以上萬卷以下の書籍に通じ、正しいことばをひろめ、文の讀みを確定し、そうして教授して人の師となる者が、通人である。意味を汲み取り、文言を增減し、そうして上奏文をつづり、あるいは論説を書き起こし、篇や章を連結する者が、文人や鴻儒である。……。そもそも通人は幅廣く學習しているが、その知識をひろい集めて論説することができない。……。だからかの一經を説明できる者が儒生であり、古今を博覽する者が通人であり、「傳書」を拾い集めて上奏文をつづる者が文人であり、考えを凝らして文を著し篇や章を連結できる者が鴻儒である。だから儒生は俗人をこえ、通人は儒生にまさり、文人

は通人をこえ、鴻儒は文人をこえている。(53)

この記述によれば、鴻儒—文人—通人—儒生—俗人という差等を描くことができる。このうち、「通人」については、『論衡』別通篇で、

そもそも通人はまるでお金持ちのようであり、學問に通じていない者はまるで貧しい人のようである。ともに七尺の身長で人間の形をしていても、通人は胸中に諸學派の言説を有し、學問に通じていない者は頭が空っぽのうえに一片の文書の記憶すら無いが、それはまるで貧しい人の家屋内に、ただ四方の壁が立っているようなものである。……。そもそもお金持ちは儒生には及ばないし、儒生は通人に及ばない。通人が積み上げてきた學問は、書籍のハコで十以上を數え、聖人や賢者のことばは、黄帝の時代から秦・漢時代にまでおよび、國を統治し家を富ます方法や、世俗をそしることばが、充分にそろっている。(54)

と説明されている。この記述によれば、「通人」とは、「博く古今を覽」、「胸中に百家の言を懷」いている點で、「一經を説」く（ことしかできない）「儒生」を超えているものの、獲得した知識を發揮して「論説」を書き起こすことができない點で、文を作成する能力を有する「文人」「鴻儒」に劣る存在、である。『論衡』に見える「通人」は、知識を獲得するだけでそれを發揮できないという點で、『風俗通義』に見える「俗儒」と同じ、ということになる。一方、その『風俗通義』に見える「通儒」は、「典籍」から獲得した知識を發揮して現實の諸問題に對處する能力を有するという點で、『論衡』に見える「文人」または「鴻儒」に比せ

られるのではないか。

これとは別に、『論衡』書解篇には、「文儒」と「世儒」の對比が見える。

執筆活動を行う者が文儒であり、經書を説く者が世儒である。世の中にはこの二種の儒者がいるが、どちらがすぐれているかはわかっていない。……。世儒の學問はやりやすいので、世の人人は世儒の學問を學ぶことが多いが、まちがっていることは分析し評定すべきであり、そこで官廳はそのポスト（博士の官）を設けた。文儒の學問は、ずば拔けてすぐれていて從來のことを踏まえない。文儒の書物をもつ人は少なく、學問は説き明かされずとも、門下に人がいなくとも、書物や文がすぐれていれば、世の人人はやはり傳える。あちら（世儒）の中身の無い言説、こちら（文儒）の中身の詰まった文章、この兩者を照らし合わせると、どちらがすぐれているであろうか。(55)

この記述からは、文儒―世儒という差等を確認できる。

以上の二種の差等について、戸川芳郎氏は、

書解篇では、儒生・通人はいわば〝多聞博識〟の世儒に屬するのに對して、文人・鴻儒は〝書ヲ著ハシ文ヲ表ハシテ、古今ヲ論説ス〟る文儒の謂いである。王充は、著文・著作の文才をより高次の才力品評の基準とし、たとえ古今に博通する通人すらも、論説を興こし篇章に表現する〝造論著説〟の材力には遠く及ばぬ、としたのである。(56)

と述べている。いま、この戸川氏の理解にしたがって、以上の二種の差等をまとめれば、

文儒〔鴻儒―文人〕―世儒〔通人―儒生〕―俗人

となる。『風俗通義』に見える「俗儒」は「通人」に比せられるため、「世儒」の領域に屬することになる。他方、『風俗通義』に見える「通儒」は、「俗儒」よりも、能力面においても應劭自身による評價においても高いから、「世儒」の上の段階の「文儒」の領域に屬することになる。つまるところ、筆者の理解は、木島氏の見解とまったく異なるのである。

さらに、實は、王充は自らについて少なくとも「通人」よりも上のレヴェルにある知識人だと自覺していた。王充は自らを「文人」乃至「鴻儒」（＝「文儒」）レヴェルの知識人に比定しており、それゆえ「通人」に對する王充の評價は高くなかった、と思われる。戸川氏は、「同時代の蘭臺令史、班固・賈逵や楊終・傅毅らを通人として、それら〝周世通覽〟の士輩にあこがれている。」と述べたが、「通人」よりも上のレヴェルにあると自覺する王充が、自分より下のレヴェルの「通人」とされる人人にあこがれることは、まず無いと言ってよいのではないか。言い換えれば、王充は自らの能力に照らして、「通」に對しては高い評價を與えていなかったのである。

このように、後漢時代の一次資料に見える「通」を檢討した結果、「通」とは、後漢前期の『論衡』では、「博く古今を覽」、「胸中に百家の言を懷」く――該博な知識を有する――ものの、その該博な知識を發揮できない狀態を指したが、後漢後期の『風俗通義』では、「典籍」から獲得した知識を發揮して現實の諸問題

に對處できる狀態を指すようになった。しかし、それと同時に、『論衡』に見える「通人」は、『風俗通義』の時點では「俗儒」と呼ばれるまでになってしまった。『論衡』から『風俗通義』へと時間が經つうちに、「通」の指す內容が能力面においてレヴェル・アップしたために、かつての「通」は實質が伴わずに看板倒れとなり、『風俗通義』に至って「俗」という名稱に替えざるを得なかったのである。「通」と「俗」とは對の關係にある。すなわち、『風俗通義』の「通」は、かつての『論衡』の「通」を自らの對極である「俗」の位置に置くほどまでにレヴェル・アップしたのである。

ここまでの考察を踏まえて、後漢時代に時間の範圍を限り、「通人」と「通儒」を後漢時代の語と捉えて、先行研究の見解の可否を檢討したばあい、「通儒」から「通人」へと學習者としての段階が進んでいくという見方は成り立たないし、「通人」は「通儒」と同義でない、ということが分かる。やはり、先行研究がいう「通儒」とは、我我が通常理解する、學問上の能力がすぐれている「通儒」のことである。

では、我我が通常思い浮かべる、學問上の能力がすぐれている「通儒」のイメージは、具體的には、どのようなものなのか。これは、やはり、范曄『後漢書』に見える「通」の意味が影響しているのではなかろうか。次に、范曄『後漢書』に見える「通」の意味を考える。

3　范曄『後漢書』における「通」

范曄『後漢書』からは、「通」（「貫」）の對象を調べ擧げ、後漢時代の學習者がどの學問に「通」じ、如何なる學問の修め方をしたか、その傾向を調べることによって、范曄『後漢書』に見える「通」の意味を探る。

范曄『後漢書』には「通儒」「通人」「多通」といった語が散見し、これらの語の「通」字に込められた意味を探ることで、「通」が如何なる狀態を指すかが大凡分かるはずである。

范曄『後漢書』に「通儒」または「通人」と記される杜林・賈逵・鄭玄・馬融・李育は「古學」修得者であることが各本傳に見え、彼らはみな複數の經書を修めた。(57) さらに「博學多通」の桓譚は五經に習熟し「尤も古學を好」み（桓譚傳）、同じく「博學多通」の潁容は『春秋左氏』に習熟した一方で、『歐陽尚書』を「家學」とする楊賜に師事し（儒林列傳下・潁容傳）、杜林は「博雅多通」（杜林傳）ともされる。このように、「通」は確かに、先に見た先行研究の見解のように、古文のテキストを含む複數の經書を修めた「古學」修得者に對して使われている。しかし、「通儒」の卓茂は『魯詩』を修めた江生に師事して『詩』『禮』や曆算に習熟し（卓茂傳）、「博雅疎通」の曹褒は父の曹充が修めた『慶氏禮』を「傳」承し（曹褒傳）、「多くの儒者はみなその大いなる通曉ぶりにつき從った（諸儒皆伏其多通）」と記される張玄は『顏氏春秋』に習熟したほか併せて『嚴氏春秋』『冥氏春秋』を說いた（儒林列傳下・張玄傳）、との例もあり、いわゆる今文のテキストのみを修めたと思われる者に對しても「通」が使われている。すなわち、「通」という語は、「古學」修得者だけでなく、いわゆる今文のテキストのみを修めたとされる者に對しても使われている、ということになる。

次に、「通」（「貫」）の對象から、後漢時代の學習者がどの學問に「通」じ、如何なる學問の修め方をしたか、その傾向をうかがいたい。が、經書の習得に關しては、「後漢には二經以上を學ぶ者が少なくない」と日原氏が言う通りである。一經に「通」じた事例も、「通易經」（劉盆子傳）、「通尚書」（虞詡傳）、「通京氏易」（方術列傳上・折像傳）、「通春秋經」（逸民列傳・逢萌傳）の如く確認されるけれども、「通嚴氏春秋・古文尚書」（張霸傳附張楷傳）、「通詩・禮」（宋均傳）、「通詩・易・春秋」（崔駰傳）、「兼通數經」（儒林列傳上・任安傳、方術列傳下・華陀傳）など、二經以上に「通」じた事例が壓倒的に多いのである。注意すべきは、「兼通五經」（魯恭傳附魯丕傳）、「博通五經」（姜肱傳、方術列傳下・韓説傳）、「博貫五經」（申屠蟠傳）、「通五經」（張衡列傳、方術列傳上・李部傳、逸民列傳・井丹傳）、「學通五經」（儒林列傳下・蔡玄傳）の如く、五經に「通」じた事例も少なくないことである。

狩野直喜氏は、當時の學風の違いに言及する中で、五經兼通についてこう述べている。

> ……、今文學者の方は……、先づ一經專門の遣り方なり。東漢時代には……、五經兼通の如き人隨分多かったが、それは學問の餘力があったから之れを修めたものにて、元來今文學の方では經と經との聯絡統一が薄い。……。然るに古文の方はさにあらず。五經全體で一の經學となって居る。全體で一の經學であるから、嚴密な意味よりいはば、古文學に於いては、一經專門といふ事はなく、又成立せぬ譯なり。(58)

「魯詩・尚書を以て教授」（魯恭傳附魯丕傳）した魯丕は、いわゆる今文のテキストのみを修めたと思われるが、その「兼通五經」との記され方は、五經が「全體で一」でなく複数の經と見なされたことを示す。ここでも「通」という語が、いわゆる今文のテキストのみを修めたとされる者に對して使われていることを確認できる。

「通」（「貫」）の對象につき、いま一つ注目すべきは、前節で引用した王充・馮衍・班固の事例に「博通羣書」「博貫載籍・九流百家之言」「博通衆流百家之言」とあるように、「通百家之言」（蘇竟傳）、「博通羣書」（李法傳）、「通古今訓詁・百家之言」「通經學・百家之言」（以上二例、崔駰傳）、「博通經傳及百家之言」（延篤傳）、「博通墳籍」（郭太傳）など、後漢時代の學習者が經學以外の諸學や相當量の書籍に「通」じたことである。

「羣書」「墳籍」の規模はよく分からないが、「百家」は、「通左氏春秋・孫子兵法」(馮異傳)、「通京氏易・公羊春秋・三統暦・九章算術」(鄭玄傳)、「通老・易」(逸民列傳・向長傳)の具體例から、『老子』・術數・兵書を含む諸學を指すと思われる。また、五經に「通」じた者を調べると、姜肱は「星緯」を、中屠蟠は「圖緯」を、李郃は「河洛風星」を、韓説は「圖緯之學」を併修し、張衡は上疏して圖讖の禁絶を訴えたことが各本傳に見える。これは、讖緯が五經と同列の乃至は相補的な對應關係にあったため、五經を修めるなら讖緯も修める必要があったことを示す事例であるが、つまるところ、讖緯も學問の一ジャンルとなっていたのである。(59) このように、諸學のテキストが經書とともに「通」の對象であることは、當時、諸學が経學と併修するべき學問であり、經書の範圍にとどまらない該博な知識が必要とされたことを意味する。

以上をまとめると、從來、「通」とは古文のテキストを含む複數の經書を修めた狀態を指す、と理解されてきた。しかし、後漢時代の一次資料に見える「通」と、范曄『後漢書』に見える「通」の考察からは、從來の「通」への理解には修正が必要である、と言わねばならない。『論衡』・『風俗通義』・范曄『後漢書』に共通する「通」は、〝複數の經〟乃至は〝經學を含む複數の學問〟を修めた狀態である。後漢時代の「古學」修得者はいわゆる「章句の學」を拒否して自己の地歩を築いた。從來の「章句の學」の對極に立とうとするためには、「古學」とともに「章句の學」を熟知していなければならない、と言える。「章句を守」らないことは、「章句の學」の内容をよく知ってからでなければ、できないからである。このことと、范曄『後漢書』において、「通」という語が、いわゆる今文のテキストのみを修めたとされる者に對しても使われ、また經學以外の學問を經學と併修したばあいにも使われていることからは、いわゆる今文と古文の別を考えることなく、「通」とは、〝複数の經書〟乃至は〝經學を含む複数の學問〟を修めた狀態を指す、としておくのがよい。(60) 先行研究に見られた古文のテキストを含む複数の經書を修めている「通儒」のイメージと、經學とそれ以外の學問を併修しているという『論衡』に早早と見えるような「通人」のイメージとがたまたま重なるのは、まさにこの「通」の意味においてである。「古學」修得者に對してよく「通」という評價が與えられているのは、五經が一つのまとまりとして捉えられた時期に勢力を得てきた「古學」修得者において五經をまとめて修める傾向が目立ったからである、と見ておくのが穩當ではなかろうか。

三　經學の傳授――「傳」と「教授」と――

本節では、經學の繼受のもう一つの面である、師による傳授（教育）の側から考察する。

皮錫瑞氏は、

前漢は師法を重んじ、後漢は家法を重んじた。まず師法があり、その後に一家言を成し得た。師法とは、もと（の教え）にかえることである。家法とは、その一派（の教え）をおし廣めることである。(61)

と、後漢時代の經學の傳授の方法として「家法」を擧げる。しかし、范曄『後漢書』徐防傳に見える徐防の上疏には、……。わたくしは太學が博士弟子（の能力）を査べるのを拝見しましたが、彼らはみな自らの（勝手な）考えで經書を解説し、家法を修めることなく、ひそかにお互いに（この惡習を）包み隱し、諸生に不正な路を開いております。……。現今は章句に依據せず、でたらめにこじつけの解釋を生みだし、師説にしたがうことを本義から外れるとし、自分の考えで解説することを理に適うとし、學問を輕輕しく侮り、（それが）次第に慣わしとなって、まことに詔書で（賢才の者を）實際に選拔する本來の意圖からは外れております。……。(62)

と、「家法」が輕視されたことが記されている。事實、後漢時代に「章句を守」らない者は多かった。(63) 加えて、「師法」「家法」について述べた皮錫瑞氏が、

けれども師法がわかれて家法を出だし、家法はさらにそれぞれ別の一家に分かれる。幹が枝を分け、枝がさらに枝を分け、枝葉が增えて多くなり、次第に根本を見失うかのようである。(64)

とも述べ、狩野直喜氏も「師法といひ家法といふは、比較的の言葉にて、經學について、某までの學説は師法、某の學説からは家法と、判然たる區別は出來ぬ(65)」と述べる。徐防の上疏や「章句を守」らない者の出現という點からも、「家法」は當時どこまで有效に機能し得たか、との疑問を抱かざるを得ない。また、「師法」との區別がつきにくい以上、「家法」の特徴を充分に剔出し得ないであろう。(66)

范曄『後漢書』には、經書を次世代に傳える營爲として、一つの家で代代特定の經書を受け繼ぐ「傳」と、

門弟に特定の經書を傳授する「教授」の二つが記される。タイプを異にするこの二つの營爲の各用例を検討し當時の經書の傳授の特徴を窺うことの方が、「師法」「家法」に拘泥することより、はるかに有益と思われる。以下、「傳」「教授」が如何なる仕組みや傾向をもつ知識の傳達活動であったかを窺うことにしたい。

まず、儒林列傳下の甄宇傳から、『公羊嚴氏春秋』の「傳」の事例を見ることにしよう。

甄宇、字は長文、北海安丘の人である。……。『嚴氏春秋』に習熟し、教授すること常に數百人であった。……。（甄宇は）學業を子の甄普に傳え、甄普は子の甄承に傳えた。甄承はとりわけ學問に熱心で、家の事を顧みたことがないくらい（學問に熱心）で、（經義を）說き明かすこと常に（門弟は）數百人であった。多くの儒者は甄承の三代傳承した學問によって、甄承に歸服しない者はいなかった。……。その子孫は學問を傳承すること、絶えることがなかった。(67)

この事例は、甄宇→甄普→甄承→……という『公羊嚴氏春秋』の繼受の系譜を示すものであるが、注目すべきは、三代にわたって「傳」えられた甄家の學問（を修めた三代目の甄承）に、當時の儒者たちが「歸服」したことである。これは、當時、「家學」の伝統乃至は血統が儒者たちに如何に重んじられていたかを示す好事例である。

「傳」と「教授」とが込み入っているのが、桓榮を中心にした『（歐陽）尚書』(68)の繼受の系譜である。范曄『後漢書』によれば、丁鴻は桓榮から「歐陽尚書を受」け（丁鴻傳）、儒林列傳上の歐陽歙傳に陳弇が丁鴻から『歐陽尚書』を「受」けたこと、また同じく儒林列傳上の『尚書』關連記述部分の末尾に桓榮が『歐陽尚書』に習熟した旨が記されており、ここに、桓榮→丁鴻→陳弁という繼受の系譜を描くことができる。また、桓榮の子の桓郁は「父業を傳え、尚書を以て教授」し（桓榮傳附桓郁傳）、桓郁の子の桓焉については「能く世よ其の家學を傳」（桓榮傳附桓焉傳）えた旨が記され、桓焉の孫の桓典も「復た其の家業を傳え」て『尚書』を「教授」した（桓榮傳附桓典傳）、『（歐陽）尚書』をナリワイとした桓家の系譜も確認できる。事實、桓家は榮・郁・焉と三代にわたって禁中で經書を「授」[69]けた家柄でもあった。さらに、『歐陽尚書』に習熟した楊寶を父にもつ楊震は桓郁から『歐陽尚書』を「受」け（楊震傳）、楊震の子の楊秉は「父業を傳」え（楊震傳附楊秉傳）、楊秉の子の楊賜は桓焉の「弟子の業を傳うる者數百人」の「最も顯貴爲」る者で（桓榮傳附桓焉傳）「少くして家學を傳」え（楊震傳附楊賜傳）、楊賜の子の楊彪も「少くして家學を傳」えており（楊震傳附楊彪傳）、ここに、桓郁→楊震→楊秉→楊賜→楊彪及び桓焉→楊賜という繼受の系譜が窺える。桓家で榮の孫の焉の時點で、楊家で震の孫の賜の時點で、それぞれ「家學」と表現されることからは、一つの家で特定の學問を三代續けて受け繼ぐと「家學」となるようである。[70] 二代目の桓郁や楊秉の時點で「父業」とされるのは、まだ父の學問を繼いだとしか見なされないためであろう。桓家のみならず桓家の學問を吸收して受け繼いだ楊家も『（歐陽）尚書』が「家學」であった。[71]

一つの家で半血統主義的に特定の經書を受け繼ぐ「傳」に對し、門弟に特定の經書を傳授する「教授」とは、如何なる傾向をもつ知識の傳達活動であろうか。實は、「教授」する者には、二つの傾向が窺える。一つは、鄉里での「教授」である。一定程度の學問を修めた者が鄉里で「教授」することは、例えば、范曄『後漢書』の黨錮列傳の蔡衍傳に、

わかい時に經書に通曉して經義を説き明かし、禮儀謙讓によって鄉里（の人人）を教化した。(72)

とあるように、鄉里の人人への教化に效果をもたらし、(73)また、南蠻西南夷列傳の夜郎に、

桓帝の時代、（牂柯）郡の人尹珍は自分が邊境の地で生まれ、禮や義をわきまえていないと考えた。そこで汝南の許愼や應奉に師事して經書や圖緯の學を受け、學問が成就すると、鄉里にかえって教授した。ここにおいて南の地域にようやく學問が興った。(74)

とあるように、鄉里に新たな學問の場を開拓して根附かせ、そのことが、本章の65頁に引いた承宮の事例のように、鄉里の有能な青少年を經學の世界に導くことになったに違いない。さらに、范曄『後漢書』中の鄉里での「教授」の事例を見てみると、韋彪傳に、

建武年間の終わりに、孝廉に擧げられ、郎中に補されたが、病氣で免官となり、再び（鄉里へ）歸って教授した。(75)

とあり、王充傳に、

後に鄉里に歸り、家に引きこもって教授した。(76)

とあり、呉祐傳に、

梁冀は呉祐を河閒相に貶黜し、ために（呉祐は）自らを免官にして家へ歸り、再び仕官することもなく、自分で家庭菜園をしながら、經書を教授した。(77)

とあり、盧植傳に、

學問を終えると師のもとを去って（郷里へ）歸り、門をとじて教授した。(78)

とあるような事例は、いずれも學問や仕官のために郷里を離れていた者が郷里へもどって「教授」した事例である。これらの事例によれば、歸郷には、在官者が職を辭して歸郷したケースと、遊學していた者が學問の習得を終えて歸郷したケースとが認められる。前者は、職を辭したばあい、もどってこられる場所は郷里しかない、というやむなき乃至は當然の歸郷が實情であろうか。後者は、遊學していた者が學問の習得という所期の目的を達成し歸郷した、とも解せようが、氣になるのは、丁鴻の「開門教授」（范曄『後漢書』丁鴻傳）と異なる王充の「屛居教授」や盧植の「闔門教授」である。實は、この種の「隱居教授」（范曄『後漢書』賈逵傳、龐參傳、楊震傳附楊秉傳、儒林列傳上・牟長傳、儒林列傳下・周澤傳）、「閉門教授」（范曄『後漢書』郭太傳）など、表に現れず身を隱しての「教授」が、「教授」する者のもう一つの傾向である。例えば、范曄『後漢書』中には、朱暉傳附朱穆傳に、

當時同郡の趙康、字は叔盛という者は、武當山に身をひそめ、さっぱりとした心持ちでいて仕官せず、經傳を教授した。(79)

とあり、鍾皓傳に、

鍾皓はわかい時に誠實な行いで知られ、官廳が續けざまに招請したが、二人の兄のために仕官することなく、人目を避けて密山に身をひそめ、詩律を門弟千人餘りに教授した。(80)

とあり、儒林列傳上の楊倫傳に、

楊倫は前後三回徵用されたが、いずれも上司を憚ることなく諫めたため（人間關係が）しっくりいかなかった。やがて（郷里へ）歸り、門を閉じて經義を説き明かし、自ら世の交わりを絶った。公車に再び徵し出されたが、遠慮して逃げて出仕しなかった。家で生涯を閉じた。(81)

とあるような事例から分かることは、「教授」する者が山中などに「隱」れたり「門を閉」じた理由は、仕官に志さないことにあった、ということである。ほかにも、范曄『後漢書』から例を擧げれば、「三公連に辟すも應うるに肯ん」（鄭興傳）じなかった鄭興、「南山に隱れ、徵聘に應」（馬融列傳）えなかった摯恂、「州郡禮もて請き、五府連に辟すも、竝びに就」（黨錮列傳・劉淑傳）かなかった劉淑、「時事に交わら」（竇武傳）

なかった竇武、「州郡請召するも應」（儒林列傳下・丁恭傳）えなかった丁恭の例などがあって、「教授」する者が官界や俗世間に關與したくないとの意識をもつ傾向は強く、(82)劉焉傳に見える

官界を去って陽城山に居住し、學問に精勵し教授した。(83)

という記述からも、仕官と「教授」との間には明確な綫引きがなされていた、と言える。

東晋次氏は、「諸生遊學の主目的は政治の世界に志を立てること、つまり仕官にあった。(84)」と述べる。學問が仕官のための手段でもあった當時、自らの立身出世を望んで學問に勵んだ者は多かったであろう。しかし、仕官しても譯あって官界を去ったり學問それ自體に意義を見出だした者は、自らの進退についてとやかく言う外界との接觸を避けたり、學問を仕官のための手段としてでなく（政治に汚されない）學問のための學問(85)として捉えようとするべく、「隱居」し「門を閉」じて「教授」したのではなかろうか。ただ、そこには同時に、仕官に志さない身で仕官に志す多くの門弟に「教授」することに矛盾が存しない譯にはいかない。「教授」活動には自らの生計を維持するための知識の切り賣りという面が當然あったであろうが、それ以上に、後進に「教授」することに、この種の矛盾をものともしない大きな意義を、「教授」する者各人が見出だしていたに違いない。何故なら、知識の傳達は、書寫材料に記されたテキストを流通させさえすればそれでよい、という譯には到底いかないからである。

おわりに

以上、本章では、「誦」「通」「傳」「教授」といった語に注目し、後漢時代の經學の繼受を繼承（習得）と傳授（教育）の兩面から考察してきた。本章の意義は、「誦」による習得の意味の考察、從來の「通」の意味の見直し、經學の傳授の特徴を（「師法」「家法」からではなく）「傳」「教授」からうかがったこと、に集約されよう。

「口授」による傳授と「誦」による習得がごくふつうに行われた當時の情況では、經學の繼受の過程で、文言の傳え間違い・聽き間違いが起こってそのまま記憶されてしまったり、傳授する側・繼承する側のどちらにも恣意的な經書の文言の改變が起こっていたことが考えられる。これには、一次資料に限界があって、その具體的な事例を知る由もないけれども、學派や師の個性や地域性や方言等の諸條件も關係していることは、決して想像にかたくない。經義・經文の正定という營爲が後漢時代に斷續的に行われた理由は、ここにもとめられよう。經義・經文の正定については、次章で詳しく檢討したい。

注

（1）しかし、注意しなければならないのは、東晋次『後漢時代の政治と社會』（名古屋大學出版會、一九九五年一一月）の三九頁に指摘されるように、「范曄『後漢書』は先行する『東觀漢記』や七家後漢書、袁宏『後漢紀』などをもとに、范曄獨自の一家の見識をもって著述されたものである」ということであり、「范曄の歴史觀による解釋が入り込む可能性」を考慮に入れなければならない。こうした范曄『後漢書』の史料的性格については、高田淳「范曄の後漢書列傳構成」（『大倉山學院紀要』第一輯、大倉山文化科學研究所、一九五四年一二月）、斎藤実郎「東觀漢記・七家後漢書・後漢書の資料問題」（早稲田大學文學部東洋史研究室編『中國正史の基礎的研究』、早稲田大學出版部、一九八四年三月）、呉樹平『秦漢文獻研究』（齊魯書社、一九八八年一〇月）、小嶋茂稔「范曄『後漢書』の史料的特質に關する考察――從來の諸説の検討を中心に――」（『史料批判研究』創刊號、史料批判研究會、一九九八年一二月）、安部聡一郎「後漢時代關係資料の再検討――先行研究の検討を中心に――」（『史料批判研究』第四號、史料批判研究會、二〇〇〇年六月）、安部聡一郎「袁宏『後漢紀』・范曄『後漢書』史料の成立過程について――劉平・趙孝の記事を中心に――」（『史料批判研究』第五號、史料批判研究會、二〇〇〇年一二月）、相田滿「『東觀漢記』再考――佚書を指標とする成立時期判定の可能性について――」（『東洋文化』復刊第九二號、無窮會、二〇〇四年四月）を參照。

（2）東京學者猥衆、難以詳載。今但録其能通經名家者、以爲儒林篇。其自有列傳者、則不兼書。若師資所承、宜標名爲證者、乃著之云。（范曄『後漢書』儒林列傳上）

（3）例えば、市村瓚次郎「後漢の儒教經學及び孝廉選擧と士風との關係」（原載誌掲載は一九一三年／市村瓚次郎『支那史研究』、春秋社、一九三九年九月）は、その夙い例である。

（4）注（1）所掲東晋次氏著書の第三章「儒學の普及と知識階層の形成」。東氏によると、「諸生」とは「現に修學中の學生」、「博士や師儒に師事して學びつつある者」、太學・郡國學・縣校・私學といった「教育機關において學術を修得しつつある者の總稱」である（一四七頁～一四八頁）。

（5）注（1）所掲東晋次氏著書、一六四頁。

（6）注（1）所掲東晋次氏著書、一六四頁・一六六頁。
「誦」については、『周禮』大司樂の「以樂語敎國子興・道・諷・誦・言・語」に對する鄭玄注に、

　興者、以善物喩善事。道讀曰導。導者、言古以剴今也。倍文曰諷、以聲節之曰誦。發端曰言、荅述曰語。

とあり、これによれば、音聲で調子をとってとなえることが「誦」である。

（7）郡中爭厲志節、習經者以千數、道路但聞誦聲。（范曄『後漢書』張霸傳）

（8）時濟北戴宏父爲縣丞、宏年十六、從在丞舍。祐每行園、常聞諷誦之音、奇而厚之、亦與爲友。卒成儒宗、知名東夏、官至酒泉太守。（范曄『後漢書』呉祐傳）

（9）郷里徐子盛者、以春秋經授諸生數百人。宮過息廬下、樂其業。因就聽經、遂請留門下、爲諸生拾薪。（范曄『後漢書』承宮傳）
（10）注（1）所揭東晋次氏著書、一七五頁。
（11）注（1）所揭東晋次氏著書、一六四頁。
（12）耽道好古、敦書咏詩、綜緯河雒、底究羣典。（唐扶頌）
（13）今論者但知誦虞・夏之書、詠殷・周之詩、講義・文之易、論孔氏之春秋、罕能精古今之清濁、究漢德之所由。（范曄『後漢書』班彪傳附班固傳）
（14）朝則誦義文之易・虞夏之書、歷公旦之典禮、覽仲尼之春秋。夕則消搖内階、詠詩南軒。（范曄『後漢書』延篤傳）
（15）乃共入霸陵山中、以耕織爲業、詠詩・書、彈琴以自娯。（范曄『後漢書』逸民列傳・梁鴻傳）
（16）このほか、范曄『後漢書』には、「詠雅・頌之徽音」（張衡列傳）、「詩詠詢于芻蕘」（盧植傳）とある。
（17）范曄『後漢書』呉祐傳に「常牧豕於長垣澤中、行吟經書。」とある。また、「吟典籍」（范曄『後漢書』申屠蟠傳）という事例もある。ちなみに、「吟」と「詠」については、『詩』國風・關雎序の「吟詠情性」に對する孔穎達の疏に「動聲曰吟、長言曰詠」とあるのを參照。
（18）注（1）所揭東晋次氏著書、一六四頁。
（19）所以如此盛者、漢人無無師之學、訓詁句讀皆由口授。非若後世之書、音訓備具、可視簡而誦也。書皆竹簡、得之甚難、若不從師、無從寫録。非若後世之書、購買極易、可兼兩而載也。負笈雲集、職此之由。（皮錫瑞『經學歴史』（周予同注釋本、中華書局、一九五九年一二月）の「四　經學極盛時代」、一三一頁）
なお、『經學歴史』「四　經學極盛時代」の邦譯としては、井澤耕一・橋本昭典・佐藤実「皮錫瑞『經學歴史』譯注（四）」（『千里山文學論集』第五二號、關西大學大學院文學研究科院生協議會、一九九四年九月）、橋本昭典・佐藤実「皮錫瑞『經學歴史』譯注（五）」（『千里山文學論集』第五四號、關西大學大學院文學研究科院生協議會、一九九五年九月）、宮本勝「皮錫瑞『經學歴史』（4）」（『中國哲學』第二三號、北海道中國哲學會、一九九四年一二月）を參照した。
（20）清水茂「紙の發明と後漢の學風」（『東方學』第七九輯、東方學會、一九九〇年一月／清水茂『中國目録

學』、筑摩書房、一九九一年九月／蔡毅譯『清水茂漢學論集』（中華書局、二〇〇三年一〇月）に「紙的發明與後漢的學風」として收録される）、『中國目録學』一六三頁。

(21) 林前於西州得漆書古文尚書一卷、常寶愛之、雖遭難困、握持不離身。出以示宏等曰、林流離兵亂、常恐斯經將絕。何意東海衞子・濟南徐生復能傳之、是道竟不墜於地也。古文雖不合時務、然願諸生無悔所學。宏・巡益重之、於是古文遂行。（范曄『後漢書』杜林傳）

(22) W・J・オング著、桜井直文・林正寛・糟谷啓介譯『聲の文化と文字の文化』（藤原書店、一九九一年一〇月）の第三章の「知っているというのは、思い出せるということ――記憶術ときまり文句」七七頁～七八頁。「聲の文化」に關連した研究に、山口久和「テクストの身體化――讀書行爲史の一素描」（『中國思想における身體・自然・信仰――坂出祥伸先生退休記念論集』、東方書店、二〇〇四年八月）があり、日本の古代・中世の事例を含めて口頭による情報傳達について檢討したものに、渡辺滋『古代・中世の情報傳達――文字と音聲・記憶の機能論――』（八木書店、二〇一〇年一〇月）がある。

(23) 初渉藝文、升堂覩奧、目所一見、輒誦於口、耳所瞥聞、不忘於心。（范曄『後漢書』文苑列傳下・禰衡傳）

(24) 家貧無書、常游洛陽市肆、閲所賣書、一見輒能誦憶、遂博通衆流百家之言。（范曄『後漢書』王充傳）

(25) 家貧無書、毎之人閒、所見篇牘、一覽多能誦記。（范曄『後漢書』荀淑傳附荀悦傳）

(26) 衍幼有奇才、年九歳、能誦詩、至二十而博通羣書。（范曄『後漢書』馮衍傳）

(27) 年九歳、能屬文誦詩賦、及長、遂博貫載籍・九流百家之言、無不窮究。（范曄『後漢書』班彪傳附班固傳）

(28) ちなみに、『經典釋文』「莊子音義上」に、「洛誦」の語に對する「李云、誦、通也。苞洛無所不通也。」との理解が見える。

(29) 注（1）所掲東晉次氏著書、一五五頁。

(30) 加賀榮治『中國古典解釋史　魏晉篇』（勁草書房、一九六四年三月）の第一章第三節の一「「古注」の完成に示された通儒の學の確立」、二四頁。

(31) 注（30）所掲加賀榮治氏著書の第一章第三節の一「「古注」の完成に示された通儒の學の確立」、二五頁。

(32) 戸川芳郎「文儒ということ」（原載誌掲載は一九七二年九月／戸川芳郎『漢代の學術と文化』、研文出版、二〇〇二年一〇月）、四六三頁。同じ趣旨の文章が、戸川芳郎「王充――孤高の實證的批判家――」（原載誌掲載は一九八七年三月／前掲戸川芳郎氏著書）、四七五頁～四七六頁に見える。
(33) 戸川芳郎「王充人格論辨説」（原載誌掲載は一九六六年一一月／注（32）所掲戸川芳郎氏著書）、四一二頁。
(34) 日原利国「中世（前期）の思想」（原載誌掲載は一九六七年一〇月／日原利国『漢代思想の研究』、研文出版、一九八六年二月）、二一五頁。
(35) 注（1）所掲東晋次氏著書、一六五頁。
(36) 王葆玹『今古文經學新論』（舊版、中國社會科學出版社、一九九七年一一月／增訂版、中國社會科學出版社、二〇〇四年一二月）の「第三章　古文經學及其流派」、增訂版一四九頁・一五三頁。
古文經學家劉歆、賈逵、馬融、鄭玄等人都以〝通人〟著稱，〝通〟有遍習群經之義。……。古文經學家多爲通人，如桓譚《新論》稱劉向、劉歆父子〝俱是通人〟，《論衡》稱劉歆爲通，《後漢書》本傳稱賈逵、馬融爲〝通儒〟，可見古文經學乃是通學，雖本于古文經傳，對今文經傳也能研究，而有取捨。
(37) 吉川忠夫『六朝精神史研究』（同朋舍出版、一九八四年二月）の「序章　六朝士大夫の精神生活」（原載誌掲載は一九七〇年九月）、八頁。
また、吉川忠夫「V　思想史（II）――魏晉～隋唐――」（島田虔次・萩原淳平・本田實信・岩見宏・谷川道雄編『アジア歴史研究入門　第3巻　中國III』、同朋舍出版、一九八三年一一月）にも、
六朝の理想的知識人像を考えるさい、「通」はひとつの重要な指標となろう。後漢末の大儒であり、今文學と古文學を兼綜し、「讖緯」の學にもふかかった鄭玄は、いかにも「通儒」とよぶにふさわしい人物であるが、そのかれをすら、袁紹のまわりに集まった賓客たちは「儒者」たることを認めても「通人」たることを認めなかったという話は（『後漢書』鄭玄傳）、ひとつのヒントを與えてくれる。鄭玄の師の馬融は、經學者であるとともに文人であった。……。かかるタイプの知識人は、蔡邕や王粲など、後漢末から輩出する。（二二三頁）
と述べられ、吉川氏が、「通人」を「儒者」（「通儒」）の進んだ段階の存在と考えていることが分かる。なお、中嶋隆藏「書評　吉川忠夫『六朝精神史研究』」（『集刊東洋學』第五四號、中國文史哲研究會、一九八五年一一月）は、儒家一尊體制下でも經學以外の諸學も行われていたことを指摘する。
(38) 木島史雄「中世通儒考」（麥谷邦夫編『中國中世社會と宗教』、道氣社、二〇〇二年四月）、一一〇頁。

（39）注（38）所掲木島史雄氏論文、一三三頁。
（40）渡邉義浩『三國政權の構造と「名士」』（汲古書院、二〇〇四年三月）の序論第一節の二「「通」――玄儒文史・儒佛道」（原載誌掲載は二〇〇三年六月）、二二頁。汪文學『漢晉文化思潮變遷研究』（貴州人民出版社、二〇〇三年一二月）も、後漢末から魏晉の學における「尚通意趣」をテーマとしている。
（41）後漢時代における學問のジャンルについては、井ノ口哲也「後漢時代の學問ジャンル――經學と諸學――」（『東京學藝大學紀要 人文社會科學系Ⅱ』第五八集、東京學藝大學、二〇〇七年一月）を參照。
（42）注（38）所掲木島史雄氏論文、一二二頁。
（43）別通という篇名は、同篇中の「識別通人」という文言に由來するようである。山田勝美譯『論衡 中』（明治書院、一九七九年一一月）の「別通第三十八」の「題意」（八七九頁）を參照。
（44）さらに言えば、「通」「達」の語を用いている阮籍の『通易論』『通老論』『達莊論』という著作名も、後漢時代からの「通」に對する意識が繼續していることのあらわれであろう。ちなみに、許愼『説文解字』二下に「通、達也。」とある。これら阮籍の著作については、本書附編を參照。
（45）影山輝國「『白虎通』撰者書名攷（上）」（『實踐國文學』第三七號、實踐國文學會、一九九〇年三月）に、諸説が網羅され紹介されている。
（46）聖人者何。聖者、通也、道也、聲也。道無所不通、明無所不照、聞聲知情、與天地合德、日月合明、四時合序、鬼神合吉凶。（『白虎通義』聖人篇）
（47）『風俗通義』序については、池田秀三「『風俗通義』研究緒論（上）」（『中國古典研究』第三八號、中國古典研究會、一九九三年一二月）を參照。
（48）今王室大壞、九州幅裂、亂靡有定、生民無幾。私懼後進益以迷昧、聊以不才舉爾所知、方以類聚、凡一十卷、謂之風俗通義。言通於流俗之過謬、而事該之於義理也。（應劭『風俗通義』序）
（49）今論衡就世俗之書、訂其眞僞、辯其實虚、……。（『論衡』對作篇）
（50）風俗通曰、儒者、區也。言其區別古今、居則翫聖哲之詞、動則行典籍之道、稽先王之制、立當時之事、此通儒也。若能納而不能出、能言而不能行、講誦而已、無能往來、此俗儒也。（范曄『後漢書』杜林傳「林從竦受學、博洽多聞、時稱通儒。」に對する李賢注）

ちなみに、范曄『後漢書』賈逵傳の「後世稱爲通儒。」に對する李賢の注には、

應劭風俗通義曰、授先王之制、立當時之事、綱紀國體、原本要化、此通儒也。

とある。

(51) 注（38）所掲木島史雄氏論文、一三八頁。

(52)「通人」という語は、『論衡』以外にも、『新論』識通篇に「劉子政・子駿・子駿兄子伯玉、三人俱是通人。」という記述を含め二例を確認できるほか、『漢書』にも二例見えており、後漢前期に一部の知識人に用いられた語のようである。ちなみに、同時期の『白虎通義』にはまったく見えない。

(53) 通書千篇以上・萬卷以下、弘暢雅言、審定文讀、而以教授爲人師者、通人也。杼其義旨、損益其文句、而以上書奏記、或興論立說、結連篇章者、文人・鴻儒也。……。夫通人覽見廣博、不能掇以論說。……。故夫能說一經者爲儒生、博覽古今者爲通人、采掇傳書以上書奏記者爲文人、能精思著文連結篇章者爲鴻儒。故儒生過俗人、通人勝儒生、文人踰通人、鴻儒超文人。（『論衡』超奇篇）

(54) 夫通人猶富人、不通者猶貧人也。俱以七尺爲形、通人胸中懷百家之言、不通者空腹無一牒之誦、猶貧人之內、徒四所壁立也。……。夫富人不如儒生、儒生不如通人。通人積文、十篋以上、聖人之言・賢者之語、上自黃帝、下至秦・漢、治國肥家之術、刺世譏俗之言、備矣。（『論衡』別通篇）

(55) 著作者文儒、說經者爲世儒、二儒在世、未知何者爲優。……。世儒之業易爲、故世人學之多、非事可析第、故官廷設其位。文儒之業、卓絕不循。人寡其書、業雖不講、門雖無人、書文奇偉、世人亦傳。彼虛說、此實篇、析累二者、孰者爲賢。（『論衡』書解篇）

(56) 戸川芳郎「文儒ということ」（注（32）所掲）、四六三頁。同じ趣旨の文章が、戸川芳郎「王充——孤高の實證的批判家——」（注（32）所掲）四七六頁に見える。傍点は戸川氏によるもの。

(57) 實は、范曄『後漢書』からは、杜林については、『古文尚書』を「傳」えたことしか窺えない。しかし、ここでは、狩野直喜『兩漢學術考』（筑摩書房、一九六四年一一月）の「兩漢文學考」一三三頁の考察に從い、杜林も複數の經書を修めたものと見なす。杜林は「古學」修得者であるから、複數の經書を修めたのは當然のことと考えられるが、念のため、注記した。

(58) 注（57）所掲狩野直喜氏著書、一三二頁。

（59）本書本編第一章「五經と讖緯」を參照。
（60）注（37）所掲中嶋隆藏氏書評は、吉川忠夫氏の著書に疑問を呈する文脈の中で、「數經の兼修、五經の兼修は、何も古文學にのみ特有のことではなく、前漢の今文學者以來少なからず見受けられ」（一二五頁）ることを述べている。
（61）前漢重師法、後漢重家法。先有師法、而後能成一家之言。師法者、遡其源。家法者、衍其流也。
（注（19）所掲皮錫瑞氏著書、一三六頁）

ちなみに、趙春沂「兩漢經師家法考」（阮元訂『詁經精舍文集』所收）に「前漢多言師法、而後漢多言家法、有所師乃能成一家之言。師法者、溯其源。家法者、衍其流也。」とある。
（62）……。伏見太學試博士弟子、皆以意説、不修家法、私相容隱、開生姦路。……。今不依章句、妄生穿鑿、以遵師爲非義、意説爲得理、輕侮道術、浸以成俗、誠非詔書實選本意。……。（范曄『後漢書』徐防傳）
（63）章句に關しては、井ノ口哲也「「章句」攷――范曄『後漢書』を中心に――」（『紀要 哲學』第五六號、中央大學文學部、二〇一四年二月）を參照。
（64）然師法別出家法、而家法又各分顓家。如幹既分枝、枝又分枝、枝葉繁滋、浸失其本。
（注（19）所掲皮錫瑞氏著書、一三七頁）
（65）注（57）所掲狩野直喜氏著書、一〇五頁。
（66）師法と家法については、阮元訂『詁經精舍文集』に收められる同題の四種類の「兩漢經師家法考」（趙春沂・洪震煊・胡縉・邵保初の各著者）、島田鈞一「漢代の學風」（『支那學研究』第三編、斯文會、一九三三年六月）の「第二章　師法家法」、内野熊一郎「周秦時代に於ける師法に就て」（『斯文』第十八編第二號、斯文會、一九三六年二月）、諸橋轍次『經學研究序説』（目黒書店、一九三六年一〇月）の第二編第二章第一節「漢代の師法家法」、黄開国「漢代經學的師法與家法」（林慶彰主編『經學研究論叢』第二輯、聖環圖書、一九九四年一〇月）、葉國良「師法家法與守學改學――漢代經學史的一個側面考察」（姜廣輝主編『經學今詮四編《中國哲學》第二五輯』、遼寧教育出版社、二〇〇四年八月）を參照。
（67）甄宇、字長文、北海安丘人也。……。習嚴氏春秋、教授常數百人。……。傳業子普、普傳子承。承尤篤學、未嘗視家事、講授常數百人。諸儒以承三世傳業、莫不歸服之。……。子孫傳學不絕。

（范曄『後漢書』儒林列傳下・甄宇傳）

(68)「歐陽」という語を（　）で括ったのは、范曄『後漢書』に桓郁・桓典が「教授」したのが「歐陽」という語を冠しない『尚書』と記されることによる。それを『歐陽尚書』と見てよいのかもしれないが、ここでは、念のため、その可能性を（　）で示すにとどめておく。

(69) 諸生への經の傳授は、ふつう「教授」と表現される。しかし、皇帝・皇太子へのそれは、范曄『後漢書』によると、「授朕尚書」（顯宗孝明帝紀）、「授經禁中」（竇融列傳、桓榮傳附桓焉傳）、「以詩授成帝」（伏湛傳）、「授皇太子韓詩」（郅惲傳）、「以尚書授太子」「入使授太子」（以上二例、桓榮傳）、「授皇太子經」（桓榮傳附桓郁傳）、「授皇太子」（張酺傳、儒林列傳下・鍾興傳）、「授皇太子論語」「以論語授和帝」（以上二例、儒林列傳下・包咸傳）、「授顯宗」（獨行列傳・譙玄傳）とあるように、「授」一字で表現される。「教授」でなく「授」である理由は、中華世界の最上に在る皇帝とその繼嗣者には「教」字を省いたか使わなかったため、と考えざるを得ない。『説文解字』三下には「教、上所施、下所效也」とある。「教」字に上の立場の者からの教化・教導の意味が含まれるとすれば、皇帝・皇太子より上の立場にいることはあり得ないので「教」字が省かれたのであろう。

(70) これら以外に、范曄『後漢書』に見える「家學」の事例には、

①伏家の『詩』學——前漢時代に「當世の名儒」とされ「詩を以て成帝に授」けた伏理、伏理の子で「少くして父業を傳」えた伏湛、伏湛の子で「家學を傳」えた伏無忌（以上、伏湛傳）

②袁家の『易』學——袁安の祖父で『孟氏易』に習熟し平帝の時代に「明經」に擧げられた袁良、「少くして良の學を傳」えた袁安、袁安の子で同じく『孟氏易』に習熟し「難記三十萬言を作」った袁京、袁京の子で「少くして父業を傳」えた袁彭、袁彭の弟で「少くして家學を傳」えた袁湯、袁安の子で「少くして易經を以て教授した」袁敞（以上、袁安傳）

③わかい頃に「家學」（『尚書』）に習熟した孔昱（黨錮列傳・孔昱傳）

がある。

(71) 桓家の學問に關する研究に、張猛「東漢〝桓氏學〟對訓詁學之作用」（陳平原・王守常・汪暉 主編『學人』第一輯、江蘇文藝出版社、一九九一年一一月）がある。また、注（1）所掲東晋次氏著書の一八七頁〜

一八八頁に、桓家と楊家に關する言及がある。
(72) 少明經講授、以禮讓化郷里。（范曄『後漢書』黨錮列傳・蔡衍傳）
(73) この種の「化」について、町田三郎「後漢初期の社會と思想」（『集刊東洋學』第二八號、中國文史哲研究會、一九七二年一〇月）は、「農村が德行・義行・至孝・禮敬その他によって「化」したということは一面では農村がそれを受け容れ、またそうする基盤がそれなりに存した、ことをも意味する」（三五頁）と述べている。
(74) 桓帝時、郡人尹珍自以生於荒裔、不知禮義。乃從汝南許愼・應奉受經書・圖緯、學成、還郷里教授。於是南域始有學焉。（范曄『後漢書』南蠻西南夷列傳・夜郎）
(75) 建武末、擧孝廉、除郎中、以病免、復歸教授。（范曄『後漢書』韋彪傳）
(76) 後歸郷里、屛居教授。（范曄『後漢書』王充傳）
(77) 冀遂出祐爲河閒相、因自免歸家、不復仕、躬灌園蔬、以經書教授。（范曄『後漢書』呉祐傳）
(78) 學終辭歸、闔門教授。（范曄『後漢書』盧植傳）
(79) 時同郡趙康叔盛者、隱于武當山、淸靜不仕、以經傳教授。（范曄『後漢書』朱暉傳附朱穆傳）
(80) 皓少以篤行稱、公府連辟、爲二兄未仕、避隱密山、以詩律教授門徒千餘人。（范曄『後漢書』鍾皓傳）
(81) 倫前後三徵、皆以直諫不合。既歸、閉門講授、自絶人事。公車復徵、遜遁不行、卒於家。（范曄『後漢書』儒林列傳上・楊倫傳）
(82) 學問を積んでいるものの出仕しないで野に在る「處士」とか「隱逸」と呼ばれる後漢時代の人人については、鎌田重雄『秦漢政治制度の研究』（日本學術振興會、一九六二年一二月）の第三編第五章「後漢の處士」、下見隆雄「專制社會と隱逸――儒教經典でのあつかいを通して――」（『福岡女子短大紀要』第四號、福岡女子短期大學、一九七一年八月）、松本雅明『中國古代における自然思想の展開』（松本雅明博士還暦記念出版會、一九七三年／『中國古代における自然思想の展開――松本雅明著作集（13）』、弘生書林、一九八八年三月）の第五章「後漢の逃避思想」（原載誌掲載は一九四一年一二月）、富士正晴『中國の隱者――亂世と知識人――』（岩波書店、一九七三年一〇月）の「四　『後漢書』逸民傳」、下見隆雄「隱逸者と權力者――『後漢書』の隱逸の場合――」（『福岡女子短大紀要』第一二號、福岡女子短期大學、一九七六年一二月）、都築晶子「「逸民的人士」小論」（『名古屋大學文學部三十周年記念論集』、名古屋大學文學部、一九七九年三月）、下見隆雄「後漢末期の隱逸」（『哲學』第三一集、廣島哲學會、一九七九年一〇月）、都築晶子「後漢後半期の處士に關する一考察」（『琉球大學法文學部紀要』史學・地理學篇第二六號、琉球大學法文學部、一九八三年三月）、神楽岡昌俊『中國における隱逸思想の研究』（ぺりかん社、一九九三年二月）の第二章「後漢の隱逸思想――「逸民傳」の思想――」（原載誌掲載は一九七六年一一月）、都築晶子「處士と郷里社會――後漢末～魏晉期における郷里社會の統合について――」（『中國士大夫階級と地域社會との關係についての總合的研究』、研究代表者 谷川道雄氏、昭和五七年度科學研究費補助金總合研究（A）研究成果報告書、一九八三年三月）、馬場英雄「後漢書逸民傳について」（『國學院中國學會報』第三九輯、國學院大學中國學會、一九九三年一二月）、王仁祥『先秦兩漢的隱逸』（國立臺灣大學文學院、一九九五年五月）の「第五章　東漢時期的隱逸風氣」、于迎春「東漢後期不仕之士生命安頓方式」（陳鼓應主編『道家文化研究』第一五輯、一九九九年三月）などを參照。また、官廳から出仕をもとめられても就任を拒絶したケースを考察したものに、鈴木啓造「後漢における就官の拒絶と棄官について――「徵召・辟召」を中心として――」（中國古代史研究會編『中國古代史研究』第二、吉川弘文館、一九六五年五月）がある。

（83）去官居陽城山、精學教授。（范曄『後漢書』劉焉傳）

（84）注（1）所掲東晉次氏著書、一七九頁。

（85）注（82）所掲松本雅明氏著書の第五章「後漢の逃避思想」に、「したがって諸生の教授は、理念の上では、黨派的・政治的なものではありえないから、彼らの教授内容も、王莽時代のような政治の術としての儒教ではなく、政治に關わりのない學、またはたんなる知識のための學である。」（著作集二一七頁）と述べられるのを參照。

第三章　經義・經文の正定

はじめに

本章は、後漢時代に大小樣樣な規模で行われた、經の文言乃至は經義をととのえる營爲（ここでは、この營爲を「正定」[1]と呼ぶ）について、その史的展開を確かめることによって、從來の所論の偏りを正し、正定という營爲の經學上の意義を探ることを目的とするものである。

後漢時代の經義・經文の正定については、皮錫瑞・狩野直喜兩氏の見解を見ることから始めたい。まず、皮氏の見解から見てみよう。

> （『禮記』中庸篇に）「天子でなければ禮を議論することができず、制度をさだめることができず、文字を考證することができない」とあるが、この禮の議論・制度の制定・文字の考證は、いずれも經義を根本とする。……。前漢の宣帝は多くの儒者を廣くめし出し、石渠閣で五經（の異同）につき議論させ（經義・經文を）一定させた。（後漢の）章帝は多くの儒者を白虎觀に大大的に集め、（五經の）異同につき考

訂させ、数箇月にしてようやく（議論が）終息したが、（章帝が）自ら（會議に）臨んで制書を出したのは、石渠の故事のようであった。（章帝は）史官に命じて『通義』を著述させ、世にまたとない典籍となった。石渠閣會議の『議奏』は今は亡び、わずかに杜佑『通典』に簡略に見える。『白虎通義』は今なお四巻を存しており、今學の集大成である。十四博士が傳授した内容は、この一書によって概略を窺える。……。章帝の時代、（白虎観會議ののち）まもなく詔を下してすぐれた才能の諸生に『古文尚書』『毛詩』『穀梁春秋』『左氏春秋』を學ばせたが、その一方で『白虎通義』が古文説を採用しているのが極めて少ないのは、多くの儒者のうち楊終・魯恭・魏應らがみな今學の大學者であったことによる。靈帝の熹平四年、詔を下して多くの儒者に五經（の文言）をととのえさせ、石碑に刊刻させた。蔡邕は朱で（石上に五經の文言を）書き、石工に刊刻させ、石碑を太學の門の外に立てさせた。後輩儒者や後進の學習者は、みなこの石碑に手本をもとめた。とりわけ一代の重要な典據となった。(2)

尋いで、狩野氏の見解を見てみよう。

今述べし如く、東漢のときは、歴代の天子が學問を奬勵せし結果、同じく今文を以て博士となりし人の内にも、學説が區區となって居たから、之れを一定する爲めに、白虎觀會議も起りし譯なるが、今一つは、此等の人人が傳へし經書のテキストの文字が、互ひに異同ありて、其文字異同ある所より、學説の上にも影響を及ぼすもの少なからず。それで本文を校勘して、其字句を正す必要が起ったと見ゆる。此れも御承知の如く、支那に於いて新たに天子の力を以て經義を一定するときは、必ず此れと同時に經

書につきて定本を作ることがある。唐のとき顔師古が敕を奉じて定本を作った如きは、共一例であるが、
熹平の石經、亦此れと同様の目的を以て行はれしなり。(3)

皮氏・狩野氏兩者の見解は、後漢時代における經義・經文の正定を、白虎觀會議の擧行から熹平石經の建立へ、という流れで捉えている點で共通する。特に狩野氏の著書では、「白虎通義」（一〇三頁〜一一三頁）の項の直後に「熹平石經」（一一四頁〜一一六頁）の項が置かれている。また、皮氏は、白虎觀會議について前漢甘露三年（前五一年）の石渠閣會議を引き合いに出して論じているが、これは、近年の研究にもなお見られる傾向である。(4) ともあれ、兩者は、「天子の力」による經義・經文の正定の史的展開を描いている點で、變わりはない。この兩者の見解に大きく疑義を呈する研究がこれまで見られないことからは、兩者の見解は今日まで穩當な見解として温存され、後漢時代における經義・經文の正定は、從來、（石渠閣會議↓）白虎觀會議・『白虎通義』↓熹平石經という流れで捉えられてきた觀がある。

しかし、經義・經文の正定という營爲に着目して後漢時代におけるその史的展開を詳細にたどると、かかる大まかな流れで思想史を描いたために、捨象されてしまった事例が如何に多いか、ということに驚かざるを得ない。これを一歩進めて言えば、白虎觀會議の擧行と熹平石經の建立の思想史的位置づけを再考する必要があるのではないか、この兩事業は本當に大きく取りあげられるべきことなのか、との疑問を抱かざるを得ないのである。但し、この兩事業が從來大きく取りあげられてきたことには、理由が存するはずである。

以上のことから、本章では、經義・經文の正定の史的展開が、（石渠閣會議↓）白虎觀會議・『白虎通義』↓熹平石經と大まかに捉えられてきた理由を考察したうえで、從來看過されてきたと言ってよい他の經義・經

文の正定の事例を、時間順にたどってその史的展開を確認し、そうして再構築された經義・經文の正定の史的展開において、白虎觀會議の擧行と熹平石經の建立の位置を再考することにしたい。

一　石渠閣會議と白虎觀會議

本節では、白虎觀會議が石渠閣會議と併せて論じられてきた理由を探ることにしたい。實は、この兩會議を同列に論じるのは、後代の視點に始まるものでなく、以下のとおり、范曄『後漢書』楊終傳の、白虎觀會議擧行の契機とされる楊終の言に早早と見える。

楊終はさらに（章帝に）こう進言した。「宣帝は多くの儒者を廣範圍にわたってめし出し、石渠閣で五經（の異同）につき議論させ（經義・經文を）一定させました。いまは天下に事件が少なく、學習者は自らの學業を成就でき（る情況にあり）ますが、章句に拘泥する人たちが、（經学の）大きな體系を破壞しております。石渠の故事のように（五經の異同に關する議論を）し、ながく後世の準則とするのがよろしいかと存じます。」ここにおいて（章帝は）詔をくだして多くの儒者に白虎觀で（五經の）異同につき議論考訂させた。[5]

この記述によれば、楊終の言に「石渠の故事のよう（如石渠故事）」という文言が見えるが、范曄『後漢書』中の他の白虎觀會議に關する記述には、「如石渠故事」やこれに類する文言が、以下のとおり、地の文とし

て都合三箇所に確認される。すなわち、肅宗孝章帝紀に、

ここにおいて詔を下して太常・將・大夫・博士・議郎・郎官と諸生・多くの儒者たちを白虎觀に集め、五經の異同につき意見を交換させ、五官中郎將の魏應に皇帝からの發問（を受けて告げる役割）を擔當させた。侍中の淳于恭が（これにこたえて意見を）奏上し、章帝はみずから制書を出し會議に臨んで（議論の是非を）裁決したのは、宣帝の甘露（三年）の石渠の故事のようであった。『白虎議奏』を作成した。(6)

とあり、儒林列傳上に、

建初年間に、多くの儒者を白虎觀に大大的に集め、（五經の）異同を考訂させ、数箇月にしてようやく（議論が）終息した。肅宗（章帝）がみずから（會議に）臨んで制書を出したのは、石渠の故事のようであった。（章帝は）史官に『通義』を著述させた。(7)

とあり、儒林列傳下の魏應傳に、

当時京師〔洛陽〕の多くの儒者を白虎觀に集め、五經の異同につき意見を交換させ、魏應に（皇帝からの）發問を專門に擔當させた。侍中の淳于恭が（これにこたえて意見を）奏上し、章帝がみずから（會議に）臨んで制書を出したことは、石渠の故事のようであった。(8)

とある。この「宣帝の甘露（三年）の石渠の故事のよう（如孝宣甘露石渠故事）」「石渠の故事のよう（如石渠故事）」という二種の文言は、その淵源を楊終の言の「石渠の故事のよう（如石渠故事）」にもとめなければならないが、白虎觀會議擧行の契機の言でしかなかった「如石渠故事」が、その後、范曄『後漢書』の地の文として記されたことは、實質上、「如石渠故事」という楊終の言に（少なくとも形式上は）違うことなく、石渠閣會議を髣髴させる會議が白虎觀で擧行されたことを表している。

白虎觀會議に關する記載は他にもあるが、會議の樣子を知るには、以上に擧げたもので概ね不足はない。そこで、白虎觀會議は、どの諸點において「石渠の故事のよう（如石渠故事）」であるのかを整理しておきたい。比較のために、石渠閣會議の樣子を傳える『漢書』宣帝紀の記述を擧げておこう。

（宣帝は）詔を下して多くの儒者に五經の異同につき意見を交換させ、太子太傅の蕭望之らにその議論を分かりやすく奏上させ、皇帝はみずから制書を出して（會議に）臨み（議論の是非を）裁決した。そこで『梁丘易』『大夏侯尚書』『小夏侯尚書』『穀梁春秋』の博士を立てた。(9)

石渠閣會議については、さらに『漢書』儒林傳から會議の參加者を知ることができるほか、『漢書』藝文志に石渠閣會議での議論の記録『議奏』が散見する。(10) これらをこれまでに見てきた白虎觀會議に關する記述と突き合わせると、兩會議の共通點を以下の四點にまとめることができる。

Ⅰ　皇帝の詔によって儒者が「五經同異」につき議論していること。

Ⅱ　議論の内容を皇帝に奏上する者がいること。
Ⅲ　皇帝がみずから「稱制臨決」していること。
Ⅳ　會議での議論の記録が作られていること。

白虎觀會議が「如石渠故事」とされる所以が、この諸點にあることは言うまでもないことであるが、とりわけ注意すべきは、「五經同異」につき議論する兩會議を主宰した者が經書の知識を驅使できる儒者でなく最高權力者たる皇帝であった、という點であり、(11)石渠閣會議から白虎觀會議へ、という類似の會議をたどる視點は、この點によるところが大きい、と言える。

しかし、ここで、後漢時代、石渠閣會議は白虎觀會議との脈絡のみで話題とされたわけではない、ということを、以下に述べておかねばならない。以下に范曄『後漢書』の三つの記述を見ることにしよう。まず、一つ目は、實は、肅宗孝章帝紀に見える白虎觀會議擧行の詔である。

十一月壬戌の日に、次のような詔を下した。「思うに（夏・殷・周の）三代では人を導くのに、教育と學問を根本とした。漢は暴虐な秦のあとをうけつぎ、儒學を稱揚し、五經をうち立て、博士の官を置いた。その後學習者は學問に勵んだが、師説を繼承したけれども、わかれて一家を名乘った。宣帝は、聖人の教えから久しく遠ざかり、學問は廣く通じることを拒むものではないと考え、そこで『大夏侯尚書』『小夏侯尚書』を（學官に）立て、後にさらに『京氏易』を（學官に）立てた。建武年間になって、『顏氏春秋』『嚴氏春秋』『大戴禮』『小戴禮』の博士を再び置いた。これらはいずれも衰微した学問をささえ勵まし、學問を尊び廣める手立てである。中元元年に詔書が下り、五經の章句が煩多であり、議論してへらそうとした。永平元年になって、長水校尉の樊儵は、（五經の章句をへらそうと企圖した）光武帝の大事業を、ふさわしい時機にとり行うのがよい、と上奏した。多くの儒者に共同で經義を正させ、學習者に自らの學習の助けにしてもらおうとした。……。[12]」

この詔では、石渠閣會議により『大夏侯尚書』『小夏侯尚書』を學官に立てたことが、經學の振興・正定の歴史の一齣として記されている。そして、この詔により擧行された會議が白虎觀會議である以上、この詔に示される經學の振興・正定の歴史に連なる一齣としての位置が白虎觀會議に與えられなければならないはずである。この點から言えば、石渠閣會議から白虎觀會議へ、という結びつけ方は、短絡的で一足飛びである、と言わざるを得ない。

陳元傳から、二つ目の記述を見よう。

宣帝が民間におられた時、衞太子が『穀梁』を好んで學習していると耳にし、そこでもっぱら『穀梁』を學ばれました。帝位に即かれると、石渠閣での論議が起こったために『穀梁』が興隆し、今日に至るまで『公羊』とともに存しております。[13]

この記述は、陳元の上疏の一部であるが、ここでの話は『左氏傳』を含む『春秋』三傳の枠内のことであり、石渠閣會議は『穀梁』學興隆の契機とされるにすぎない。

翟酺傳から、三つ目の記述を見ることにしよう。

最初、翟酺は大匠の官となり、（皇帝に）次のように進言した。「文帝は五經博士を置き、武帝は世の中の書籍を大大的に集め、そして宣帝は石渠閣で六經につき議論させ、學習者はますます増加し、門弟は萬單位で數えるまでになりました。光武帝は中興に際して、學問の荒廢をうれえ、太學博士の家屋と内外の講堂を建てたところ、諸生がまちにあふれ、内外から學習者が集まりました。明帝の時代に辟雍が落成し、太學を取り壞そうとしましたが、太尉の趙憙は太學・辟雍はどちらも共存させるのがよいと考え、それでどちらも傳わって今に至っております。けれども近頃は（太學が）くずれて荒れ果て、菜園や牧畜の場所となっております。（太學を）修繕し、後學を導き勵ますのがよろしいかと存じます。」[14]

この記述は、永建六年（一三一年）の太學修繕を促した翟酺の言である。この記述では、石渠閣會議は經學振興の歴史の一齣として記されている。しかし、この翟酺の言の時點では、學行から既に約五十年が經過しているにもかかわらず、章帝期の白虎觀會議に言及されていない。これは、話の内容が太學に關するものであり、且つ明帝の時代までの事が述べられていることにもよろうが、假に白虎觀會議が石渠閣會議のように經學の振興に大いに寄與していたならば、ここに記されて然るべきであろう。白虎觀會議に何の言及もないのは、白虎觀會議が經學の振興に目立って寄與しなかったことを示しているのではなかろうか。[15]

結局、石渠閣會議は白虎觀會議について述べる際に引き合いに出されるものの、そのことにより、石渠閣會議から白虎觀會議へ、という展開を描くことは、以上の諸事例に基づくかぎり、ふさわしいこととは言え

ない。兩會議を竝記する夙い例は、

むかし宣帝は多くの儒者を石渠閣に集め、章帝は知識人を白虎觀に集めました。知識人たちは經書に通曉している立場からその意味を解釋し、その事業は盛大でありました。文武の道は、こうした事例にしたがうのがよろしいです。(16)

という蔡邕が熹平六年（一七七年）に上した封事の中に確認される。

本節では、白虎觀會議が石渠閣會議と併せて論じられてきた記述と、石渠閣會議が白虎觀會議と關係なく言及されている記述とを見てきたが、以上の考察からは、石渠閣會議から白虎觀會議へ、と類似の會議をただ時間順に竝べて白虎觀會議を位置づけようとするのは、(17)一見、類似の會議の展開をたどって甚だ意義のあることのように思われるが、その實、それは白虎觀會議について言われる「如石渠故事」を逆手にとっただけの話である、と言わねばならない。「如石渠故事」という楊終の言は、石渠閣會議を意識してこれと類似の會議の擧行をもとめたものであり、白虎觀會議自體も文字どおり「如石渠故事」と表現される會議となったのであるが、「如石渠故事」という文言は、これを額面通りに捉える以外になく、そこに他意をうかがうべきではない。すなわち、白虎觀會議は、石渠閣會議の形式を踏襲したというよりも、むしろ「如石渠故事」なる表現を借りなければうまく表現できない、それ獨自の特徴に乏しい會議であり、石渠閣會議は、白虎觀會議とともに論じられる際には、會議の仕組みや論議の内容を比較するための對象に過ぎないのである。

我我は、これまで白虎觀會議の史的位置づけを行う際に、「如石渠故事」という文言にあまりにも引き摺られすぎたのではなかったか。

二　『白虎通義』と熹平石經

次に、本節では、『白虎通義』と熹平石經が同列に論じられてきた理由を探ることにしたい。ここでは、これまで言及してこなかった范曄『後漢書』蔡邕列傳における熹平石經建立の記述を見ておきたい。

蔡邕は經書が聖人の時代から遠く隔たってしまい、文字にもあやまりが多く、俗儒による穿鑿によって、後學を誤らせはしないかと考え、熹平四年、五官中郎將の堂谿典・光禄大夫の楊賜・諫議大夫の馬日磾・議郎の張馴・韓説・太史令の單颺らと上奏して六經の文字をととのえることをもとめた。靈帝はこれを許し、蔡邕は自ら碑に朱筆で下書きをし、石工に彫らせて太學の門の外に立てさせた。ここにおいて後輩儒者や後進の學習者たちは、みな（この石經に）正しい手本をもとめた。碑がようやく建立されると、それを見に來る人と（字體や文言を）摹寫する人が、車で一日に一千臺餘りにのぼり、町中を埋め盡くすほどであった。(18)

ここでは、熹平石經は、あくまで經書の文字を正定する目的で、靈帝の「許」可のもと、立てられたものである、ということを押さえておきたい。上述のとおり、皮錫瑞氏は、石渠閣會議→白虎觀會議・『白虎通義』→熹平石經という流れで經義・經文の正定の史的展開を捉えたが、この皮氏の見解に對し、楊九詮氏はこう述べている。

皮氏は（熹平）石經が石渠（閣會議）・白虎（觀會議）という過去の事業と等列であってよいと考えている。しかし、これを史實に照らすと、（熹平）石經はこれより前の中央政府の全ての經學の施策と等しく肩を竝べることはできず、この三つの事業は順を追って竝べると、まさに今文經學が盛んな情況から衰えていった過程がわかる。もし武帝が儒學獨尊の地位を定めたと言うならば、宣帝は石渠閣會議により今文經學の官學としての地位を明確にした（當然武帝期の經學も今文學である）、ということになる。白虎觀會議はすなわち「章句に拘泥する人たちが、（經學の）大きな體系を破壞してお」るために擧行され、その課題は今文經學が曝け出した重大な缺陷を補い、その內部の門戶の紛爭を調停することであった。章帝はまだ石渠の故事のように、「みずから制書を出し會議に臨んで（議論の是非を）裁決」することができた。靈帝の時代になって、熹平石經の時代になって、情況はどうなのか？『後漢書』蔡邕列傳には、蔡邕ら多くの人人が「上奏して六經の文字をととのえることをもとめ、靈帝はこれを許した」とある。その詔書の一切の態度といえば、すなわちこの「許」字にほかならないのだ！(19)

楊氏が皮氏の見解に異議を唱えている理由は、石渠閣會議・白虎觀會議の兩會議が「稱制臨決」という皇帝みずからの關與が強いものであったのに對し、熹平石經のばあいは皇帝は單に「許」可したにすぎず、皇帝自身の關與が薄い、というものである。皮氏や狩野氏が、白虎觀會議の擧行と熹平石經の建立とを一括りに「天子の力」による經義・經文の正定であるとして論じているのは、確かに問題があり、楊氏の區別の仕方に間違いはない。しかし、白虎觀會議の擧行と熹平石經の建立とを「等列」に竝べるのは皮氏に始まるのでなく、以下のとおり、范曄『後漢書』儒林列傳上の記述からして既にそうなのである。

建初年間に、多くの儒者を白虎觀に大大的に集め、（五經の）異同を考訂させ、数箇月にしてようやく（議論が）終息した。肅宗（章帝）がみずから（會議に）臨んで制書を出したのは、石渠の故事のようであった。（章帝は）史官に『通義』を著述させた。……。熹平四年、靈帝は詔を下して多くの儒者に五經（の文言）をととのえさせ、石碑に（五經の文言を）刊刻させた。古文・篆書・隷書三種の書體を記してそれぞれを比較検討させるために、石碑を太學の門にたて、天下の人人にみなこの石碑に（五經の）手本をもとめさせた。[20]

范曄『後漢書』儒林列傳上には、後漢時代の主な經學關係のできごとが、光武中興の時期から概ね時間順に記されており、ある一事が特に大きく取りあげられて論じられることもなく、どのできごともきわめて「等列」に記されている。しかし、では、なぜ、その中からわざわざ二つの事業を取りあげて、白虎觀會議の擧行から熹平石經の建立へ、という捉え方がなされるのであろうか。皇帝の詔が下った經義・經文の正定であることのみをその理由とするわけにはいかない。後に擧げるように、賈逵が『尚書』の諸テキストの異同を示したことも皇帝の詔にかかる事だからである。つまるところ、石渠閣會議↓白虎觀會議・『白虎通義』↓熹平石經という思想史の描かれ方は、後世の者が見定めやすい當時の指標をたどる思想史の敍述なのではなかろうか。

石渠閣會議から白虎觀會議へ、という捉え方には、會議から會議へ、という意識が伴う。上述したように、白虎觀會議は、石渠閣會議ほど經學振興に貢献した會議ではなく、「如石渠故事」という文言を借りなければうまく表現できない、それ獨自の特徴に乏しい會議であった。にもかかわらず、白虎觀會議が今日まで注目されてきた理由は何であろうか。筆者は、それは、白虎觀會議での議論の記録『白虎通義』の現存にある、と考えている。當時の記録が今日まで傳えられてきたことは、それ自體、資料として高い價値をもつ。同様のことは、熹平石經の現物が存していることにも言えよう。すなわち、思想史上のできごととして、白虎觀會議の擧行から熹平石經の建立へ、という捉え方がなされたばあいに、そこには『白虎通義』から熹平石經へ、という當時の現物（一次資料）及び今日の研究資料としてのモノからモノへ、という意識が自然に伴っている。皇帝の詔が下った經義・經文の正定という共通する理由で白虎觀會議の擧行と熹平石經の建立の兩者が結びつくのは、二の次であろう。石渠閣會議→白虎觀會議・『白虎通義』→熹平石經という思想史の描かれ方は、會議から會議へ・モノからモノへという我我の自然な意識に支えられているのである。

町田三郎氏は、

後漢初期の思想の問題は、章帝の建初四年、章帝臨席のもとで行なわれた白虎觀會議の經學史、學術史、政治思想史的な意義を確定することと、王充の「論衡」に充溢する批判精神をその發生的な基盤から究明することとの二點につきるもののようである。(21)

と述べる。これも、『白虎通義』という書籍、『論衡』という書籍、すなわち〝モノ〟が、後漢初期の思想史研究のための一次資料として現存していることに、發言の基盤があろう。

ある點に着目してそれに光を當てると、別のある點が顧みられなくなるのは、理の當然かもしれない。しかし、問題は、このように後世の我我が見定めた當時の指標同士を繫いで思想史を描くことで漏れ落ちてしまう情報を、本當に枝葉として處理してしまってよいのかどうか、ということである。次節では、從來看過されてきたと言ってよい後漢時代における經義・經文の正定の事例を時間順にたどり、その史的展開において、白虎觀會議の擧行と熹平石經の建立という二つの事業の置かれる位置を再考し、この點について答えを出してみたいと思う。

三　經義・經文の正定の史的展開

本節では、石渠閣會議→白虎觀會議・『白虎通義』→熹平石經という大まかな流れで思想史を描くことによって捨象されてしまう經義・經文の正定の事例を、「天子の力」の有無を考慮しない視點で拾いあげ、後漢時代における經義・經文の正定の史的展開をたどる。これらの事例は、本當に白虎觀會議の擧行と熹平石經の建立という二つの事業のかげに埋もれてしまってよい、單なる枝葉としての價値しかないのであろうか。

初めに、范曄『後漢書』の儒林列傳上の尹敏傳に、

光武帝は尹敏が幅廣く經や記に通じていると考え、尹敏に圖讖を校訂させ、崔發が王莽のために竝列著錄した文言を除去させた。[22]

とあり、儒林列傳下の薛漢傳に、

　建武年間の初め、（薛漢は）博士となり、詔を受けて圖讖を校訂した。(23)

とあるように、五經でなく圖讖が正定の對象とされたことを述べなければならない。光武帝にとって、圖讖は經書と同列の乃至は相補的な關係にあるものであった。(24) 同様の姿勢は、次の明帝にも受け繼がれ、范曄『後漢書』樊宏傳附樊儵傳に、

　永平元年に、（樊儵は）長水校尉に補せされ、高位高官の者たちと天地のまつりや祖先祭祀の禮式をこまごまと定め、讖記によって五經の異説を正した。(25)

とあるように、永平元年（五八年）には五經の異説を正すのに讖記が使われた。建初四年（七九年）に擧行された白虎觀會議は、この永平元年の五經の正定の後に位置する。

經義を一定したはずの白虎觀會議の二年後の建初六年（八一年）には、范曄『後漢書』賈逵傳に、

　賈逵はたびたび章帝に『古文尚書』が經・傳・『爾雅』の字義解釋と照應することを進言したところ、（章帝は）詔を下して（賈逵に）『歐陽（尚書）』『大夏侯尚書』『小夏侯尚書』『古文（尚書）』の異同の例を集めさせた。賈逵は（異同の例を）編集して三卷とし、章帝はこれを評價した。（章帝は）再び（賈逵に）『齊

詩』『魯詩』『韓詩』と『毛詩』の異同の例についても集めさせた。(26)

とあるように、章帝は賈逵に『尚書』各家のテキストと『詩』各家のテキストについて、その「同異（異同）」の例を集めさせている。異同の例を集め（させ）ることは、各テキストのいずれが正しいかを議論するための前提準備的な基礎作業である。これは、「天子の力」による經の正定であると言えるが、『白虎通義』や熹平石經と決定的に區別されてきたのは、この異同の例の蒐集作業があくまで賈逵個人の活動である點と、現物（一次資料）の有無存滅の點とにある。

さらに、章帝は、この二年後の建初八年（八三年）に、衰微した學問をささえ、異なった解釋を廣める（扶微學、廣異義）べく、詔をくだして、すぐれた才能の諸生に『左氏春秋』『穀梁春秋』『古文尚書』『毛詩』を學ばせた。(27)これは、經學振興の施策である。

經學に關するこうした一連の施策を窺うと、やはり白虎觀會議の會議後の影響力をうかがうことができない。白虎觀會議は、所詮、後漢時代における經學振興及び經義・經文の正定の歴史の一齣に過ぎないことが理解されよう。

その後、永元一二年（一〇〇年）には、范曄『後漢書』儒林列傳下の許愼傳に、

最初、許愼は五經の解釋のよしあしが一定していないと考え、そこでその例を集めて『五經異義』をものした。(28)

とあるように、「五經無雙」（本傳）といわれた許愼が五經を正定したことが確認される。現存する許愼の著作が『白虎通義』や熹平石經と同列に論じられてこなかったのは、許愼の活動が、結局は、「天子の力」によるそれでなく、個人レヴェルのそれにとどまったからではないか、と筆者は考えている。

しかし、皇帝が關與している事例でも、『白虎通義』や熹平石經と同列に論じられてこなかったものが少なくない。范曄『後漢書』によってそれらをたどると、孝安帝紀に、

謁者の劉珍と五經博士に詔を下して、東觀の五經・諸子・傳記・諸學派の學問の著作を校訂させ、誤字脱字をととのえさせ、文字のあやまりを正させた。(29)

という永初四年（一一〇年）の事例があり、宦者列傳の蔡倫傳に、

元初四年、安帝は經や傳の文言の多くがととのっていないと考え、そこで通儒や謁者の劉珍そして博士や優良な史官を選んで東觀にやって来させ、それぞれに家法（によって傳えられてきた經書）を校讎させ、蔡倫にその事業をつかさどらせた。(30)

という元初四年（一一七年）の事例があり、伏湛傳に、

永和元年、伏無忌と議郎の黄景に詔を下して禁中の書籍である五經・諸子・諸學派の學問の著作を校訂

させた。(31)

という永和元年（一三六年）の事例があり、儒林列傳下の蔡玄傳に、

順帝は特に詔を下して（蔡玄は）議郎に補せられ、五經の異同を説き明かすと、順帝の考えに深く合致した。(32)

という順帝期の事例があり、崔駰傳附崔寔傳に、

（五原太守をつとめた後）發病したため（地方へ遣られるのでなく中央での勤務に）めし出され、議郎に補せられ、再び多くの儒者や博士と共同して五經（の文言）をごたごたと定めた。(33)

という桓帝期の事例があるなど、東觀(34)で禁中の五經を校訂させたり五經の異同を説明させるなど、皇帝が關與した形で五經が正定された。しかし、これらの事例が、『白虎通義』や熹平石經と同列に論じられてこなかったのは、それを裏附ける現物（一次資料）が存していないからである。熹平四年（一七五年）の熹平石經の建立事業(35)の開始は、この後に位置する。そして、范曄『後漢書』盧植傳に、

一年餘りが經ち、盧植は再びめし出されて議郎に補せられ、諫議大夫の馬日磾・議郎の蔡邕・楊彪・韓

説らとともに東觀に在って、禁中の五經・記・傳を校訂し、『漢記』の補正をし執筆を續行した。靈帝は（盧植の擔當している職務は）急務でないと考え、（盧植の官職は）轉じて侍中となり、（その後）尚書にうつされた。(36)

とあるように、熹平六年（一七七年）にも、東觀で禁中の五經が校訂されている。そして、石經が完成し太學の門の外に立てられたのは、光和六年（一八三年）のことである。このように、皇帝が關與する五經の正定の歴史をたどると、熹平石經の建立は、後漢時代に五經の正定が斷續的に行われてきたことの一齣と見なければならない、ということが理解できよう。石經の建立は、五經の校訂に關わった盧植の動きにも影響を与えた。(37)

さらに、石經が立てられた光和六年（一八三年）には、范曄『後漢書』劉陶傳に、

劉陶は『尚書』『春秋』に通曉し、その字義解釋を行った。三家の『尚書』と『古文（尚書）』を推究し、文字を正すこと七百餘件にのぼり、（それを今文尚書でも古文尚書でもない）『中文尚書』と名づけた。(38)

とあるように、劉陶が『尚書』各家のテキストを突き合わせて文言を正した。

そして、建安四年（一九九年）には、范曄『後漢書』劉表傳に、

關西・兗州・豫州の知識人で（劉表に）歸服した者は概ね千人を數え、劉表は慰問して金品をほどこし、

誰もが資財を充分にもつことができた。（劉表は）學校をたて、儒學に志す者を廣範圍にわたってもとめ、綦母闓・宋忠らは五經の章句を集めてさだめたが、これを「後定」（從來の五經解釋に對して後から新しく解釋を定めたこと）という。[39]

とあるように、劉表の配下[40]で五經の章句が定められた。章句に關して言えば、楊終や伏黯は「章句を改定」（范曄『後漢書』の楊終傳、儒林列傳下の伏恭傳）し、四十五萬餘言の『牟氏章句』を九萬言にまで減らした張奐（范曄『後漢書』張奐傳）や、父の伏黯の章句を二十萬言にまで減らした伏恭（范曄『後漢書』儒林列傳下・伏恭傳）、『公羊嚴氏春秋』學の系譜において丁恭に師事した樊儵が刪定した章句（范曄『後漢書』樊宏傳附樊儵傳）を樊儵の門弟である張霸が二十萬言にまで減らした（范曄『後漢書』張霸傳）という事例のように、煩瑣な章句が簡明にされる事例が見られ、當時章句の學を守らない者は多かった。[41] こうした事情が斷續的な五經の正定の背景にあったことは、あらためて言うまでもない。

　このほか、經學の綜合化が、建安五年（二〇〇年）に沒した鄭玄によって行われたことも大規模な經義・經文の正定に相違ない。しかし、この大事でさえも、經義・經文の正定の一齣として正しく位置づけられてこなかったことに、筆者は首をかしげざるを得ないのである。

おわりに

以上、本章では、從來、白虎觀會議の擧行と熹平石經の建立とに偏って論じられてきた後漢時代における經義・經文の正定について、この兩事業が大きく取りあげられてきた理由を考察し、これまで捨象されてきた他の正定の事例を拾い集めてその史的展開をたどった。その結果、石渠閣會議→白虎觀會議・『白虎通義』→熹平石經という大まかな捉え方は、會議から會議へ・モノからモノへ、という我我後世の者が見定めやすい當時の指標同士を繫いでしまう自然な意識に支えられたものであること、さらに、後漢時代に經義・經文の正定という營爲が大小樣樣な規模で斷續的に行われたことを確認することができた。白虎觀會議の擧行も熹平石經の建立も、後漢時代に斷續的に行われた經義・經文の正定の一齣として位置づけるのが穩當であり、當時の時代情況に即したばあい、いずれも過大に扱うべきではない。事實、白虎觀會議及び『白虎通義』については、後漢時代にさほど重要視されず影響力を持ち得なかったことが指摘されている(42)。

『白虎通義』と熹平石經という現物（一次資料）が存し、これらが今日までの中國思想研究に與えた影響等を考慮に入れたばあい、これらは漢代思想史もしくは中國思想史を描く際に大きく取りあげられることになるのであろう。しかし、これら現物（一次資料）の思想史的位置は、後世の我我がそれらを當時の指標と捉えて描いてしまいがちな思想史の文脈の中にではなく、當時の時代情況の中で當時の文脈に即して現物（一次資料）を適切に放り込んでこそ、正確に得られるものではなかろうか。あとにのこされた現物（一次資料）のみを後世の視點からの指標とし、それらを單純に結びつけて思想史を描くことには、一定の留保が必要ではないか、と思われるのである。

注

（1）「正定」という語は、范曄『後漢書』の張純傳・蔡邕列傳・蔡倫傳・儒林列傳上に見え、文字通り、正す・定めるの意と解される（もちろん、「正す」「定める」ことの前提として、異同をしらべて比較する作業が行われる）。五經に對しては、これ以外に「校定」「正」「整齊」「是正」「雜定」「校」などの語が使われているが、本書では、これらの語の使用情況を踏まえ、これらの語の中にも見える「正」「定」の二字から成る「正定」を、經の文言や經義をととのえることを意味する方法論的な用語とし、「」を外して現代の文脈に便宜的に適用する。

なお、田中麻紗巳「『五經異義』の周禮説」（原載誌掲載は一九九五年三月／田中麻紗巳『後漢思想の探究』、研文出版、二〇〇三年七月）は、經と學説との關係について、

……、經とされる書にはそれぞれ個別の内容がある。しかし、經學には必須の條件の一つとして、現實の政治・行政や個人の生き方に資するということが課せられる。だから經學が世に廣まると、個々の經書の學が現實社會での有用性・有效性を發揮しようとして、それぞれの經書の内容が擴大・擴張されて解釋され、多くの事柄を説明・分析したり、對應・對策を提示するようになるであろう。これと同時に他の經學説を採用したり、儒家以外の諸子の説など、例えば道家・法家の説や陰陽五行説などを援用し、その説に廣がりと深みを加え、説得力を増そうとするに違いない。もちろん經學説が各々の經傳に立脚している限り、他の説や考え方を如何に包攝しようとも、それによりその經學説の範圍を擴大し理論を深化させるならば、他説の包攝は原則として是認されるであろう。（同書四九頁）

との見解を示している。筆者は、この田中氏の見解に、基本的に同意するものである。本書本編第一章「五經と讖緯」でとりあげた「讖緯の「經」化」も、經書による讖緯の包攝、と見ることも可能であろう。ともあれ、經義の「正定」が必要となったのは、經書の内容の擴大解釋が目立って著しくなったことに起因しているのである。

（2）非天子不議禮、不制度、不考文、議禮・制度・考文、皆以經義爲本。……。惟漢宣帝博徵羣儒、論定五經於石渠閣。章帝大會諸儒於白虎觀、考詳同異、連月迺罷、親臨稱制、如石渠故事。顧命史臣、著爲通義、爲曠世一見之典。石渠議奏今亡、僅略見杜佑通典。白虎通義猶存四卷、集今學之大成。十四博士所傳、賴此一

書稍窺崖略。……。章帝時、已詔高才生受古文尚書・毛詩・穀梁・左氏春秋、而白虎通義采古文説絶少、以諸儒楊終・魯恭・魏應等皆今學大師也。靈帝熹平四年、詔諸儒正定五經、刊於石碑。蔡邕自書丹、使工鐫刻、立於太學門外。後儒晩學、咸取則焉。尤爲一代大典。

（皮錫瑞『經學歴史』〔周予同注釋本、中華書局、一九五九年一二月〕の「四　經學極盛時代」、一一七頁。）

(3) 狩野直喜『兩漢學術考』（筑摩書房、一九六四年一一月）「兩漢文學考」の「六　熹平石經」、一一四頁。

(4) 白虎觀會議との關連で、石渠閣會議について考察しているものに、影山輝國「『白虎通』撰者書名攷（中）」（『實踐國文學』第三九號、實踐國文學會、一九九一年三月）がある。また、日原利国「白虎觀論議の思想史的位置づけ」（原載誌掲載は一九六七年二月／日原利国『漢代思想の研究』、研文出版、一九八六年二月）は、鹽鐵論議→石渠閣論議→白虎觀論議と漢代の三大論議を時間順にたどり、白虎觀論議の位置づけを考察している。

(5) 終又言、宣帝博徴羣儒、論定五經於石渠閣。方今天下少事、學者得成其業、而章句之徒、破壞大體。宜如石渠故事、永爲後世則。於是詔諸儒於白虎觀論考同異焉。（范曄『後漢書』楊終傳）

(6) 於是下太常・將・大夫・博士・議郎・郎官及諸生・諸儒會白虎觀、講議五經同異、使五官中郎將魏應承制問。侍中淳于恭奏、帝親稱制臨決、如孝宣甘露石渠故事。作白虎議奏。（范曄『後漢書』肅宗孝章帝紀）

(7) 建初中、大會諸儒於白虎觀、考詳同異、連月乃罷。肅宗親臨稱制、如石渠故事、顧命史臣、著爲通義。
（范曄『後漢書』儒林列傳上）

(8) 時會京師諸儒於白虎觀、講論五經同異、使應專掌難問。侍中淳于恭奏之、帝親臨稱制、如石渠故事。
（范曄『後漢書』儒林列傳下・魏應傳）

(9) 詔諸儒講五經同異、太子太傅蕭望之等平奏其議、上親稱制臨決焉。乃立梁丘易・大小夏侯尚書・穀梁春秋博士。（『漢書』宣帝紀）

(10) 注（4）所掲影山輝國氏論文に、石渠閣會議の參加者や『議奏』について詳しく述べられている。但し、影山氏が甘露元年（前五三年）の『公羊』と『穀梁』の異同に關する論議の記載までも、石渠閣會議のそれを指すと解して議論を進めているのは誤りであり、劉汝霖『漢晉學術編年』（商務印書館、一九三二年／全三冊、中華書局、一九八七年一二月）卷二・甘露三年・【考證】（中華書局本、上卷一三二頁）が、甘露元年と甘露三年の二事を混同するのは誤りと述べるのに従うべきであろう。このほか、石渠閣會議については、辺土名朝邦「石渠閣論議の思想史的位置づけ——穀梁學および禮議奏殘片を通じて——」『哲學年報』第三六輯、九州大學文學部、一九七七年三月）、福井重雅「石渠閣論議考」（『牧尾良海博士喜壽記念　儒・佛・道三教思想論攷』、山喜房佛書林、一九九一年二月）、保科季子「前漢後半期における儒家禮制の受容——漢的傳統との對立と皇帝觀の變貌——」（『歴史と方法3　方法としての丸山眞男』、青木書店、一九九八年一一月）、林啓屏「論漢代經學的「正典化」及其意義——以「石渠議奏」爲討論中心——」（國立政治大學中國文學系主編『第四屆漢代文學與思想學術研討會論文集』、新文豐出版、二〇〇二年五月）を參照。

（11）この點、白虎觀會議に關して、辺土名朝邦「『白虎通義』研究序説——新たな視座をもとめて——」（荒木敎授退休記念會編『荒木敎授退休記念中國哲學史研究論集』、葦書房、一九八一年一二月）が、「白虎論義」を開催し、宣帝に倣って親制臨決して論議を締めくくった主體者は章帝その人であり、いかに沸騰せる論議も最終的には彼の意圖の枠内にはめ込まれている」（二〇八頁）と述べるのは、正鵠を得ている。

（12）十一月壬戌、詔曰、蓋三代導人、教學爲本。漢承暴秦、褒顯儒術、建立五經、爲置博士。其後學者精進、雖曰承師、亦別名家。孝宣皇帝以爲去聖久遠、學不厭博、故遂立大・小夏侯尚書、後又立京氏易。至建武中、復置顏氏・嚴氏春秋、大・小戴禮博士。此皆所以扶進微學、尊廣道蓺也。中元元年詔書、五經章句煩多、議欲減省。至永平元年、長水校尉儵奏言、先帝大業、當以時施行。欲使諸儒共正經義、頗令學者得以自助。……。（范曄『後漢書』肅宗孝章帝紀）

（13）孝宣皇帝在人閒時、聞衞太子好穀梁、於是獨學之。及即位、爲石渠論而穀梁氏興、至今與公羊竝存。（范曄『後漢書』陳元傳）

（14）初、酺之爲大匠、上言、孝文皇帝始置五經博士、武帝大合天下之書、而孝宣論六經於石渠、學者滋盛、弟子萬數。光武初興、愍其荒廢、起太學博士舍・内外講堂、諸生橫巷、爲海内所集。明帝時辟雍始成、欲毀太學、太尉趙憙以爲太學・辟雍皆宜兼存、故竝傳至今。而頃者蹈廢、至爲園採芻牧之處。宜更修繕、誘進後學。（范曄『後漢書』翟酺傳）

（15）池田秀三「『白虎通義』と後漢の學術」（小南一郎編『中國古代禮制研究』、京都大學人文科學研究所、一九九五年三月）は、范曄『後漢書』に『白虎通義』の名が一度も出てこないこと、詔敕や上奏文にも『白虎通義』からの引用がないことを指摘している。

(16) 昔孝宣會諸儒於石渠、章帝集學士於白虎。通經釋義、其事優大。文武之道、所宜從之。
（范曄『後漢書』蔡邕列傳）

(17) 注（4）所掲日原利国氏論文は、鹽鐵論議→石渠閣論議→白虎觀論議と漢代の三大論議を時間順にたどり、白虎觀論議の位置づけを考察している。このように描かれた思想史は、各論議の内容を検討した結果に基づくことの以前にある、論議から論議へ、という後世の者が見定めやすい指標をたどる意識により描かれた思想史である。特定の、規模の大きい會議ばかりを單純に結びつけて思想史を描くことには、愼重な姿勢で臨まねばならないであろう。

(18) 邕以經籍去聖久遠、文字多謬、俗儒穿鑿、疑誤後學、熹平四年、乃五官中郎將堂谿典・光祿大夫楊賜・諫議大夫馬日磾・議郎張馴・韓説・太史令單颺等、奏求正定六經文字。靈帝許之、邕乃自書丹於碑、使工鐫刻立於太學門外。於是後儒晚學、咸取正焉。及碑始立、其觀視及摹寫者、車乘日千餘兩、塡塞街陌。
（范曄『後漢書』蔡邕列傳）

(19) 楊九詮「東漢熹平石經平議」（『文史哲』二〇〇〇年第一期、二〇〇〇年一月）、六七頁。

皮氏以爲石經可與石渠、白虎舊事等列。但按之史實，石經與前此中央政府一切經學措施均不得侔肩而比，這三件事次第而排，正可見出今文經由盛而衰的過程。如果説武帝定立了儒術獨尊的地位，宣帝則以石渠閣會議明確了今文經學的官學地位（當然武帝朝的經學也是今文學）。白虎觀會議乃是因爲〝章句之徒，破壞大體〃而起，其任務是補苴今文經學暴露出來的嚴重缺陷，調停其内部門戶的紛爭。章帝尚能如石渠故事，〝稱制臨決〃。到了靈帝，到了熹平石經，情況如何呢？《後漢書・蔡邕列傳》説：蔡邕諸人〝奏求正定六經文字，靈帝許之〃。其詔書的一切態度，便是這樣一個〝許〃字！

(20) 建初中、大會諸儒於白虎觀、考詳同異、連月乃罷。肅宗親臨稱制、如石渠故事、顧命史臣、著爲通義。……。熹平四年、靈帝乃詔諸儒正定五經、刊於石碑。爲古文・篆・隷三體書法以相參檢、樹之學門、使天下咸取則焉。
（范曄『後漢書』儒林列傳上）

(21) 町田三郎「後漢初期の社會と思想」（『集刊東洋學』第二八號、中國文史哲研究會、一九七二年一〇月）、二八頁。

(22) 帝以敏博通經記、令校圖讖、使蠲去崔發所爲王莽著録次比。（范曄『後漢書』儒林列傳上・尹敏傳）
(23) 建武初、爲博士、受詔校定圖讖。（范曄『後漢書』儒林列傳下・薛漢伝）
(24) 本書本編第一章「五經と讖緯」を參照。
(25) 永平元年、拜長水校尉、與公卿雜定郊祠禮儀、以讖記正五經異說。（范曄『後漢書』樊宏傳附樊鯈傳）
(26) 逵數爲帝言古文尚書與經・傳・爾雅詁訓相應、詔令撰歐陽・大小夏侯尚書・古文同異。逵集爲三卷、帝善之。復令撰齊・魯・韓詩與毛詩異同。（范曄『後漢書』賈逵傳）
(27) 「扶微學、廣異義」は范曄『後漢書』肅宗孝章帝紀の文言であり、ほかに、范曄『後漢書』の賈逵傳や儒林列傳上にも、建初八年（後八三年）の施策が記される（これについては本書本編第一章「五經と讖緯」の注（62）を參照）。また、延光元年（一二二年）に『古文尚書』『毛詩』『穀梁春秋』に通じた者各一人が、光和三年（一八〇年）に『(古文）尚書』『毛詩』『左氏春秋』『穀梁春秋』に通じた者各一人が、それぞれ詔により求められた（范曄『後漢書』の孝安帝紀、孝靈帝紀）。延光元年（一二二年）・光和三年（一八〇年）の各施策と、建初八年（後八三年）の施策との關係の有無についてはよく分からないが、少なくとも、長きにわたり同じ學問が必要とされ續けた事情が存した、とは言える。
(28) 初、愼以五經傳説臧否不同、於是撰爲五經異義。（范曄『後漢書』儒林列傳下・許愼傳）
(29) 詔謁者劉珍及五經博士、校定東觀五經・諸子・傳記・百家藝術、整齊脱誤、是正文字。（范曄『後漢書』孝安帝紀）
(30) 四年、帝以經傳之文多不正定、乃選通儒謁者劉珍及博士良史詣東觀、各讎校家法、令倫監典其事。（范曄『後漢書』宦者列傳・蔡倫傳）
(31) 永和元年、詔無忌與議郎黄景校定中書五經・諸子・百家藝術。（范曄『後漢書』伏湛傳）
(32) 順帝特詔拜議郎、講論五經異同、甚合帝意。（范曄『後漢書』儒林列傳下・蔡玄傳）
(33) 以病徵、拜議郎、復與諸儒博士共雜定五經。（范曄『後漢書』崔駰傳附崔寔傳）
(34) 東觀については、小林春樹「後漢時代の東觀について――『後漢書』研究序説――」（『史觀』第一一一冊、早稻田大學史學會、一九八四年九月）を參照。また、皇帝權力を背景にした後漢時代の「校書」事業について考察したものに、飯島良子「後漢の章帝の學者集團による「校書」――史觀の構築に關して――」（『後漢經學研究會論集』第三號、後漢經學研究會、二〇一一年六月）、飯島良子「後漢の鄧太后の學者集団による「校書」――『詩』生民と閟宮の「毛傳」にみる漢制――」（國際基督教大學學報３―Ａ『アジア文化研究』三八、國際基督教大學アジア文化研究所、二〇一二年三月）がある。

(35) 熹平石經については、渡邊幸三「漢熹平石經概説」（上）・（下）（『立命館文學』第四巻第八號・第四巻第九號、立命館大學、一九三七年八月・一九三七年九月）、趙鐵寒「讀熹平石經殘碑記」（『大陸雜誌』一〇巻五號、大陸雜誌社、一九五五年三月）、馬衡「漢石經概述」（原載誌掲載は一九五五年一〇月／北京大學中國傳統文化研究中心編『北京大學百年國學文粹　考古巻』、北京大學出版社、一九九八年四月）、藤原楚水『圖解書道史』第一巻（省心書房、一九七一年四月）の「第十章　漢の熹平石經と殘石の文字」、塚田康信「熹平石經の研究」（『福岡教育大學紀要　第五分冊　藝術・保健體育・家政・技術科編』第二六號、福岡教育大學、一九七六年）、馬衡『凡将齋金石叢稿』（中華書局、一九七七年一〇月）の「巻六　石經」、呂佛庭「蔡邕與漢熹平石經」（『國立歴史博物館館刊』第一二期、國立歴史博物館、一九八一年一二月）、江川式部「漢熹平石經研究の現状と課題――附　日本所藏熹平石經刻石・拓本調査――」（『明大アジア史論集』第七號、明治大學東洋史談話會、二〇〇二年二月）等を參照。

なお、本文に擧げたもの以外に熹平石經の建立事業に關しては、以下の記述がある。

時宦者濟陰丁肅・下邳徐衍・南陽郭耽・汝陽李巡・北海趙祐等五人稱爲清忠、皆在里巷、不争威權。巡以爲諸博士試甲乙科、争弟高下、更相告言、至有行賂定蘭臺漆書經字、以合其私文者。乃白帝、與諸儒共刻五經文於石。於是詔蔡邕等正其文字。自後五經一定、争者用息。（范曄『後漢書』宦者列傳）

ところで、金文京氏は、その著書『中國の歴史04　三國志の世界　後漢　三國時代』（講談社、二〇〇五年一月）「第一章　黄巾の乱」四〇頁～四一頁において、一六七年・一六九年の二度にわたるいわゆる黨錮の禁に關連し、熹平石經建立等の學問關連事業について、次のように述べている。

二度にわたる大彈壓によって、清流派の活動は徹底的に封殺された。しかしこの種の知識人彈壓事件というものは、彈壓を加えれば加えるほど、彈壓された側の主張は逆により先鋭化し、運動も地下にもぐって激しくなる一方、世間の評判もこれに同情的となり、結局は政權側にかえって不利になること、古今東西の歴史が證明している。政權側もそのことに氣がついたのであろう、この頃からしきりに知識人相手の人氣取り政策を打ち出す。たとえば熹平四年（一七五）には、儒教の經典である五經を校訂し、それを石碑に刻して太學の門前に建てた。これが中國史上はじめての石經として有名な熹平石經である。これを太學の門前に建てたのは、學生に政治批判はやめてまじめに勉強しろという意味であろう。學生はいつの時代でも、もっともラジカルな政治批判者である。ついで三年後の光和元年（一七八）には、宮廷の鴻都門の中に新たに學校を作り、一〇〇〇人の學生を募集するが、これも人氣取りの一環であろう。

筆者は、熹平石經の建立を「知識人相手の人氣取り政策」「學生に政治批判はやめてまじめに勉強しろという意味」とする金氏の見解に對し、甚だしい違和感をおぼえないわけにはいかない。

（36）歳餘、復徵拜議郞、與諫議大夫馬日磾・議郞蔡邕・楊彪・韓説等竝在東觀、校中書五經・記傳、補續漢記。帝以非急務、轉爲侍中、遷尚書。（范曄『後漢書』盧植傳）

（37）熹平石經の建立事業を受けた盧植の動きとは、以下のとおりである。

時始立太學石經、以正五經文字、植乃上書曰、臣少從通儒故南郡太守馬融受古學、頗知今之禮記特多回穴。臣前以周禮諸經、發起粃謬、敢率愚淺、爲之解詁。而家乏、無力供繕寫上。願得將能書生二人、共詣東觀、就官財糧、專心研精、合尚書章句、考禮記失得。庶裁定聖典、刊正碑文。（范曄『後漢書』盧植傳）

なお、このくだりについては、池田秀三「盧植とその『禮記解詁』（上）」（『京都大學文學部研究紀要』第二九、京都大學文學部、一九九〇年三月）を參照した。

（38）陶明尚書・春秋、爲之訓詁。推三家尚書及古文、是正文字七百餘事、名曰中文尚書。（范曄『後漢書』劉陶傳）

（39）關西・兗・豫学士歸者蓋有千數、表安慰賑贍、皆得資全。遂起立學校、博求儒術、綦母闓・宋忠等撰立五經章句、謂之後定。（范曄『後漢書』劉表傳）

（40）劉表やその配下にあった綦母闓・宋忠らについては、加賀榮治『中國古典解釋史　魏晉篇』（勁草書房、一九六四年三月）の第二章第一節の二「宋忠に學ぶ――「荊州の學」とのつながり、および「荊州の學」の本質的傾向」、野沢達昌「後漢末　荊州學派の研究」（『立正大學文學部論叢』第四一號、立正大學文學部、一九七二年二月）、渡邉義浩「蜀漢政權の支配と荊州社會」（原載誌掲載は一九八八年一一月／渡邉義浩『三國政權の構造と「名士」』、汲古書院、二〇〇四年三月）、滿田剛「劉表政權について――漢魏交替期の荊州と交州――」（『創價大學人文論集』第二〇號、創價大學人文學會、二〇〇八年三月）を參照。

(41) 後漢時代の章句については、井ノ口哲也「「章句」攷――范曄『後漢書』を中心に――」（『紀要 哲學』第五六號、中央大學文學部、二〇一四年二月）を參照。

(42) 南部英彦「『白虎通』の國家構想の特質と『孝經』」（『山口大學教育學部研究論叢』第五一巻第一部、二〇〇一年）は、范曄『後漢書』の事例に基づき、「白虎觀會議以後、『白虎通』の禮規範が施政方針として規制力を發揮したが故に、君臣序列を明確にしようとする考え方と父子の恩愛を重視する考え方の雙方が強調されたと考えられる」（一五頁）とし、『白虎通』が和帝期にまで規制力を發揮した、と見るが、范曄『後漢書』に『白虎通義』に基づいた旨の記載は見當たらないので、筆者としては、俄かには贊成できない。

田中麻紗巳「『白虎通』の「或曰」「一曰」」（原載誌掲載は一九九〇年三月／注（1）所掲田中麻紗巳氏著書）は、

白虎觀論議は「五經の同異」にまつわる對立・論爭を解消するため、標準となるべき見解をまとめ上げようとしながら、僅かだがまとめきれない個別問題を殘したのである。これは異説・別解や反對説が以後も依然として生き續けうることを意味しており、また別説にさえなりえなかった意見・解釋からもその餘地を奪い去りはしなかったことになろう。更に以後の經學界に對する『白虎通』の權威や正統性を考える時、この別説の存在は無視できない事柄となるに違いない。私人の著ではあるが、『異義』が『白虎通』にそれ程遲れることなく書かれ、『白虎通』とは異なる觀點から、經學上の個々の問題を取り上げ論じていることに留意しなければなるまい。（著書二二頁）

と述べている。『白虎通義』自體に見える「或曰」「一曰」の存在や『五經異義』の登場は、當時、『白虎通義』にさほど大きな權威性が無かったことを表していよう。

また、注（15）所掲池田秀三氏論文は、范曄『後漢書』に關して、

……、白虎觀會議以降の學術あるいは政治の展開を通覽するに、實際に『白虎通』が「國憲」と同等の「欽定法典」としての權威を發揮した形迹があまり見あたらないのである。まず意外なことに、『後漢書』に『白虎通』の名がまったく出てこないのである。詔敕や上奏文の中にも『白虎通』の引用はない。

と述べ、蔡邕『獨斷』との親近性に關して、
……、私はやはり、『白虎通』を第一次的典據としたものとみてよいと思う。何といっても、論旨の運び、題目の設定の仕方が『白虎通』に酷似しているからである。……。そうなると、またもや、なぜ『白虎通』の名が擧げられないのかがいぶかしくなってくる。王充の名さえ擧げられているのに、である。……、詮ずるところ、『白虎通』はもはや法典的權威を喪失していたのだと考えるよりほかはない。
（二七九頁）

と述べ、應劭『風俗通義』に關して、
引用文獻に『白虎通』が見えないことも彼の『白虎通』輕視の一證だが、より重要なのは、『風俗通義』が『白虎通』のすでに結論を出した問題について全て一から檢討しなおし、自身の論理によってその是非を決定していることである。これは『白虎通』の功績を無視する行爲にほかならない。……。應劭にとって、『白虎通』などはもはや歯牙にかけるにも値しないものだったのである。
（二八五頁～二八六頁）

と述べ、許愼『五經異義』に關して、
……、その内容は『白虎通』とあい渉ること極めて大であるが、その結論は『白虎通』と正反對で、八割がたは古文説に左袒している。これは『白虎通』の輕視ないし無視というよりも、公然たる反論である。……。このような公然たる批判の矢が向けられる『白虎通』のどこに欽定法典の權威・不可侵性があるというのであろうか。王朝の權威の衰微した後漢末期の蔡邕や應劭が欽定法典を無視するのはまだうなづける。が、後漢の鼎政期とされる章帝の治世後まもなく、白虎觀會議から二十年ほどしか經ぬうちにかかるアンチテーゼが世に問われることはまことに理解に苦しむ事態である。所詮、『白虎通』は、その當初から法典的權威など有していなかったのだ、とみるほかはない。そもそも飜って省るならば、白虎觀會議の開催にかかわらず、というよりもむしろ、會議を契機として古文學が振興し始めたという事實、この歴史の皮肉ともいうべき事實自體、白虎觀會議が何ら學界に規範的拘束力を及ぼし得なかったことを何よりも雄弁に語っている。
（二八七頁）

と述べ、『白虎通』それ自體に關して、

『白虎通』が法典的權威をもち得なかった眞の原因は、やはり『白虎通』自體の中に求むべきであろう。とすれば、それは『白虎通』の雜駁さ、不統一の故とみるほかはない。（二八九頁）

と述べている。いずれの指摘も、白虎觀會議および『白虎通義』が、後漢時代の學者たちにとって、それほど大きな意味をもたなかったことを示すものである。したがって、渡邉義浩『後漢における「儒教國家」の成立』（汲古書院、二〇〇九年三月）の第一篇第二章「『白虎通』に現れた後漢儒教の固有性」（原載誌揭載は二〇〇五年九月）のように章帝期の白虎觀會議を《儒教の國教化》のメルクマールとする見方に對しては、筆者には承服し難いものがある。渡邉義浩氏の見解に對する筆者の考えは、井ノ口哲也「書評　渡邉義浩著『後漢における「儒教國家」の成立』」（『史學雜誌』第一二〇編第九號、史學會、二〇一一年九月）に記しておいた。

我我は、白虎觀會議および『白虎通義』の思想史的意義を過大に且つ安易に評價し過ぎてきたのではあるまいか。

第四章　「高宗諒陰三年不言」攷

はじめに

『論語』憲問篇に、

子張が尋ねた。「『書』に「殷の高宗は三年の喪に服しものを言わなかった。」とあります。これはどういう意味ですか。」と。
先生がおっしゃった。「それは高宗に限ったことではありません。むかしの統治者はだれもがそのようにしたのです。君主が亡くなると、もろもろの役人は自らの職務をまっとうし、冢宰の政治に三年したがったのです。」と。(1)

という子張と孔子の問答がある。『書』に見える「高宗諒陰三年不言」の意味を尋ねる子張に對する孔子の答えは、次の君主が喪に服している期間の政治體制を述べているものと理解できる。孔子は、これは殷の高宗に限ったことではないと言っているものの、なぜ殷の高宗についてだけ「高宗諒陰三年不言」という言い方がされるのであろうか。

本章は、「高宗諒陰三年不言」と表現されることの意味について、これが常套句として受けとめられたと思われる後漢時代あたりまでに時間を區切って、考察するものである。

一　『尚書』の「高宗諒陰三年不言」について

では、『尚書』では、實際にどのような文脈において、「高宗諒陰三年不言」という文言が登場するのであろうか。實は、現在確認できる『尚書』には「高宗諒陰三年不言」という八文字の文言は見當たらないのである。唯一、無逸篇に、

周公曰、「……。其在高宗、時舊勞于外、爰曁小人。作其即位、乃或諒陰三年不言。其惟不言、言乃雍、不敢荒寧。嘉靖殷邦、至于小大、無時或怨。肆高宗之享國、五十有九年。……。」

とあるのみである。(2) 無逸篇の「諒陰三年不言」に主語としての「高宗」が附いて『論語』憲問篇での表現になったのであろうか。その可能性も考えられはするが、筆者は、『書』にもともと「高宗諒陰三年不言」という八文字の文言があったのでないか、と考えている。(3) 以下に示す一次資料には、「高宗諒陰三年不言」や「高宗」を主語とするこれの不完全形が、『書』の文言として引用されている。

たとえば、『禮記』喪服四制篇に、

始死、三日不怠、三月不解、期悲哀、三年憂、恩之殺也。聖人因殺以制節、此喪之所以三年。賢者不得過、不肖者不得不及、此喪之中庸也、王者之所常行也。書曰、高宗諒闇三年不言。善之也。王者莫不行此礼、何以獨善之也。曰、高宗者武丁、武丁者殷之賢王也。繼世即位而慈良於喪。當此之時、殷衰而復興、禮廢而復起、故善之。善之、故載之書中而高之。故謂之高宗。三年之喪、君不言。書云、高宗諒闇三年不言。此之謂也。

とあり、『尚書大傳』説命篇に、

書曰、高宗梁闇三年不言、何爲梁闇也。傳曰、高宗居凶廬三年不言、此之謂梁闇。子張曰、何謂也。孔子曰、古者、君薨、世子聽于冢宰三年、不敢服先王之服、履先王之位、而聽焉以民臣之義、則不可一日無君矣。

とあり、『春秋繁露』竹林篇に、

書云、高宗梁闇三年不言、居喪之義也。

とあり、『春秋公羊傳』文公九年の「緣孝子之心、則三年不忍當也。」に對する後漢の何休の『解詁』には、

孝子三年、志在思慕、不忍當父位。故雖即位、猶於其封內、三年稱子。子張曰、書云、高宗諒陰三年不言。何謂也。孔子曰、何必高宗。古之人皆然。君薨、百官總己、以聽於冢宰三年。

とある。これら四例の『書』の文言は、「高宗」を主語とする同一の八文字の表現であるが、(4)このうち、『尚書大傳』と何休『解詁』の例が、『論語』憲問篇を下敷きにしているのは、明らかである。

このほか、八文字ではないものの、『尚書』の文言として、「高宗」を主語とする表現がある。たとえば、『禮記』檀弓下篇に、

子張問曰、書云、高宗三年不言、言乃讙、有諸。仲尼曰、胡爲其不然也。古者、天子崩、王世子聽於冢宰三年。

と引かれ、『白虎通義』爵篇に、

王者改元、即事天地。諸侯改元、即事社稷。王制曰、夫喪三年不祭、唯祭天地社稷、爲越紼而行事。春秋傳曰、天子三年然後稱王者、謂稱王統事發號令也。尚書曰、高宗諒闇三年、是也。論語曰、君薨、百官總己、聽於冢宰三年。緣孝子之心、則三年不忍當也。

と引かれているのが、その例である。これらのばあい、「諒陰」がなかったり「不言」がなかったりと文言に部分的脱落（もしくは省略）があるが、この部分的脱落（省略）こそ、『尚書』中に確かに「高宗諒陰三年不言」という文言があった、ということを示しているものではあるまいか。もしも『尚書』からの引用が記憶に基づいているのであれば、部分的脱落（省略）もあり得るからである。

二　出典が示されない「高宗諒陰三年不言」について

前節の諸例からは、「高宗諒陰三年不言」が、『尚書』を出典とする文言であることが分かる。しかし、本節で以下に示す諸例は、出典が示されない「高宗諒陰三年不言」である。各例につき、どのように「高宗諒陰三年不言」が扱われているかを見ておきたい。

たとえば、『呂氏春秋』審應覧重言篇に、

> 二曰、人主之言、不可不愼。高宗、天子也。即位諒暗三年不言。卿大夫恐懼患之、高宗乃言曰、以余一人正四方、余惟恐言之不類也。茲故不言。古之天子、其重言如此。

とある。ここでは、「不言」である理由を高宗が自ら語っている。この高宗による理由開示の言は、『呂氏春秋』に至るまでのうちに肉附けされた架空の言であろう。なぜなら、理由というものは、元になる情報を根據づけるために、後になって説明されることが多いからである。

また、『禮記』坊記篇に、

子云、君子弛其親之過、而敬其美。論語曰、三年無改於父之道、可謂孝矣。高宗云、三年其惟不言、言乃讙。

とある。この『論語』の文言は、學而篇・里仁篇のものである。ここでは、『論語』の文言を引き、三年は何も口出しせず、（即位しても先王の治世のまま現状維持を保つことにより）「父の道を改むること無」き高宗の姿勢を評價している。

さらに、『史記』殷本紀に、

帝小乙崩、子帝武丁立。帝武丁立即位、思復興殷、而未得其佐。三年不言、政事決定於冢宰、以觀國風。

とあるのは、冢宰が政治をとっている間の三年は、高宗武丁は何も口出しをしないで、殷の復興を念頭に置き、將來の自らの政治を助けてくれるのにふさわしい補佐役を見つけるべく、國の様子を觀察している、ということを説明するものである。

このほか、『史記』魯周公世家に、

其在高宗、久勞于外、爲與小人、作其即位、乃有亮暗、三年不言、言乃讙。不敢荒寧、密靖殷國、至于小大無怨。故高宗饗國五十五年。

とあるのは、『尚書』無逸篇の記述をおおむね踏まえたものである（高宗の治世の期間が五十九年と五十五年で異なってはいるが）。

また、『淮南子』泰族篇に、

高宗諒暗三年不言、四海之内、寂然無聲、一言聲然、大動天下。

とあるのは、喪に服した高宗が三年にわたって「不言」で世の中が「無聲」の状態で静まりかえっていたことにより、喪が明けた後の高宗の「一言」でかえって「天下を動かす」ことができたことを述べたものである。ただ、『尚書』無逸篇の「言乃雍」をやや擴大解釋しているかのようでもある。

そして、後漢時代につくられた『漢書』の王吉傳に、

久之、昭帝崩、亡嗣。大將軍霍光秉政、遣大鴻臚宗正迎昌邑王。吉即奏書戒王曰、臣聞高宗諒陰三年不言。今大王以喪事徴、宜日夜哭泣悲哀而已。愼毋有所發。……。

とあり、師丹傳に、

上少在國、見成帝委政外家、王氏僭盛、常内邑邑。即位、多欲有所匡正。封拜丁・傅、奪王氏權。丹自以師傅居三公位、得信於上。上書言、古者、諒暗不言、聴冢宰、三年無改於父之道。……。書數十上、多切直之言。

とあるのは、すでに常套句として用いられている例であろう。これらに基づくかぎり、『漢書』に記される前漢後期には、「高宗諒陰三年不言」はすでに常套句となっていたようである。

『漢書』が成った頃の人、王充は、『論衡』儒増篇で、

高宗諒陰三年不言。尊爲天子不言、而其文言不言、猶疑於增。

と、高宗の「不言」については、實態と異なって誇張された表現ではないか、と疑っている。

以上の諸例からは、「高宗諒陰三年不言」という表現あるいはその一部の文言は、本來の出典である『尚書』を離れ、出典の示されない文言として獨り歩きし、やがて人口に膾炙した常套句として引用されるようになった、と言うことができる。

『尚書』の文言が、なぜこのように獨り歩きをし、常套句となったのであろうか。その原因として一つ考えられるのは、當時の學習者が子どもの時に學習する『論語』の影響である。後漢時代の學習の事例に即して言うならば、初等段階の學習では、具體的には、字をおぼえたあとの諸生となる前の段階では、まず『孝經』と『論語』を暗誦してその初歩的理解に至った、と考えられている。(5)『尚書』を學習するのは、その後

のことである。すなわち、たとい『尚書』を學習する段階に到達することがないばあいであっても、初等段階の學習で『論語』を學びそれを暗誦しさえすれば、『論語』に引かれる『尚書』の文言を記憶し用いることができるのである。

『論語』憲問篇に引かれた「高宗諒陰三年不言」は、その由來が『尚書』であるかどうかを學習者が意識する・しないにかかわらず、初等段階の學習における『論語』の暗誦を通して、多くの學習者の基礎知識あるいは教養として社會に共有されていった、と思われる。その結果、多くの人が知って用いる言葉として常套句となり、このように引用されたのではないだろうか。逆に言えば、もしも『論語』憲問篇が『尚書』中の「高宗諒陰三年不言」を引用することなく、「高宗諒陰三年不言」がただ『尚書』中の文言にすぎないものであったならば、廣くかつ長期にわたって人人に受容されることはなかったのではないか。『論語』に引用されたことの影響は、まことに大きい、と言ってよい。

三　なぜ高宗は「三年不言《ものいわず》」であったのか

孔子が「何必高宗。」（『論語』憲問篇）と言っているように、高宗だけに限らず、三年の「諒陰」すなわち服喪は、他の王者にも適用されることである。では、なぜ、高宗についてだけ、「高宗諒陰三年不言」という表現が成立したのであろうか。それは、高宗だけが「三年不言」であったという特殊事情と、「三年不言」によって五十數年に及ぶ長期にわたる治世を實現できたという點にもとめられるであろう。

なぜ高宗は「三年不言」であったのか、このことを考えるための手がかりとして、『國語』楚語上の文章を見てみよう。

靈王が暴虐で、白公の子張がしばしば靈王を諫めた。靈王はこのことを思い悩み、史老にこう言った。「わたしは子張の諫言をやめさせたいが、どうすればよいだろうか。」史老はこたえて言った。「子張の諫言を採用するのは本當に難しいですが、やめさせるのは簡單です。今度もし子張が諫めましたら、王様はこうおっしゃってください、『わたしは左手で鬼神（死者）の身をつかみ、右手で若死にした者の身をつかんでおる。あらゆる箴言や諫言は、わたしはすべて耳にしておる。お前からはむしろ他の話を聞きたい。』と。」

（後刻、）白公がまた靈王を諫めた際、靈王は史老のことばのとおりに言った。白公がこたえてこう言った。「むかし殷の武丁はその德をみがきあげ、人知では測り知れない神明の境地にまで到達されました。そして河という地域に入り、河から亳へ行き、そこで三年沈黙して道を思ったのです。卿士（臣下）たちは心配して、『王様の御言葉は命令になります。もし何もおっしゃらないと、命令をうけることができません。』と言いました。武丁はそこで文書を作って、『わたしが天下を治める立場上、わたしは、自らの德がよくないのでは、と氣になっているのです。だからものを言わないのです。』と告げられました。このようにしたうえにさらに武丁が夢に見て求めた天下の賢者の肖像畫を描かせ、傳説を獲得して以來、彼を高官に昇進させて、朝に夕に自らを正し諫めさせ、こう言われたのです。『もしわたしが金屬の刀劍ならば、そなたを砥石としよう。もしわたしが渡し場ならば、そなたを舟としよう。もしわたしが日照りならば、そなたを長雨としよう。そなたの心をひらき、わたしの心を潤しておくれ。

もし薬が目も眩まないほどであるならば、病は癒えないであろう。もし裸足の時に地面をみていなければ、足が傷つくであろう。』武丁のように神明の域に達し、その聖なる徳がすぐれて廣大であり、その知性に曇りがないような人でも、それでもなお自らを未熟だと考えたのです。ですから三年沈黙して道を思い、道を獲得してからも、みだりに自分勝手に振る舞わず、肖像畫を描かせて聖人を求め、その人物を獲得して補佐役としてからも、さらに物忘れがひどくなることをおそれて、わざわざ朝に夕に教え戒めさせて、『必ずやりとりをすることでわたしを修養させ、わたしを棄てないでおくれ。』とおっしゃったのです。いま王様はあるいはまだ武丁に及ばないかもしれません。それなのに自らを正し諫める人をにくむのでは、これまた統治者として難しいのではないでしょうか。……(6)」

傍線を施した文言の原文は「三年默以思道」である。この、「思道」の「道」を政治のことと理解してよいのであれば、「三年默以思道」は、武丁すなわち高宗が沈「默」し「三年」にわたって國家の政治のことを考えていた、という意味になる。この『國語』楚語上の記述や、すでに引用した『呂氏春秋』審應覽重言篇の記述、『史記』殷本紀の記述を根據にして、李民氏と楊華氏は、武丁が即位から三年は政治をおこなわず、周圍の實情を靜觀していた、と理解した。(7)筆者は、この兩氏の見解におおむね從うものである。

このほか、高宗が「三年不言」であった理由については、郭沫若氏と白川静氏が、甲骨文研究に基づいて、その原因が高宗の言語障がいにあったことを指摘している。(8)しかし、高宗に言語障がいがあったことが事實であるとしても、高宗についていわれる「三年不言」をただ單にその言語障がいによるものとのみ解釋するのであるならば、その意味する内容が限定され、きわめて矮小化してしまおう。そうではなく、「高宗諒陰三年不言」という表現自體に込められた意味内容を古典の文脈においてうかがうべきである。何のためにこの表現が多くの古典に引用されてきたのか、を考えることのほうが、むしろ肝要であろう。

『尚書』中の「高宗諒陰三年不言」という文言には、もともとその意味するものがあったはずである。しかし、われわれはその本來の意味をもはや現在の『尚書』にもとめることはできないし、この表現が『尚書』を離れて獨り歩きしてからは、後世の者による様様な文言や解釋が肉附けされて、その意味内容が擴大してしまい、本來の意味が見失われてしまったかのようである。その最たる原因は、「高宗諒陰三年不言」が、『論語』に引用されたことであろう。それによって多くの學習者に共有されたからである。さらに注目されるのは、すでに引用した『春秋公羊傳』文公九年條に對する何休の『解詁』や『白虎通義』爵篇に示されるように、後漢時代の知識人は「高宗諒陰三年不言」の出典をわざわざ『尚書』にもとめることはせず、『論語』所引の『書』の文言「高宗諒陰三年不言」を下敷きにしている、ということである。これは何を意味するのか。もしかすると、後漢時代の『尚書』からは、「高宗諒陰三年不言」という文言をすでに見出だせなくなっていたのではあるまいか。『論語』所引の『書』の文言「高宗諒陰三年不言」を、失われた『尚書』の文言を保存するものとして、下敷きにせざるを得ない情況だったのではあるまいか(9)。

こんなふうに考えると、もはや本來の出典を確かめようがない「高宗諒陰三年不言」という文言がいつからか獨り歩きして古典の世界を逍遙し、やがて常套句になった事情も、少しは理解できるのである。

おわりに

以上、本章では、「高宗諒陰三年不言」という文言について、後漢時代あたりまでの展開をうかがった。その結果、本來『尚書』の文言であった「高宗諒陰三年不言」は、『論語』に引用されたことにより、『尚書』を離れて獨り歩きし、一つの表現として社會に共有され、常套句とされるに至った、と考察することができた。

しかし、これに伴う、いわゆる「三年之喪」やそれに關連する「孝」の問題、三年のあいだ王者に代わって政治をおこなう冢宰の具體的な役割などについては、ここで述べる餘裕を見出だせなかった。今後の課題としておきたい。

注

（1）子張曰、書云、高宗諒陰三年不言。何謂也。子曰、何必高宗。古之人皆然。君薨、百官總己、以聽於冢宰三年。（『論語』憲問篇）
ちなみに、現存最古の『論語』である定州漢墓竹簡『論語』は、写真版は公開されておらず、河北省文物研究所・定州漢墓竹簡整理小組『定州漢墓竹簡　論語』（文物出版社、一九九七年七月）し、これを北京大學儒藏編纂中心が校勘した「定州漢墓竹簡《論語》」（『儒藏　精華編二八一册　出土文獻類』、北京大學出版社、二〇〇七年四月）とによって釋文のみが公開されている。そこには、憲問篇のこのくだりに相當する文言が、次のように記されてある（底本は儒藏本を用いるが、書名を示す《　》や讀點に従わなかった部分がある）。

……曰、書云、□□□音、三年不言、何謂也。子曰、何〔必三〕……薨、百官總己、以聽於冢宰……

（2）僞古文『尚書』まで含めると、説命上篇に、

王宅憂亮陰三祀、既免喪、其惟弗言。羣臣咸諫于王曰、嗚呼、知之曰明哲、明哲實作則。天子惟君萬邦、百官承式。王言惟作命、不言、臣下罔稟令。王庸作書以誥曰、以臺正于四方、臺恐德弗類。茲故弗言、恭默思道。夢帝賚豫良弼、其代豫言。

とあるのが參考にはなる。それでも、「高宗諒陰三年不言」という表現ではない。

（3）後代の資料であるが、『通典』禮四十に、

博士段暢重申杜元凱議曰、尚書毋逸云、高宗亮陰三年不言。諸儒皆云、亮陰、默也。唯鄭玄獨以亮闇爲凶廬。……。國語楚語及論語・禮記 坊記・喪服四制、皆説高宗之義、大體無異。唯尚書大傳以諒闇爲凶廬。蓋東海伏生所説、鄭玄之所依。……。

とあるのは、『尚書』毋逸篇から直接「高宗亮陰三年不言」を引用したものではあるまいか。もしもそうであるならば、この資料は、「『書』にもともと「高宗諒陰三年不言」という八文字の文言があったのではないか」との筆者の見方を補強してくれるであろう。このことについては、二〇一三年六月に井上了氏からの御手紙で御教示を賜った。ここに記して感謝を申し上げる。

（4）「諒」と「梁」、「陰」と「闇」は、いずれも音通の關係にある。

（5）東晉次『後漢時代の政治と社會』（名古屋大學出版會、一九九五年一一月）の「第三章　儒學の普及と知識階層の形成」を參照。

（6）靈王虐、白公子張驟諫。王患之、謂史老曰、吾欲已子張之諫、若何。對曰、用之寔難、已之易矣。若諫、君則曰、余左執鬼中、右執殤宮。凡百箴諫、吾盡聞之矣。寧聞他言。白公又諫、王如史老之言。對曰、昔殷武丁能聳其德、至于神明、以入于河、自河徂亳、于是乎三年默以思道。卿士患之、曰王言以出令也。若不言、是無所稟令也。武丁于是作書、曰、以余正四方、余恐德之不類。茲故不言。如是而又使以象夢旁求四方之賢、得傅説以來、升以爲公、而使朝夕規諫、曰、若金、用女作礪。若津水、用女作舟。若天旱、用女作霖雨。啓乃心、沃朕心。若藥不瞑眩、厥疾不瘳。若跣不視地、厥足用傷。若武丁之神明也、其聖之睿廣也、其智之不疚也、猶自謂未乂。故三年默以思道、既得道、猶不敢專制、使以象旁求聖人、既得以爲輔、又恐荒失遺忘、

故使朝夕規誨箴諫、曰、必交修余、無余棄也。今君或者未及武丁。而悪規諫者、不亦難乎。……。

（7）李民「高宗〝亮陰〟與武丁之治」（『歴史研究』一九八七年第二期、一九八七年四月）、楊華「「諒暗不言」與君權交替――關於「三年之喪」的一個新視角」（楊華『新出簡帛與禮制研究』、臺灣古籍出版、二〇〇七年四月）。

（8）郭沫若「駁「説儒」」（郭沫若『青銅時代』、人民出版社、一九五四年）、白川静『孔子傳』（中央公論社、一九七二年一一月／中公文庫、一九九一年二月／『白川静著作集　六　神話と思想』、平凡社、一九九九年一一月）。

（9）注（3）で後代の資料を擧げたうえで述べたことと矛盾することは否めないが、後考をまちたい。

第五章　『孟子』とその注釋

はじめに

後漢時代に『孟子』はどのように讀まれたのであろうか。『孟子』は、『漢書』藝文志では、諸子略・儒家に分類されている。當時、『孟子』は經書ではなかったが、後述するように、王充（二七〜一〇〇？）の『論衡』刺孟篇において『孟子』が検討されていることや、程曾（？〜八〇頃）・趙岐（一〇九？〜二〇一）・鄭玄（一二七〜二〇〇）・高誘（？〜二一二以降）・劉熙（？〜二一九頃）らが『孟子』に注したことからは、經學の盛んな時代にあって、『孟子』が儒家の學説を傳える重要な書物と目され、『孟子』を讀解するための營爲が展開された、ということは言ってよいと思う。

しかし、その一方で、范曄『後漢書』からは、後漢時代に『孟子』が學習過程のどの段階で學習され、どのように讀まれたのか、ということを明確に示す記述を得ることができない。このことは、『孟子』が學習されるべきテキストとして優先される機會がなく表にあらわれなかった、という當時の情況を示しているのであろうが、『孟子』に注がついた、というのも、かかる情況であるからこその産物である、と言えるかもしれない。

筆者は、現在まとまってのこされている一次資料だけで思想史を描くことに愼重でありたい、との一つの主張をもって本書を執筆している。『孟子』の注は、趙岐によるそれが、今日まとまって傳わる最古の注として、『孟子』を解釋する際に重寶されてきた。後漢時代には趙岐注以外にもいくつかの『孟子』注がつくられたが、それらは散佚し、今日斷片的に傳わるのみである。それゆえ、まとまって傳えられた趙岐注がこれまで重寶されてきたのは當然であるが、しかし、それでは、趙岐注ばかりがクローズアップされてしまい、趙岐注を後漢時代における複數の『孟子』注の一つとして當時の學術的文脈の中で正しく捉えることができなくなってしまうのではないか。他の『孟子』注それぞれについてもまた然り、である。

本章は、以上の問題意識に基づき、後漢時代における『孟子』とその注釋の學術上の位置を考察するものである。

一　小林俊雄氏の博士論文について

漢代の『孟子』に關する研究は、これまで不活發であった。また、そのことも影響しているのであろうか、漢代の『孟子』に關する一部の先行研究については、今日まで參照されずに看過されてきたものがあるようである。

ここで紹介したいのは、これまで看過されてきた漢代の『孟子』に關する研究である。それは、小林俊雄氏の『趙岐本孟子の傳承に關する研究　唐土篇』という博士論文である。小林氏が學術雑誌に發表された論文數篇の題目を見ても容易に察しがつくとおり、小林氏は『孟子』の研究者である。筆者が本章を執筆するために先行研究を調査してわかったのは、どうやら小林氏の博士論文はこれまで參照されてきた形跡がない、ということである。言い換えれば、小林氏の博士論文の存在は、これまでほとんど知られていなかったのではないか、と思われる。(1)

その博士論文の中で、小林氏は、次のように述べている。

漢代に於ける孟子傳承に關する問題は未だ何人も鍬を入れたことのない全く未開發というよりも寧ろ人跡未到の處女地と言っても過言ではない(2)

これによると、漢代の『孟子』傳承に關する研究は、小林氏によって始められた、ということになる。そして、その後、この方面の研究が不活發であったことを考えると、もう一度原點に立ち返る意味でも、小林氏の博士論文を本書で紹介しておく意義があるように思う。本章では、それは具體的に「六　テキストの問題（二）」で示される。

さて、あるテキストを傳承することの一つに注釋を施すという營爲がある。『孟子』のばあい、まとまった注釋で最古のものと言えば、趙岐による注である。その趙岐注について、筆者らはかつて次のように述べたことがある。

後漢後期の趙岐が注を付けた『孟子』は現存最古の『孟子』注であり、かねがね學界の重んずるところであったが、ふつうの學習者は趙注を利用して『孟子』を研究する際になってはじめて趙岐その人に關わりをもつにすぎない。中國大陸では今日まで趙岐を研究した專論が見當たらない。これは、後漢學術思想史研究の一つの遺憾な點であると言わざるを得ない。(3)

筆者らが中國大陸に趙岐の專論が見當たらないことに危惧を抱いて論文を執筆していた一九九九年の時點では、筆者は小林俊雄氏の博士論文の存在を知らなかった。そのため、當時のこの論文では、趙岐の思想や學問について研究する際、その起點は本田濟氏の論文(4)であると紹介したのである。しかし、今となっては、その起點を小林俊雄氏の博士論文と改めなくてはならない。さらに、近年、中國大陸でも、趙岐や『孟子章句』に關する研究が少しずつであるが行われてきていることを確認している。(5)

小林俊雄氏の博士論文は、趙岐本『孟子』の傳承を研究對象としてはいるが、趙岐注以外の後漢時代の『孟子』注についても詳しく論じられている。本章が、小林俊雄氏の博士論文を起點とし、その研究成果を汲み取り、最近の研究動向にも留意しながら、後漢時代における『孟子』とその注釋について論じる所以である。

二　前漢時代における『孟子』

後漢時代における『孟子』とその注釋について述べる前に、前漢時代における『孟子』の展開について概觀しておきたい。

趙岐の「『孟子』題辭」には、

漢が興ると、秦のきびしい法律を解除し、道德（黄老思想）を普及させた。文帝は遊學の道を廣めようとし、『論語』『孝經』『孟子』『爾雅』にいずれも博士を置いた。後に傳記博士を廢止し、ただ五經博士のみを置いた。(6)

という記述がある。これによると、『孟子』は、前漢の文帝の時代（前一七九〜前一五七）に、學官に立てられた、とされている。すなわち、この當時、『論語』『孝經』『爾雅』とともに儒家思想のテキストとして『孟子』が重視された、ということであろう。また、『孟子』等に「博士を置く」ことを記した直後の「後罷傳記博士、獨立五經而已。」という一文からは、當時の『孟子』は「傳記」の一種だったことがわかる。

ただ、文帝の頃に置かれた博士については、『漢書』楚元王傳附劉歆傳に、

文帝の治世になってからは、……、世の中の多くの書籍がときおりよく出現したが、それらはいずれも諸子・傳説の類であった。これらもやはり廣く學官に立て、ために博士を置いた。(7)

という記述もあり、「諸子」「傳説」に博士が置かれたことが記されているが、ここには『孟子』等の具體的なテキストの名は擧がっていない。『漢書』で擧がっていない書名が趙岐「『孟子』題辭」で擧がっていることをどのように考えればよいのであろうか。

さて、文帝の治世後の、前漢における『孟子』思想の展開について論じたものとしては、齋木哲郎氏の論文「『鹽鐵論』中の賢良・文學と孟子――漢代における孟子の思想の展開――」(8)が、數少ない貴重な論文である。この論文で、齋木氏は、『鹽鐵論』において賢良・文學が『孟子』を多用していることに着目し、その理由について、次のように述べている。

ならば、なぜ『鹽鐵論』の賢良・文學においては『孟子』からの引用が突出するのか。その最大の理由は、彼ら賢良・文學がそこに屬し、それを代表することになった一方の階層は、地方の豪族層であった可能性が高く、彼ら地方豪族の立場を擁護し、彼らの主張を代辯するのは、儒者の文獻では『孟子』以外になかった、ということでなければなるまい。(9)

このように、鹽鐵會議の場に臨んだ賢良・文學にとっては、鹽・鐵・酒の專賣を廢止し、重農主義經濟への政策轉換をはかる理論的根拠として、孟子の井田制に代表される重農主義思想が求められたのであり、丞相・御史らの高位高官と十全に渡り合うための精神的支柱として、孟子の、仁義の理想を説いて利益を求める戰國諸侯を詰究した高邁な姿が仰がれ、借用されることになったのである。(10)

すなわち、鹽・鐵・酒の專売政策のために自らの生活基盤を失っていた地方の豪族層（賢良・文學の地盤）にとって、儒家思想のテキストの中で重農主義政策を説くのは「『孟子』以外になかった」のである。齋木氏は、鹽鐵會議（前八一年）のあと、「その後の儒者がこの論争を機に大きく變貌し、『孟子』に依據してものを言うことが次第に多くなっていった」[11]と指摘している。

齋木氏の言う「その後の儒者」の一人に、揚雄（前五三～後一八）がいる。揚雄が『論語』になぞらえて著した『法言』には、吾子篇で、

むかし楊朱と墨翟の言説が道路に充満していたが、孟子が責めてしりぞけると、道路はがらりと開いたのだ。後世（のいま）も道路に充満する言説がある。わたしはひそかに自らを孟子に比しているのだ。[12]

と述べられ、また君子篇では、

ある人が「あなたは諸子を評價しないが、孟子は諸子ではないのですか。」と問うた。答えて言った。「諸子というのは、知の面において孔子とは異なるのです。孟子は孔子と異なるのでしょうか。異なりません。」と。[13]

と述べられている。これらによると、吾子篇では揚雄は自らを孟子に比し、君子篇では「知」の面において孟子を孔子と同等と見ている。すなわち、揚雄が『易』を模倣して『太玄』を著し、『論語』を模倣して『法言』を著し、自らを聖人に擬えたのは、聖人である孔子と「知」の面において同等であるとする孟子に自らを比す立場からくるものであった、と言えよう。[14]
揚雄のこの模倣の立場については、『漢書』揚雄傳の贊に、

まことに古典を好んで（聖人の）道を樂しみ、文章で後世に名を成したいとの思いがあった。經書は『易』が最もすぐれているとし、そこで『太玄』を作った。傳は『論語』が最もすぐれているとし、『法言』を作った。(15)

とある。『太玄』については、齋木哲郎氏から、

……「經は易より大なるは莫し。故に太玄を作る」等と記される揚雄の著述態度の中に「私が作った太玄は聖人が作った『易』に勝るとも劣らないのだ。」という自負の念を認め、彼の著述の目的は先聖とその知を闘わせることにあった、とみることこそが、揚雄の真面目を窺うことになりはすまいか。(16)

との理解が示されているが、聖人と「知」を張り合うことに揚雄の意圖があったというよりも、揚雄の當時に在って「經」の筆頭であった『易』(17)の形式を借りて自著をその精神を繼承するものとして示し、內實は自らの主張を彼なりに暢達させた、と見る方が穩當ではなかろうか。同じことは『論語』を模倣した『法言』にも言え、全く自由なスタイルで自己の主張を述べるのではなく、すでに在る聖人の文章の型に嵌めて執筆することにこそ、揚雄にとって意味があったのだと言える。(18)

ちなみに、『孟子』について、揚雄に類する主張をしているのが、後漢の趙岐「『孟子』題辭」である。

孔子は衞から魯に歸ると、その後音樂が正され、「雅」「頌」もそれぞれふさわしく落ち着いた。そこで、

孔子は『詩』をけずって整理し、『書』をさだめ、『周易』にことばをかけ、『春秋』を作った。孟子は齊・梁から身をひいて、堯・舜の道を祖述して著作に從事したが、これこそ立派な賢者が聖人になぞらえて創作したということである。七十人の孔子の門弟仲間たちが、孔子の言説を集め、そうして『論語』をつくった。『論語』は、五經の樞要、六藝の綱要である。『孟子』という書物は、『論語』に則って擬えたものである。衞の靈公が軍隊の陣容について孔子に問うと、孔子は祭禮の器具で返答した。梁の惠王が國の利益について問うと、孟子は仁義で返答した。宋の桓魋が孔子を殺害しようとした時、孔子は「天は德をわたしに賦與された。（桓魋に何ができよう。）」と言った。魯の臧倉が惡口を言って孟子を遠ざけようとした時、孟子は「臧氏のやつが、どうしてわたしを（魯の平公と）遇わせないようにできようか。（遇えないのはもともとの運命なのだから。）」孔子と孟子の閒には趣旨の一致する話が、このように多いのだ。(19)

これによれば、趙岐のばあい、孟子を聖人とはみていないものの孔子と同等の「立派な賢者（大賢）」と見ており、祖「述」してもいるが創「作」者としての立場を認めている。そして、『論語』と『孟子』、あるいはその中で語られる孔子・孟子の人物像の共通點を擧げて、孟子が孔子と同等であることを強調している。

揚雄のばあいは、自らを孟子に比す立場から、孔子と變わらぬ孟子の役割を強調したのであろうが、趙岐のばあい、後漢時代の經學をめぐる事情が關係していよう。すなわち、その目的は、五經ではなく『孟子』に注することの意義を明示して、その正當性を確保することにあった。

三　後漢時代における『孟子』

後漢前期の王充の著書『論衡』に、刺孟篇という一篇がある。これは、問孔篇・非韓篇とともに、王充による先哲批判である。孟子に限らず孔子・韓非も、王充にとっては、眞僞虚實を辨別するための検討對象であった。(20)

上述したように、范曄『後漢書』には、『孟子』が後漢時代にどのような段階で學習され、どのように讀まれてきたのかをうかがうに足る記述は見出だせない。ただ、後漢の章帝期までの『孟子』に關しては、『東觀漢記』黄香傳に、

章帝は黄香に『淮南』『孟子』各一通を下賜した。(21)

とあり、『北堂書鈔』(22)巻十九に、

黄香が東觀に着くと、（章帝は）『淮南』『孟子』を下賜した。(23)

とあり、『北堂書鈔』巻一百一に、

（章帝は）黄香に『孟子』を下賜した。(24)

とあって、黄香が章帝から『孟子』を下賜された記事が傳わるにすぎない。章帝は、主流の今文學でなく、古文學を好み、主流でない學問も幅廣く修めることが必要であるとの考えを持っていた皇帝であった。(25) ここでも、主流の學問のテキストである五經ではなく、『淮南子』や『孟子』を黄香に與えている。ちなみに、『淮南子』に注がつくのも、後漢時代のことである。

さて、上述したように、後漢時代に『孟子』の注釋に關與したのは、程曾・鄭玄・趙岐・高誘・劉熙の少なくとも五人である。彼らが『孟子』注釋者とされている根據を擧げておく。

まず、程曾については、『後漢書』儒林列傳下・程曾傳に、

著書は百篇余りで、それらはいずれも五經の難解な部分に通暁したものであった。さらに「『孟子』章句」を作った。(26)

と記される。

次に、鄭玄については、『隋書』經籍志に「孟子七卷 鄭玄注」と著録される。

そして、趙岐については、『後漢書』趙岐傳に、

趙岐の著作は數多く、「『孟子』章句」・『三輔決録』を著し、この當時に流通した。(27)

と記されるほか、『隋書』經籍志に「孟子十四卷 齊卿孟軻撰 趙岐注」と著録される。また、趙岐の「『孟子』

題辭」に、

五十歳の頃、人爲ではどうすることもできない次元の憂慮すべき事態に遭遇した。苦しみに遭い困難なことに巻き込まれ、姓をいつわり身をかくした。八方の地の果てを轉轉とすること十餘年。心はくたびれ肉體は病んでしまった。これ以上の苦しみがあるであろうか。かつて濟水・岱山（泰山）の地域で疲れを休め荷をおろしていた時、古い事柄から新しい知見を得る、正しい德をそなえた君子がおられた。そのかたは、わたしの疲れ病んだ樣子をあわれみ、わたしの白髮頭を氣にかけて、訪ねて來ては古人の考えを振り返って議論し、大いなる道によって慰めてくださった。わたしは苦しみの中にあって、氣持ちはかなり動搖し、落ち着くことがなかった。すこし筆を執って文章を書いてみようと思い、そうすることで自らの思いをしずめ老いを忘れることができた。六經の學問については、先輩たちが解釋し解明したものがすでにつまびらかである。儒家では『孟子』だけが（解釋されずに殘されて）あり、その内容は廣大深遠で靈妙であり、奥深くてわかりにくい。解釋のすじ道を立てておくほうがよいのだ。そこで自らの知見を述べ、經文やその解説を證據とし、その章句をつくって、本文をもれなく載せ、章ごとにその趣旨をわけて、（七篇を）上下に分け、全部で十四巻とした。(28)

と、彼が「『孟子』章句」を著した經緯が記されている。趙岐五十歳の年は延熹元年（一五八年）である。この述懐による限り、趙岐の「『孟子』章句」は、彼の五十歳以降の流浪の日日の中で書き記されたものである。

また、高誘については、その「『呂氏春秋』序」に、

しかしこの書物（『呂氏春秋』）が重んじていることは、道徳を方針とし、無爲を綱紀とし、忠義を法度とし、公正方直を規範としていることであり、孟軻・荀卿・淮南・揚雄（の思想）と互いに密接に關係している。そういうわけで『別録』『七略』に著録されているのだ。わたくし高誘は『孟子』章句」を正し、『淮南』『孝經』の解釋を作りおえた。家にはこの書物があり、何度も讀み返して考察したところ、この書物は諸子の著作を大いに上回るものであるが、脱誤があるばかりか、つまらない儒者がさらに勝手な考えで文言を改定していて、意味を傳えるうえで本來の姿（オリジナル）を失っている點が心配である。わかい頃からこの書物に習熟することができたので、先生のかつての讀みに依據し、そのたびごとにこの書物の解説をつくったのだ。そうして古の儒者の考えを述べ、全部で十七万三千五十四言となった。(29)

という記述がある。『呂氏春秋』が孟軻（『孟子』）などと密接に關係していることが注目されるし、「『孟子』章句」を正し」とは、この頃すでにできあがっていた「『孟子』章句」を正した、ということであろうか。(30)

最後に、劉熙については、『隋書』經籍志に「孟子七卷 劉熙注」と著録される。

このように、後漢時代には『孟子』の注釋が多く著されたのであるが、その理由は何であろうか。畠山薫氏は、

……、『孟子』の注釋がほぼ同じ時期に集中的に現われるという現象も、これ以前には見られなかった

こととして注意されよう。これは恐らく、『孟子』という書物に、當時の士大夫達が共通して關心を寄せる何らかの主張が含まれ、それに託して自己の思想を表明できると考えられたからではないだろうか。(31)と述べている。筆者も、基本的にこれに同意するものである。ただ、王充のような『孟子』批判であったり、章帝のように主流の學問以外のテキストにも價値を見出だしてそれを學ぶよう奬勵したり、儒家のテキストでありながら經書でない『孟子』に注をつけるという營爲であったり、高誘のように儒家のテキストでもないのに『淮南子』や『呂氏春秋』に注をつけたり、ということからは、「經學極盛時代」(皮錫瑞『經學歴史』の語)と稱される後漢時代の知識人たちには、五經や『論語』『孝經』以外にも學問の幅廣い選擇肢があり、いずれかを選擇して研究することが社會的に認められていた、ということが言えよう。そうした比較的自由な學問的雰圍氣の中で、孟子・『孟子』を檢討して把握しようとすることが、この時代に行われたのではあるまいか。

では、實際、當時の『孟子』のテキストは、どのようなものであったのか。

四　テキストの問題（一）――古文系テキストと『孟子』外書――

ここでは、『孟子』のテキストについて、その手がかりを示す記述を基にして、篇數の問題と古文系テキストの存在について確認しておきたい。

まず、『孟子』の篇數については、『史記』孟子荀卿列傳に、

身をひいて弟子の萬章らとともに『詩』『書』を編次し、孔子の考えを祖述し、『孟子』七篇を作った。(32)

とあって、『孟子』は七篇であることが記されている。

ところが、『漢書』藝文志の諸子略・儒家には「孟子十一篇」と著録されるほか、『風俗通義』窮通篇にも、『史記』の文章を襲う形で、

身をひいて弟子の萬章らとともに『詩』・『書』・孔子の考えを秩序立てて記し、中・外十一篇の書物を作った。(33)

と、十一篇の體裁の書物について記されている。この「中・外十一篇の書物」とは、『史記』の文章に照らすと、『孟子』ということになり、この十一篇の『孟子』は「中」と「外」から構成される、という。この「中」と「外」についいては、趙岐「『孟子』題辭」に次のような記述がある。

さらに「性善」「辯文」「説孝經」「爲政」という外書四篇がある。その文章は廣がりも深まりもせず、内篇とも似ておらず、『孟子』の本物ではないようである。後世の者が『孟子』に依據しそれを模倣して『孟子』に假託したものである。(34)

これによるならば、「性善」「辯文」「説孝經」「爲政」という四篇が『孟子』の「外書」としてあったらし

い。「内篇」を本來の七篇だとすれば、これに「外書」四篇を足すと、十一篇になる。見方をかえれば、趙岐がこのような書き方をしているということは、趙岐は十一篇で構成される『孟子』を見ていた、ということになる。この當時の『孟子』は、十一篇がふつうの體裁だったのではあるまいか。但し、趙岐は、この「外書」四篇を別物として十一篇の體裁を認めず、本來の七篇（内篇）を上下に分けたのである。『風俗通義』のいう「中」とは本來の七篇（内篇）を指し、「外」とは「外書」四篇を指しているものと思われる。

實は、趙岐が擧げた「外書」四篇の一つ「性善」篇については、後漢時代に確かに『孟子』の一篇であると考えられていたことを裏附ける記述がある。それは、次に引用する王充の『論衡』本性篇の記述である。

孟子は「性善」の篇を作り、人の性はいずれも善であり、それが不善に至ってしまうのは、外物が性を亂すからである、と考えた。(35)

王充の『論衡』には、「六略之録、萬三千篇、雖不盡見、指趣可知」（案書篇）、「案六略之書、萬三千篇」（對作篇）という記述がある。この『六略』とは（輯略を數えていないと思われる）劉歆の『七略』を指す。すなわち、王充は、劉歆の『七略』に目を通していた、ということになる。(36)先に擧げたように、『七略』を踏襲している『漢書』藝文志の諸子略・儒家には「孟子十一篇」と著録される。『論衡』刺孟篇を執筆するにあたり、王充は、十一篇の『孟子』を讀んでいたのではあるまいか。このように考えてくると、後漢時代には、十一篇の『孟子』がふつうの體裁だった可能性が高いのである。

以上からは、篇數に限って言えば、後漢時代までの『孟子』は、七篇で構成されるものと十一篇で構成されるものの少なくとも二種のテキストが併存し、後漢時代には十一篇のものがポピュラーであったが、一部の知識人には、十一篇が中（内篇、七篇）・外（外書、四篇）で構成されるという認識もあった、ということが言えるであろう。

次に、『孟子』に古文系のテキストがあった、ということについて確認しておきたい。『漢書』景十三王傳の河間獻王劉德傳には、

河閒獻王の得た書籍はいずれも古文で記された先秦時代の舊書で、『周官』『尚書』『禮（經）』『禮記』『孟子』『老子』の類であり、いずれも經書やその解説、孔子の七十人の門弟による所論であった。その學問は六藝をおこない、『毛氏詩』『左氏春秋』の博士を立てた。(37)

とあり、これによれば、河閒獻王が得た古文のテキストの中に『孟子』が含まれている。このことについては、次節で後漢時代の『孟子』注を見ていったあと言及するので、ここでは『孟子』に古文系テキストが存在した、ということを指摘するにとどめておきたい。

五　テキストの問題（二）――趙本・劉本・鄭本など――

ここでは、小林俊雄氏の博士論文ですでに検討された例でもあるが、これまで小林氏の博士論文が參照されてこなかったこと、小林氏の博士論文が未刊の論文であること、といった事情を考慮し、『孟子』の複數

のテキストを比較して異同を示すことにより、後漢時代の『孟子』注の實態を垣間見るべく、筆者の視點を加えて、（例1）（例2）（例3）の三例を擧げてみることにしたい。三例の檢討後、各テキストに關する研究者の見解を確認し、私見を述べることにする。

（例1）『孟子』萬章篇上

ここでは、『孟子』萬章篇上における堯から舜への禪讓に關するくだりを擧げる。

萬章曰、堯以天下與舜、有諸。孟子曰、否、天子不能以天下與人。然則舜有天下也、孰與之。曰、天與之。天與之者、諄諄然命之乎。曰、否、天不言、以行與事示之而已矣。曰、以行與事示之者、如之何。曰、天子能薦人於天、不能使天與之天下。諸侯能薦人於天子、不能使天子與之諸侯。大夫能人於諸侯、不能使諸侯與之大夫。昔者堯薦舜於天而天受之、暴之於民而民受之、故曰天不言、以行與事示之而已矣。曰、敢問薦之於天而天受之、暴之於民而民受之、如何。曰、使之主祭而百神享之、是天受之。使之主事而事治、百姓安之、是民受之也。天與之、人與之、故曰天子不能以天下與人。舜相堯二十有八載、非人之所能爲也、天也。堯崩、三年之喪畢、舜避堯之子於南河之南。天下諸侯朝覲者不之堯之子而之舜、訟獄者不之堯之子而之舜、謳歌者不謳歌堯之子而謳歌舜。故曰天也、夫然後之中國、踐天子之位焉。（趙本。いま四部叢刊本に據る）

趙本とは、我我が通常用いることの多い趙岐の注の附いた『孟子』本文である。すなわち、趙岐の基づいた『孟子』の系統が趙本である。ここに引用したくだりに相當する箇所が、『文選』巻二四の陸士衡「荅賈長淵」の李善の注（いま胡刻本に據る）に、次のように引かれている。

孟子萬章曰、堯以天下與舜、有諸。孟子曰、否、不然、天與之。堯崩、三年之喪畢、舜讓避丹朱於南河之南。天下朝覲獄訟者、不之堯之子而之舜、謳歌者不謳歌堯之子而謳歌舜。舜曰、天也。夫而後歸中國、踐天子之位焉。

これは、實は、劉本すなわち劉熙の基づいた『孟子』の系統である。（例2）で示すように、李善が劉本を見ていたこと、これを理由の一つとして擧げられるが、（例1）について言えば、次に引用する『史記』五帝本紀の堯から舜への禪讓について記す文章に附けられた解説が、李善注に引かれる『孟子』が劉本であることを解き明かす鍵となっている。

堯崩、三年之喪畢、舜讓辟丹朱於南河之南。諸侯朝覲者不之丹朱而之舜①、獄訟者不之丹朱而之舜、謳歌者不謳歌丹朱而謳歌舜。舜曰、天也。夫而後之中國、踐天子之位焉②。（『史記』五帝本紀）

裴駰『史記集解』は、①について「劉熙曰、南河、九河之最在南者。」、②について「劉熙曰、天子之位不可曠年、於是遂反格于文祖而當帝位。帝王所都爲中、故曰中國。」と、いずれも劉熙の説を引いて解説して

いる。南朝宋の人裴駰は劉本を見ていたのである。その後、清代の焦循（一七六三〜一八二〇）は『孟子正義』において、

　劉熙言於是遂反、則熙所據之本正作歸中國、故以反釋歸。然則趙本作之中國、與劉異。

と述べている。この中で焦循は「熙所據之本正作歸中國」と述べ、趙本が「之中國」に作るのと異なることを指摘している。李善注に引かれた『孟子』は「歸中國」に作るものであり、すなわち劉本であることが分かる。焦循は、趙本・『文選』李善注・裴駰『史記集解』等に隈なく目を通したうえで、この文章を記したのである。

（例2）　班固「東都賦」と『孟子』滕文公篇下

班固の「東都賦」は、『後漢書』班彪列傳附班固傳と『文選』巻一の雙方に掲載されている。ここでは、「東都賦」中の『孟子』滕文公篇下に關係するある一文をとりあげたい。

まず、『文選』巻一のほうの一文を擧げる。

　由基發射、范氏施御、弦不鎖禽、轡不詭遇、飛者未及翔、走者未及去。

これに對する李善の注は、以下のとおりである。

左氏傳曰、……。括地圖曰、……。孟子曰、趙簡子使王良與嬖奚乘、終日不獲一禽、反曰、天下賤工也。王良請復之。一朝而獲十。反曰、良工也。簡子曰、吾使汝掌乘。王良曰、不可。吾爲範我驅馳、終日不獲一焉。爲之詭遇、一朝而獲十。劉熙曰、橫而射之曰詭遇。説文曰、……。

「劉熙曰」とあることからも、「孟子曰」に續く『孟子』本文が劉本に基づくものであることは明白である。(例1)でも述べたとおり、李善は劉本を見たのである。

次に、『後漢書』班彪列傳附班固傳のほうの一文を擧げる。

游基發射、范氏施御、弦不失禽、轡不詭遇、飛者未及翔、走者未及去。

班固「東都賦」本文については、「由」と「游」、「鎖」と「失」の異同がある程度であるが、班固傳の一文に對する章懷太子李賢(六五一～六八四)の注は、以下のとおりである。

穀梁傳曰、……。……。游基、養由基也。淮南子曰、……。范氏、趙之御人也。孟子曰、趙簡子使王良御、終日不獲一禽、反曰、天下賤工也。王良曰、吾爲范氏驅馳、終日不獲一、爲之詭遇、一朝而獲十。趙岐注曰、范、法也。爲法度之御、應禮之射、終日不得一。詭遇、非禮射也、則能獲十。……。

これを素直に讀むならば、後半に「趙岐注曰」とあることから、「孟子曰」に續く本文は趙本に基づいており、李賢は趙本を見ていた、と判斷することになろう。しかし、實は、現在我我が用いる趙本との閒に、異同がある。我我がふだん目にする趙本の該當箇所の文言は、以下のとおりである。

昔者趙簡子使王良與嬖奚乘、終日而不獲一禽、嬖奚反命曰、天下賤工也。或以告王良、良曰、請復之。強而後可、一朝而獲十禽。嬖奚反命曰、天下之良工也。簡子曰、我使掌與女乘。謂王良、良不可。曰、吾爲之範我馳驅、終日不獲一、爲之詭遇、一朝而獲十。

そして、李賢が「趙岐注曰」として引用している文言についても、現在我我が用いる趙岐注には、

範、法也。王良曰、我爲之法度之御、應禮之射、生殺之禽、不能得一。橫而射之曰詭遇。非禮之射、則能獲十。言嬖奚小人也、不習於禮。

とある。この食い違いをどう考えればよいのか。また、劉熙が示した「橫而射之曰詭遇。」という解釋も、實は趙岐の解釋を襲っているようである。こうなると、李賢が見た『孟子』は、本當は趙本ではない可能性も考えられるのであるが、彼が基づいたテキストが何の系統かは、結局分からない。(38)

ここでは、『孟子』滕文公篇上に見える土地制度・税をめぐる議論を通して、鄭本・趙本・劉本の文言を検討する。

（例3）『孟子』滕文公篇上

まず、『周禮』鄭注から、鄭玄が基づいた『孟子』本文すなわち鄭本の文言を見ておきたい。

滕文公問爲國於孟子。孟子曰、夏后氏五十而貢、殷人七十而莇、周人百畝而徹、其實皆什一。徹者、徹也。莇者、藉也。龍子曰、治地莫善於莇、莫不善於貢。貢者、校數歳之中以爲常。文公又問井田。孟子曰、請野九一而莇、國中什一使自賦。卿以下必有圭田、圭田五十畝、餘夫二十五畝。死徙無出郷、郷田同井、出入相友、守望相莇、疾病相扶持、則百姓親睦。方里而井、井九百畝、其中爲公田。八家皆私百畝、同養公田。公事畢、然後治私事、所以別野人也。又曰、詩云、雨我公田、遂及我私。惟莇爲有公田。由此觀之、雖周亦莇也。

（『周禮』考工記「匠人」鄭玄注）

これを趙本とつきあわせてみよう。以下の趙本における傍線を施した部分が『周禮』考工記「匠人」鄭玄注所引『孟子』とほぼ一致するところである。

滕文公問爲國、孟子曰、民事不可緩也。詩曰、晝爾于茅、宵爾索綯、亟其乘屋、其始播百穀。民之爲道也、有恆產者有恆心、無恆產者無恆心。苟無恆心、放辟邪侈、無不爲已、及陷乎罪、然後從而刑之、是罔民也。焉有仁人在位、罔民而可爲也。是故賢君必恭儉禮下、取於民有制。陽虎曰、爲富不仁矣、爲仁不富矣。夏后氏五十而貢、殷人七十而助、周人百畝而徹、其實皆什一。徹者、徹也。助者、藉也①。貢者、挍數歲之中以爲常。樂歲粒米狼戾、多取之而不爲虐、則寡取之。凶年糞其田而不足、則必取盈焉。爲民父母、使民盻盻然、將終歲勤動不得以養父母、又稱貸而益之、使老稚轉乎溝壑、惡在其爲民父母也。夫世祿、滕固行之矣。詩云、雨我公田、遂及我私。惟助爲有公田。由此觀之、雖周亦助也。設爲庠序學校以教之。庠者、養也。校者、教也。序者、射也。夏曰校、殷曰序、周曰庠、學則三代共之、皆所以明人倫也。人倫明於上、小民親於下、有王者起、必來取法、是爲王者師也。詩云、周雖舊邦、其命惟新。文王之謂也。子力行之、亦以新子之國。使畢戰問井地、孟子曰、子之君將行仁政、選擇而使子、子必勉之。夫仁政必自經界始。經界不正、井地不鈞、穀祿不平。是故暴君汙吏、必慢其經界。經界既正、分田制祿、可坐而定也。夫滕壤地褊小、將爲君子焉、將爲野人焉。無君子莫治野人、無野人莫養君子。請野九一而助、國中什一使自賦。卿以下必有圭田、圭田五十畝、餘夫二十五畝。死徙無出鄉、鄉田同井、出入相友、守望相助、疾病相扶持、則百姓親睦。方里而井、井九百畝、其中爲公田。八家皆私百畝、同養公田。公事畢、然後敢治私事、所以別野人也。此其大略也。若夫潤澤之、則在君與子矣。（趙本）

鄭本と趙本との間の違いは、「莇」と「助」の違いと、鄭本で「治私事」に作るのが、趙本では「敢」の字が入り「敢治私事」に作る、という程度であろう。このうち、「莇」「助」については、許愼『説文解字』（一〇〇年成る）には、以下のとおり、別の字が用いられている。

勑、殷人七十而勑、勑耤稅也。從耒助聲。周禮曰、以興勑利萌。(39)　（『說文解字』四下）

こうなると、趙本や鄭本とは別に、許愼の基づいた『孟子』本文すなわち許本の存在を考えてみなければならないのであろうか。後漢時代、『孟子』は（文字資料としてのみならず口頭傳授による暗誦も含めて）我我が把握しているものよりも多くのテキストが存在した、ということは言えそうである。

「敢」字の有無については、『孝經』庶人章の邢昺の疏を見たい。ここには、劉本が引かれているからである。

孟子稱、周人百畝而徹、其實皆什一也。劉熙注云、家耕百畝、徹取十畝以爲賦。又云、公事畢、然後敢治私事、是也。

趙宋の人邢昺は劉本を見た、と言ってよいであろうか、それとも邢昺による孫引きの可能性も考えられるであろうか。(40)ともあれ、劉本では「敢治私事」に作ることは分かる。

次に、趙本の①までの傍線部（夏后～藉也）には以下のとおりの趙注がある。

夏禹之世、號夏后氏。后、君也。禹受禪於君、故夏稱后。殷周順人心而征伐、故言人也。民耕五十畝、貢上五畝。耕七十畝者、以七畝助公家。耕百畝者、徹取十畝以爲賦。雖異名而多少同、故曰皆什一也。徹、猶人徹取物也。藉者、借也、猶人相借力助之也。

本文の「徹者、徹也。」について、趙岐は「徹」を「徹取（十分の一税を課して徴収する）」の意に解している。ところが、鄭玄の解釋は、いくぶん異なる。『論語』顔淵篇の「盍徹乎」の鄭玄注には、こうある。

盍、何不也。周法什一而税、謂之徹。徹、通也。爲天下之通法。

十分の一税であること以外に、「徹」は「通」である、としている。「通」とは、どこにでもあまねく行きわたる、の意である（「天下之通法」）。なお、『説文解字』も「徹、通也。」（三下）との解釋を載せている。

……………………………………………

ここまで、（例1）（例2）（例3）を通して、趙本・劉本・鄭本等の異同や、注釋者たちの見解の異同について、その一端を垣間見た。（例3）で述べたように、後漢時代、『孟子』は、我我が把握しているものよりもさらに多くのテキストが存在したようである。また、今日までまとまった形で傳えられている趙岐注だけでなく、（例1）（例2）（例3）のような比較檢討の方法をとれば、他の注釋者の注をも充分に活用する路が開けるのである。

以上の三例を踏まえ、各テキストに關する研究者の見解を確認したうえで、私見を述べたいと思う。

小林俊雄氏は、一九五一年發表の論文で、

第一に趙本と劉本との間には若干の異字と又若干の異文の存することを指摘し得た。そして此の結論から導かれることとして、劉本は固と趙本に據して校正を加へられて獲た結實ではなくして、寧ろ趙本とは傳來を異にする別本に基づき、參するに趙注を以てして成立したものであらうということである。(41)

と述べている。また、一九六一年の博士論文では、

以上趙岐の經義觀を通じてその今文派の陣營の人であることを知るのである。然し今文一邊倒の立場ではなくして、古文派のテキストである周禮の義を採用したことが班爵の篇にも見えるし、詩義に或いは毛義を用いたかと疑われる節のあること之を證する。孟子の解釋に於いて、かくの如く今文經説を以てするからには、孟子章句のテキストに於いても齊魯本である今文家傳承の十一篇本を以てその底本とし、時に古文を參校したことも否定出來ないと見る私の推論の根據も亦此に求められるのである。(42)

と述べている。小林氏は、趙本は今文系（通行本系）の十一篇のテキストであるとし、劉本はそれとは由來の異なる古文系（河間獻王中秘本系）の七篇のテキストである、とした。

一方、弝和順氏は、一九八五年發表の論文で、

以上、趙岐の學問について、『孟子章句』に引用された書を手掛かりにして檢討したが、……。ただその「禮」・「春秋」の學問をみる限り、趙岐が尊重したのは古文系の書にあったことは確實と思はれる。(43)

……、右にみた毛傳と趙岐注の夥多なる訓詁の一致は、趙岐が『孟子』注釋の際、そこに引用された『詩』解釋に當り、今文系の三家詩ではなく、古文系の『毛詩』毛傳を據り所とした證左となろう。つまり趙岐の學んだ『詩』は『毛詩』系統であったと考へることが出來よう。(44)

と述べているほか、一九九六年發表の論文でも、

……、趙岐が『詩』を解釋するに際しては、まず毛傳の訓詁をそのまま踏襲したこと、さらに特に毛傳の訓詁がない場合は鄭箋をも參照したこと、以上二點の可能性が極めて高いことを指摘することができる。(45)

……、部分的には三家詩の影響を蒙っているところもあるが、彼が最終的に據り所としたのは『毛詩』であったと考えるのである。(46)

と述べている。弥氏によれば、趙岐の學問傾向は古文系である、という。そうであるならば、趙岐は『孟子』注釋の際の底本に古文系テキストの『孟子』を用いた（すなわち趙本は古文系統である）、と考えるべきであろう。

小林氏・弥氏の見解を受けて、私見を述べておく。

まず、小林氏が趙本を今文系（通行本系）の十一篇のテキストであるとする點には、筆者は完全には贊成

できない。趙岐は、『孟子』題辭」において、本來の七篇を上下に分けて『孟子』を十四卷とした旨を表明している一方で、「外書」四篇を含む十一篇の體裁の『孟子』を疑っている。その趙岐が、十一篇の『孟子』を底本にするはずはないのではないか。しかし、上述したように、後漢時代には、十一篇の『孟子』がポピュラーであった可能性が高い。そうすると、小林氏の見解は、間違っていないのかもしれない。

次に、後漢中期・後期にもなると、政治の場での今文派・古文派の權力闘爭はそれまでに比べて影をひそめ、注釋者の立場としては、今文・古文にかかわらず、解釋として納得のいくものを採用したはずである（もちろん、その注釋者が受けてきた學問の影響も多分にあるけれども）。その結果、どちらか一方への「偏り」として、我我には見えてしまうこともあろう。今文系か古文系かというフィルターを優先してかけ、その注釋者の學問がどちらか一方に屬するかを論じることは、ひとまずやらないほうがよい、と筆者は考える。今文・古文の別にとらわれず、當時の注釋者の『孟子』理解に對して虛心坦懷に臨む姿勢が我我には必要ではあるまいか。

おわりに

趙岐「『孟子』題辭」の、

六經の學問については、先輩たちが解釋し解明したものがすでにつまびらかである。儒家では『孟子』だけが（解釋されずに殘されて）あり、その内容は廣大深遠で靈妙であり、奥深くてわかりにくい。解釋のすじ道を立てておくほうがよいのだ。そこで自らの知見を述べ、經文やその解説を證據とし、その章句をつくって、本文をもれなく載せ、章ごとにその趣旨をわけて、（七篇を）上下に分け、全部で十四卷とした。(47)

という文章からは、趙岐が『孟子』に手をつけたのは、當時盛んに行われていた經書の注釋を手がけてもあまり意味がなく、むしろ手つかずに近かった『孟子』を解釋することのほうを選擇した、との姿勢を讀み取れる。(48)

すなわち、後漢時代に『孟子』注が著されたことの一つの理由は、その注としての存在意義にある。同時に、それは『孟子』が儒家思想のテキストとして經書の影で埋沒しないための、『孟子』それ自體の存在意義を示すための營爲でもあった。それ故に特に後學へ向けて注をのこすことが考えられた。『淮南子』や『呂氏春秋』の注釋の意義も、同樣の事情にもとめてよいかもしれない。

その一方で、我我は、當時における『孟子』注の政治的・社會的要請――『孟子』の内容とその注釋が當時の政治や社會とどのような繫がりがあったのか――についても考えねばならない。筆者は、『孟子』注釋者の念頭に置かれていたのは『周禮』ではなかったか、と考えている。この、當時の『周禮』を基軸とする禮的秩序に關しては、さらに檢討が必要であり、次章でも言及する。後漢時代における『孟子』とその注釋に關してはここまでとし、筆を擱くことにしたい。

注

（1）インターネット上の國立國會圖書館のサイトによれば、小林俊雄氏の博士論文は、東洋大學に提出された博士論文であり、一九六一年一二月七日が學位授與年月日となっている。したがって、小林俊雄氏の博士論文は、東洋大學にも當然保管されているはずであるが、東洋大學附属圖書館のホームページから何度も藏書檢索機能を用いて調べてみたものの、ヒットしなかった（筆者の最終檢索日は二〇一四年九月二七日）。筆者が閲覽することのできた小林俊雄氏の博士論文は、國立國會圖書館關西館に所藏されているものであり、四〇〇字詰め原稿用紙で、第一册一八〇枚、第二册二四四枚、第三册一九六枚、第四册二五六枚から成る都合八七六枚の膨大な博士論文である。筆者は、これを國立國會圖書館東京本館に四度請求して取り寄せ、閲覽した。

参考までに、小林俊雄氏の博士論文の構成を章レヴェルまで示すと、次のとおりである。

例言
上篇　総論
　上論　趙本の成立
　　第一章　漢代に於ける孟子の源流／第二章　趙岐孟子章句の性格
　下論　趙本の傳承
　　第一章　魏晉南北朝時代／第二章　隋唐代／第三章　宋代／第四章　元明代／第五章　清代／第六章　民國
下篇　各論
　第一種本　經注本
　　宋刊大字本四部叢刊本／附宋刊大字本傳承攷
　第二種本　句讀坿音本
　　廖氏世綵堂本／岳氏荊谿書屋本／附九經參傳沿革例撰音考／劉氏丹桂書堂本
　第三種本　坿音重言重意纂圖互注本
　　音注孟子本／纂圖互注本

第四種本　注疏本

孟子注疏成立考／孟子注疏板本攷

第五種本　朱熹集注本

孟子集注の成立／集注本の系統／卷篇章數について／經文について／䏻本に對する影響について／傳本について

（2）小林俊雄氏博士論文上篇上論の「第二章　趙岐孟子章句の性格」の文章。

（3）張奇偉・井之口哲也「論日本學者關於趙岐的研究」（『國際儒學研究』第十一輯、國際文化出版公司、二〇〇一年三月）、二二頁。この論文は、筆者が北京師範大學哲學系（中國哲學專業）に留學していた時に、北京師範大學哲学系副教授（當時）の張奇偉先生と共同執筆したものである。本文に引用した日本語の文章のもとの中國語の文章は、以下のとおりである。

東漢後期趙岐注解的《孟子》是目前所存最早的《孟子》注本，素爲學界所重，但是一般學者僅在利用趙注研究《孟子》時才涉及到趙岐其人。中國大陸迄今未發現研究趙岐的專論，這不能不説是東漢學術思想史研究的一個缺憾。

（4）本田濟「趙岐『孟子章句』について」（原掲誌掲載は一九八〇年九月／本田濟『東洋思想研究』、創文社、一九八七年一月）。

（5）管見の限りでは、注（3）の論文發表後に、寧登國・趙立偉「趙岐《孟子章句》之訓詁特徵」（『聊城師範學院學報（哲學社會科學版）』二〇〇一年第六期、二〇〇一年）、張量「《孟子章指》研究」（『北京大學中國古文獻研究中心集刊』第三輯、北京大學出版社、二〇〇二年一〇月）、貢貴訓・范春媛「《孟子》正本與趙岐訓詁術語之比較」（『遵義師範學院學報』第五卷第一期、二〇〇三年五月）、杜敏『趙岐　朱熹　《孟子》注釋傳意研究』（中國社會科學出版社、二〇〇四年一二月）、朱松美「趙岐《孟子章句》的詮釋學意義」（『山東大學學報』二〇〇五年第三期、二〇〇五年）、兪志慧「《孟子》旧注商兌九則」（『儒林』第三輯、山東大學出版社、二〇〇六年一二月）、羅歡「從趙岐注《孟子》思想動因看《孟子章句》訓釋特點」（『探求』二〇〇六年第六期、二〇〇六年）、李峻岫『漢唐孟子學述論』（齊魯書社、二〇一〇年三月）の特に「第二章　東漢孟學的勃興」等と、中國大陸で趙岐に關する論著が發表されている。なお、李峻岫氏の著書については、西山尚

志氏から御教示をいただいた。この場を借りて、西山氏に御禮を申し上げる。

(6) 漢興、除秦虐禁、開延道德。孝文皇帝欲廣遊學之路、論語・孝經・孟子・爾雅、皆置博士。後罷傳記博士、獨立五經而已。（趙岐『孟子』題辭）

(7) 至孝文皇帝、……、天下衆書往往頗出、皆諸子傳説、猶廣立於學官、爲置博士。（『漢書』楚元王傳附劉歆傳／『文選』卷四三）

(8) 齋木哲郎「『鹽鐵論』中の賢良・文學と孟子――漢代における孟子の思想の展開――」（原載誌掲載は一九九五年一月／齋木哲郎『秦漢儒教の研究』、汲古書院、二〇〇四年一月）。

(9) 注（8）所掲齋木哲郎氏著書、六四九頁。

(10) 注（8）所掲齋木哲郎氏著書、六五五頁。

(11) 注（8）所掲齋木哲郎氏著書、六六四頁。

(12) 古者楊・墨塞路、孟子辭而闢之、廓如也。後之塞路者有矣、竊自比於孟子。（『法言』吾子篇）

この文章は、

聖王不作、諸侯放恣、處士橫議。楊朱・墨翟之言盈天下、天下之言不歸楊則歸墨。楊氏爲我、是無君也。墨氏兼愛、是無父也。無父無君、是禽獸也。……。楊・墨之道不息、孔子之道不著、是邪説誣民、充塞仁義也。仁義充塞、則率獸食人、人將相食。吾爲此懼、閑先聖之道、距楊・墨、放淫辭、邪説者不得作。（『孟子』滕文公篇下）

に基づくものである。

(13) 或曰、子小諸子、孟子非諸子乎。曰、諸子者、以其知異於孔子也。孟子異乎。不異。（『法言』君子篇）

(14) 本章のもとになる論文が原載誌上に發表された後、二〇一一年一〇月九日の電子メイルで、嘉瀬達男氏から、以下のとおり、有益な御意見をいただいた。

まず君子篇の語は、同篇次章の「吾於孫卿、與見同門而異戶、惟聖人爲不異」という荀子評價と合わせて理解すべきではないかと考えます。つまり荀子は「同門而異戶」であるが、孟子は孔子の「言の要を知り、德の奧を知る」點であくまで「異ならず」なのではないでしょうか、ですから楊雄が「孟子を孔子と同等と見ている」とまで言ってよいのかどうか、躊躇を感じるのです。孔子の「知」を正しく理解し繼承している點で揚雄は孟子を評價するからこそ、吾子篇で自分を孔子の繼承者として孟子に比べなぞらえたと考えますが、いかがでしょうか。

筆者による斷章取義の弊を指摘してくださったものと受け止めている。實は、筆者が引用した『法言』君子篇の文章（注（13）所引）の直前に「或問、孟子知言之要、知德之奥。曰、非苟知之、亦允蹈之。」、直後に「或曰、孫卿非數家之書、侻也。至于子思・孟軻、詭哉。曰、吾於孫卿、與見同門而異戶也、惟聖人爲不異。」とある。これらを踏まえると、嘉瀬氏の御意見もよく理解できる。ただ、それでも、「知」の面で孟子は孔子と異ならない（同等である）、という趣旨の文章がある以上、筆者の論述自體も、もとになる論文から特に變えなくてよい、と考えている。いずれにせよ、この場を借りて、嘉瀬氏に御禮を申し上げる。

（15）實好古而樂道、其意欲求文章成名於後世、以爲經莫大於易、故作太玄、傳莫大於論語、作法言。……。（『漢書』揚雄傳の贊）

（16）齋木哲郎「漢代における知識の性格と知識人」（渭陽會編『東洋の知識人——士大夫・文人・漢學者——』、朋友書店、一九九五年三月）、三九頁。ほぼ同じ文章が、注（8）所掲齋木哲郎氏著書の本論第五章第三節「揚雄の儒教——西漢末知識人の意識構造——」七一六頁～七一七頁に見える。

（17）『易』が前漢末に他の經書を統べる筆頭の位置にあったことについては、川原秀城『中國の科學思想——兩漢天學考』（創文社、一九九六年一月）の「I　術數學」七五頁～七七頁、武田時昌「損益の道、持滿の道——前漢における易の擡頭」（『中國思想史研究』第一九號、京都大學文學部中國哲學史研究會、一九九六年一二月）、周汝英「《七略》的經學思想」（『社會科學戰綫』一九九八年第二期、一九九八年三月）を參照。

（18）揚雄『法言』における『論語』の模倣については、卯和順「揚雄『法言』と『論語』——摸倣の意圖——」（松川健二編『論語の思想史』、汲古書院、一九九四年二月／楊菁譯「揚雄《法言》與《論語》——模倣的意圖——」、林慶彰・金培懿・陳靜慧・楊菁 合譯『論語思想史』、萬卷樓、二〇〇六年二月）、卯和順「揚雄『法言』における摸倣と創造」（『中國研究集刊』律號（第三〇號）、大阪大學中國學會、二〇〇二年六月）、嘉瀬達男「『法言』の表現——經書の援用と模倣——」（『學林』第三六・三七號、中國藝文研究會、二〇〇三年三月）、卯和順「法言摸倣考」（『北海道大學文學研究科紀要』第一一四號、二〇〇四年一一月）を參照。

（19）孔子自衞反魯、然後樂正、雅・頌各得其所。乃删詩、定書、繫周易、作春秋。孟子退自齊・梁、述堯・舜之道而著作焉、此大賢擬聖而作者也。七十子之疇、會集夫子所言、以爲論語。論語者、五經之錧鎋、六藝之喉衿也。孟子之書、則而象之。衞靈公問陳於孔子、孔子答以俎豆。梁惠王問利國、孟子對以仁義。宋桓魋欲害孔子、孔子稱天生德於予。魯臧倉毀鬲孟子、孟子曰臧氏之子、焉能使予不遇哉。旨意合同、若此者衆。

（趙岐『孟子』題辭）

「孔子自衞反魯、然後樂正、雅・頌各得其所。」は、「子曰、吾自衞反魯、然後樂正、雅・頌各得其所。」（『論語』子罕篇）を踏まえている。

「乃刪詩、定書、繫周易、作春秋。」は、

孔子之時、周室微而禮樂廢、詩・書缺。追迹參代之禮、序書傳、上紀唐虞之際、下至秦繆、編次其事。……。故書傳・禮記自孔氏。孔子語魯大師、……。吾自衞反魯、然後樂正、雅・頌各得其所。古者詩三千餘篇、及至孔子、去其重、取可施於禮義、上采契・后稷、中述殷・周之盛、至幽・厲之缺。……、三百五篇孔子皆弦歌之、以求合韶・武・雅・頌之音。禮樂自此可得而述、以備王道、成六藝。孔子晩而喜易、序彖・繫・象・説卦・文言。……。弗乎弗乎、君子病沒世而名不稱焉。吾道不行矣、吾何以自見於後世哉。乃因史記作春秋、上至隱公、下訖哀公十四年、十二公。（『史記』孔子世家）

に基づく。

「孟子退自齊・梁、述堯・舜之道而著作焉」については、「道既通、游事齋宣王、宣王不能用。適梁、梁惠王不果所言、則見以爲迂遠而闊於事情。……。退而與萬章之徒序詩・書、述仲尼之意、作孟子七篇。」（『史記』孟子荀卿列傳）を參照。

「衞靈公問陳於孔子、孔子答以俎豆。」については、「衞靈公問陳於孔子、孔子對曰、俎豆之事、則嘗聞之矣。軍旅之事、未之學也。」（『論語』衞靈公篇）、「他日、衞靈公問兵陳。孔子曰、俎豆之事、則嘗聞之。軍旅之事、未之學也。」（『史記』孔子世家）を參照。

「梁惠王問利國、孟子對以仁義。」については、「孟子見梁惠王。王曰、叟、不遠千里而來、亦將有以利吾國乎。孟子對曰、王何必曰利、亦有仁義而已矣。……」。（『孟子』梁惠王篇上）を參照。

「宋桓魋欲害孔子、孔子稱天生德於予。」については、「子曰、天生德於予。桓魋其如予何。」（『論語』述而篇）を參照。

「魯臧倉毀鬲孟子、孟子曰臧氏之子、焉能使予不遇哉。」については、「樂正子見孟子曰、克告於君、君爲來見也。嬖人有臧倉者、沮君、君是以不果來也。曰、行或使之、止或尼之、行止非人所能也。吾之不遇魯侯、天也。臧氏之子、焉能使予不遇哉。」(『孟子』梁惠王篇下)を參照。

(20) 王充の眞僞辨別の態度については、井ノ口哲也「『論』の立場――王充の「作」「述」否定の意味」(『大久保隆郎教授退官紀念論集　漢意とは何か』、同論集刊行委員會、二〇〇一年一二月)を參照。

(21) 章帝賜黃香淮南・孟子各一通。　(『東觀漢記』黃香傳)
『東觀漢記』の文章は、吳樹平『東觀漢記校注』(上下二册、中州古籍出版社、一九八七年三月)に據る。ここの文章は、『北堂書鈔』卷一百一に據る、とするが、注(24)所引の文章と異なる。

(22) 『北堂書鈔』は、學苑出版社本(二册、據首都圖書館藏光緒十四年南海孔氏三十有三萬卷堂影宋刊本印製、二〇〇三年八月刊)に據る。

(23) 黃香詣東觀、賜淮南・孟子。　(『北堂書鈔』卷十九)

(24) 賜黃香孟子。　(『北堂書鈔』卷一百一)

(25) 章帝が『左氏傳』等古文のテキストを好んだことは、本書本編第一章「五經と讖緯」の注(62)を參照。
また、范曄『後漢書』賈逵傳に、

①書奏、帝嘉之、賜布五百匹・布一襲、令逵自選公羊嚴・顏諸生高才者二十人、教以左氏、與簡紙經傳各一通。

②逵數爲帝言古文尚書與經・傳・爾雅詁訓相應、詔令撰歐陽、大・小夏侯尚書、古文同異。逵集爲三卷、帝善之。復令撰齊・魯・韓詩與毛詩異同。幷作周官解詁。

とあるように、賈逵に對し、『公羊嚴氏春秋』や『公羊顏氏春秋』を修めた「諸生の高才なる者」を二十人選ばせて彼らに『左氏傳』を(敢えて)教えさせたり、『尚書』各家のテキストと『詩』各家のテキストについて研究することを認め、その「同異(異同)」の例を集めさせている。これらのことから、章帝は、主流の學問もしくは一家の學問だけに偏らず、主流でない學問や他學派の學問もまんべんなく修めることが必要である、と考えていた皇帝であった、と言える。

(26) 著書百餘篇、皆五經通難。又作孟子章句。　(范曄『後漢書』儒林列傳下・程曾傳)

（27）岐多所述作、著孟子章句・三輔決録傳於時。（范曄『後漢書』趙岐傳）

（28）知命之際、嬰戚於天。遘屯離蹇、詭姓遁身。經營八紘之内、十有餘年。心勦形瘵、何勤如焉。嘗息肩弛擔於濟・岱之間、或有温故知新、雅德君子。矜我劬瘁、睠我皓首、訪論稽古、慰以大道。余困吝之中、精神遐漂、靡所濟集、聊欲係志於翰墨、得以亂思遺老也。惟六籍之學、先覺之士、釋之辯之者既已詳矣。儒家惟有孟子、閎遠微妙、緼奥難見、宜在條理之科。於是乃述已所聞、證以經傳、爲之章句、具載本文、章別其恉、分爲上下、凡十四卷。（趙岐「『孟子』題辭」）

「『孟子』題辭」のこの部分は、難解である。注（4）所掲本田濟氏論文の考察を大いに参照した。この部分の記述の背景としては、以下の記述を參照。

先是、中常侍唐衡兄玹爲京兆虎牙都尉。郡人以玹進不由德、皆輕侮之。岐及從兄襲又數爲貶議、玹深毒恨。延熹元年、玹爲京兆尹。岐懼禍及、乃與從子葛逃避之。玹果收岐家屬宗親、陷以重法、盡殺之。岐遂逃難四方、江・淮・海・岱、靡所不歷。自匿姓名、賣餠北海市中。時安丘孫嵩年二十餘、遊市見岐、察非常人、停車呼與共載。岐懼失色。嵩乃下帷、令騎屛行人。密問岐曰、視子非賣餠者。又相問而色動。不有重怨、即亡命乎。我北海孫賓石、闔門百口、埶能相濟。岐素聞嵩名、即以實告之、遂以俱歸。嵩先入白母曰、出行、乃得死友。迎入上堂、饗之極歡。藏岐複壁中數年、岐作戹屯歌二十三章。後諸唐死滅、因赦乃出。（范曄『後漢書』趙岐傳）

（29）然此書所尚、以道德爲標的、以無爲爲綱紀、以忠義爲品式、以公方爲檢格、與孟軻・荀卿・淮南・揚雄相表裏也、是以著在録・略。誘正孟子章句、作淮南・孝經解畢訖。家有此書、尋繹案省、大出諸子之右、既有脱誤、小儒又以私意改定、猶慮傳義失其本眞。少能詳之、故復依先師舊訓、輒乃爲之解焉、以述古儒之旨、凡十七萬三千五十四言。（高誘「『呂氏春秋』序」）

（30）池田秀三「高誘覺書」（『東方學』第一一〇輯、東方學會、二〇〇五年七月）は、高誘が『呂氏春秋』を孟軻（『孟子』）と「相い表裏す」と述べていることについて、

孟子と荀子がそこに加わる理由は判然としないが、孟子も人倫を天という形而上的存在に根據づけるから、廣い意味での天人合一論としてその枠組に入れられるのであろう。（七頁）

と述べている。また、池田氏は、この論文の注（6）で、高誘「『呂氏春秋』序」中の「誘正孟子章句」に

ついて、

「呂氏春秋序」の原文は「誘正孟子章句」となっており、『孟子』の章句を正す、すなわち獨自の『孟子章句』を撰した意味にもとれ、また既成の『孟子章句』の誤りを正した意味にも讀める。後者であれば、その對象は趙岐の『章句』以外考えられない。私としては前者の意味に解してよいと思うが、その場合でも趙岐『章句』より多くを學んだことに疑いの餘地はない。（一七頁）

と述べている。筆者は、「既成の『孟子章句』の誤りを正した意味」に解しておく。

(31) 畠山薫「趙岐『孟子章句』の成立とその背景」（『集刊東洋學』第九二號、中國文史哲研究會、二〇〇四年一〇月）、五九頁。

(32) 退而與萬章之徒序詩・書、述仲尼之意、作孟子七篇。（『史記』孟子荀卿列傳）

(33) 退與萬章之徒序詩・書・仲尼之意、作書中・外十一篇。（『風俗通義』窮通篇）

(34) 又有外書四篇性善・辯文・説孝經・爲政。其文不能宏深、不與内篇相似、似非孟子本眞、後世依放而託之者也。（趙岐「『孟子』題辭」）

(35) 孟子作性善之篇、以爲人性皆善、及其不善、物亂之也。（『論衡』本性篇）

(36) ちなみに、『七略』を踏襲している『漢書』藝文志の最後には、「大凡書、六略三十八種五百九十六家萬三千二百六十九卷」とあり、「六略」という語が使用されている。『論衡』も『漢書』藝文志も、いわゆる『七略』を「七略」と呼ばず、實質をとって「六略」と呼んだのであろう。古勝隆一「後漢魏晉注釋書の序文」（原掲誌掲載は二〇〇一年三月／古勝隆一『中國中古の學術』（研文出版、二〇〇六年一一月））は、本文に引用した『論衡』案書篇の記述について、「ここには「六略之録」そして「略」などの名稱が示されるのみだが、「指趣可知」となるのによれば、王充が見たのは解題を伴った目録であるはずなので、彼が『別録』あるいは『七略』を常に參照していたと言いうる。」（五七頁）と述べ、黄暉『論衡校釋』案書篇當該箇所に引く沈欽韓氏の説「其輯略即彙別羣書、標列指趣、若志之小序、實止有六略耳。」を注記する（著書八七頁、注(29)）。なお、「輯略」については、阮孝緒『七録』序に「向子歆撮其指要、著爲七略。其一篇即六篇之總要、故以輯略爲名。」とあり、顏師古の『漢書』注に「輯與集同、謂諸書之總要。」とあるのを參照。

(37) 獻王所得書皆古文先秦舊書、周官・尚書・禮・禮記・孟子・老子之屬、皆經傳説記、七十子之徒所論。其

學擧六藝、立毛氏詩・左氏春秋博士。（『漢書』景十三王傳の河閒獻王劉德傳）
(38)『文選』李善注については、富永一登『文選李善注の研究』（研文出版、一九九九年二月）を參照。この書では、『文選』李善注と『後漢書』李賢注の比較研究をおこなっている。
(39)「以興耡利萌」は、『周禮』地官「遂人」は「以興耡利甿」に作る。
(40)二〇一三年六月に頂戴した井上了氏からの御手紙による御指摘を踏まえた。この場を借りて、井上氏に御禮を申し上げる。
(41)小林俊雄「文選李善注引劉熙本孟子攷」（『支那學研究』第七號、廣島支那學會、一九五一年三月）、九〇頁。
(42)小林俊雄氏博士論文上篇上論の「第二章　趙岐孟子章句の性格」の文章。
(43)弥和順「趙岐とその學問――『孟子』所引の『詩』句に對する注釋を中心として――」（『中國哲學』第一四號、北海道中國哲學會、一九八五年九月）、一六頁。
(44)注(43)所掲弥和順氏論文、一九頁。
同じ一九頁で、弥氏は「ただ三家詩の亡んだ現在、趙岐の注釋とそれとを比較することが出來ず、また獨り『毛詩』のみとの檢討に頼って論を進めること自體、甚だ危險である。」と述べている。筆者もこれに全く同意するものである。傳わらない一次資料がある一方で、今日まで傳わっている一次資料のみを用いて思想を論じることに愼重でありたい。
(45)弥和順「趙岐の詩經學」（『詩經研究』第二〇號、詩經學會、一九九六年二月）、七頁。
(46)注(45)所掲弥和順氏論文、七頁。
(47)惟六籍之學、先覺之士、釋之辯之者既已詳矣。儒家惟有孟子、閎遠微妙、緼奧難見、宜在條理之科。於是乃述己所聞、證以經傳、爲之章句、具載本文、章別其指、分爲上下、凡十四卷。（趙岐『孟子』題辭」、注(28)既出）
(48)注(4)所掲本田濟氏論文は、「「儒家惟だ孟子有り」とは、孟子の書だけが解釋されずに殘っているの意味か。」（著書二二七頁）と述べている。

第六章　『易』と『周禮』

はじめに

前漢末期の劉歆『七略』を踏襲している後漢前期の『漢書』藝文志は、『易』が他の五經を統べる構造になっている。前漢末期に諸經の中から『易』が擡頭したのである(1)。ところが、その後、『易』を頂點とする經學の構造に變化が生じる。先學の指摘にもあるように(2)、鄭玄によって『周禮』が經學の核とされたのである。なぜ鄭玄は『周禮』を經學の核に据えたのであろうか。また、經學全體を統べる役割を擔っていた『易』は、どうなったのか。本章は、こうした諸問題について、先行研究の到達點を確認し、私見を述べるものである。

一　『易』の擡頭

『漢書』藝文志は、その編者である班固が、劉向が死ぬと、哀帝は向の子で侍中奉車都尉の歆に父の業務を（繼續させ）完了させた。歆はその際（宮中の）群書を總括して『七略』を（編んで）奏上した。（『七略』には）輯略・六藝略・諸子略・詩賦略・兵書略・術數略・方技略（の七部門）がある。いま（わたくし班固は）『七略』の樞要をとって、この書（『漢書』）に入れた。(3)

と述べているとおり、前漢末期に劉歆が編んだ『七略』を、劉歆の沒後約六十年を經て、踏襲したものである。

この『漢書』藝文志の分類システムは、總論部分と見られる輯略をのぞく「六略」で考えればよい。(4) すなわち、『七略』は、六分法を採用したのである。ところが、この六分法は、『七略』本體の分類のみならず、その一部門である六藝略の分類にも採用されている。六藝略の分類構造については、『漢書』藝文志に、次のような記述がある。

六經の文について言えば、『樂』は精神を柔和にする。「仁」の表れである。『詩』は言を正す。「義」のはたらきである。『禮』は秩序を明らかにする。明らかというのは顯著に現れるということであり、それゆえ（『禮』の）字義解釋は無いのである。『書』はあまねく政治を行う。「知」の術策である。『春秋』は事の是非を決する。「信」のしるしである。（『樂』『詩』『書』『禮』『春秋』の）五者は、（仁・義・禮・知・信）五常の道であり、お互いを必要としあって完備する。そして『易』はこれらの源である。それゆえ（『易』繫辭上傳に）「『易』が見られないのであれば、乾坤（天地陰陽のはたらき）はおそらく終息したに等しい。」というのであるが、これは（『易』が）天地と終始をともにする（＝『易』は不易である）という意味である。（一方、『詩』『書』『春秋』『禮』『樂』の）五學は、時代によって改變する。それはまるで五行が交互に勢力をふるうかのようである。(5)

すなわち、六藝略においては、『易』が『詩』『書』『春秋』『禮』『樂』を統べる構造になっている。六藝略の分類構造と『七略』（『漢書』藝文志）そのものの分類構造とが、ともに六分法を採用していることについて、川原秀城氏は、次のように解説しかつ考察している。

……、不易の易學にたいし、世々變化していく五學の源流ないし統括者というもっとも樞要な地位を與えている。一方、學術總體の構造については『漢書』藝文志のなかに強いてとりあぐべき言及もないが、少なくとも、その書籍分類において經學の價値が突出しており、六藝における易經のごとく、經學を、諸學の源流と位置づけ、特別重要な位置に据えていたことは疑うべくもない。ほんらい何の關係もあろうはずもない『七略』の二重の分類構造が、まったく等しく、易學と六藝を諸學の源流と位置づけていたからには、劉歆は學術總體の六分分類についても、不易の經學が、その他の價値的に上下のない五術を統べるという、六藝のばあいとパラレルの構造ないし組織を想定していた、と考えざるをえないであろう。(6)

すなわち、六藝略が「その他の價値的に上下のない五術」を統べるという經學至上主義の學術分類システムにおいて、六藝略で『易』が他の五經を統べていることからは、『七略』（『漢書』藝文志）においては『易』が當時の學術全體の筆頭であった、と言って過言でない。

このように、少なくとも『漢書』藝文志の時點では、『易』は經學を統べる役割を擔っていた。ところが、その後、『易』を頂點とする經學の構造に變化が生じる。鄭玄によって『周禮』が經學の中心とされたのである。

そこで、以下の二節は、『周禮』の出現と鄭玄による『周禮』の重視に關する考察に當てる。

二　『周禮』の出現

『周禮』の出現については、少なくとも以下の二通りの議論が可能である。一つは、成書の時期や場所等についての議論である。もう一つは、歴史記録等の一次資料にいつから『周官』『周禮』といった書名やその篇名・文章が登場するかという議論である。ここでは、後者を検討し、前者については關與しない立場を採る。その理由は、次のとおりである。

『周禮』の成書の時期や場所については、從來、おおむね戰國時代が議論の場となっており、(7)本書の對象としている後漢時代と、かなり時空の隔たりがあるからである。そして、成書の時期や場所が戰國時代のいつでありどこであるかが分かったところで、それによって『周禮』が戰國時代の中國思想史の舞臺に登場することになるのかどうか、甚だ疑問に感じるからである。(8)『周禮』という書物に記録される官制が、どこの何を反映したものなのか、あるいはどこの何に影響を及ぼしたのか、それらを検討することの意義はよく理解できるけれども、それらが検討されて解明されたところで、一次資料において『周官』『周禮』が中國思想史の舞臺に登場するのは、あくまでも前漢時代のことである。このことは、動かないのではあるまいか。

以上の理由により、『周禮』の出現に關しては、中國思想史上に『周官』『周禮』が登場する前漢時代に着目し、論を進めていきたい。

さて、『周禮』の出現に關する記述には、以下のものがある。記述を擧げながら、私見を加えていくことにしよう。

まずは、武帝期に、河間獻王が獲得した古文の書物の中に『周官』が含まれていた、という『漢書』景十三王傳の河間獻王劉德傳における記述を見たい。

河間獻王の得た書籍はいずれも古文で記された先秦時代の古書で、『周官』『尚書』『禮（經）』『禮記』『孟子』『老子』の類であり、いずれも經書やその解説、孔子の七十人の門弟による所論であった。その學問は六藝をおこない、『毛氏詩』『左氏春秋』の博士を立てた。(9)

この記述とは別に、河間獻王と『周官』に關しては、『漢書』藝文志に、

文帝の時代に樂人の竇公を得て、その藏書を獻上させたが、それが『周官』大宗伯大司樂の一章であった。武帝の時代に、河間獻王は儒學を好み、毛生とともに『周官』や諸子の書物から音樂に關する記事をぬき出し、そうして「樂記」を作り、八佾の舞を獻じたが、それは（樂官の）制氏（の音樂）とあまり

違いはないものであった。(10)

という記述もある。この記述によると、文帝期の『周官』に言及がある。これをそのまま信じるならば、『周官』は、文帝期にすでに中央政府にもたらされていた、ということになる。

また、このほか、武帝期の『周官』に關する記述として、『史記』孝武本紀および封禪書に、

寶鼎を得てから、武帝は公卿や諸生たちと封禪について話し合った。封禪はめったに行われず長く絶えており、その儀禮を知る者がいなかった。そこで、大勢の儒者たちは、封禪のやり方を『尚書』・『周官』・『禮記』王制篇に見られる山川をまつる望祀や天子みずから犧牲獸の牛を射る射牛の禮から採用した。(11)

とあり、大勢の儒者が武帝に『周官』を一つの根據として封禪の儀禮について提案している。實際、その『史記』封禪書には、

『周官』に「冬至の日に天を南郊にまつり、晝が長くなる日を迎える。夏至の日には、地の神をまつる。いずれも音樂とダンスを用いた。こうして神に對して禮を行うことができる。」とある。(12)

と、根據としての『周官』の記述が引用されている。

古文の『周官』という點に着目するなら、これにまつわる記述はいくつかある。例えば、後漢時代の馬融は、

秦は孝公以後、商鞅の法を用い、その政治は過酷をきわめ、『周官』の説く理念と相反するものであった。そこで始皇帝は民間での藏書を禁じた時にも『周官』をとりわけにくみ、絶滅させようとして、捜索と焼却を特に徹底した。そういうわけで百年間隠されていたのだ。武帝は民間の藏書禁止令を解除し、書籍を獻上する道を開いた。『周官』は山巖屋壁から出現し、宮中の秘府に收藏され、五家の儒者（高堂生・蕭奮・孟卿・戴德・戴聖）も、これを目にする機會がなかったのだ。(13)

と述べているが、この文章によれば、秦帝國成立以前に『周官』が存在していた、ということになる。

また、馬融の高弟の鄭玄は、

『周官』は、壁中から六篇のものを得た。(14)

と記している。現在の『周禮』の構成に照らせば、六篇とは、天官・地官・春官・夏官・秋官・冬官（闕、考工記）を指す。いまこの六篇という篇數に注目すると、范曄『後漢書』儒林列傳下に、

孔安國が獻上した『禮』の古文テキスト五十六篇と『周官經』六篇については、前漢時代にそれらの書

物は傳わっていたものの、まだそれらの専門家がいなかった[15]。

とあって、『周官經』が六篇であるとされ、『隋書』經籍志に、

漢代に李氏という人物が『周官』を入手した。『周官』は周公が制定した行政の決まりごとであり、河間獻王に獻上されたが、「冬官」一篇だけが闕けていた。獻王は大金で「冬官」をもとめたが得られなかったので、「考工記」でその箇所を補い、合わせて六篇にして皇帝に奏上した[16]。

とあって、「冬官」を闕き「考工記」で補っているものの、やはり六篇の體裁として記されている。

武帝期のあと、しばらく『周官』は現れない。『周官』が再び現れるのは、王莽の時代になってからである。『漢書』王莽傳上の記述を見てみよう。

この年、王莽は上奏して明堂・辟雍・霊臺を建て、學習者のために一萬の學舎を築き、市場に常滿倉を作るなど、制度作りが甚だ盛んであった。『樂經』を學官に立て、博士を増員し、各經ごとに五人とした。天下で一つの經書に通じ十一人以上を教授した者、および『逸禮』・『古（文尚）書』・『毛詩』・『周官』・『爾雅』・天文・圖讖・音律・月令・兵法・『史篇』文字を所有し、その意味内容をマスターしている者は、みな公車のところにやって來させた。天下のすぐれた才能の知識人を網羅し、やって來た者はおおむね千人を數え、みな宮廷内で記録をとったり説明をさせ、誤りを正させ、異説を統一したという[17]。

これは、元始四（後四）年の記述であり、『逸禮』『古（文尚）書』『毛詩』等の古文テキストの重視が見て取れる。これ以降、王莽と劉歆による『周禮』重視が顕著になっていく。そして、最終的に、荀悦『漢紀』に、

　劉歆は『周官』十六篇を『周禮』であると考え、王莽の時代に、歆は『周禮』を禮の經典としたい旨を奏上し、王莽は『周禮』に博士を置いた。(18)

とあるように、『周禮』が劉歆によって「禮經」の位置にまで押し上げられるのである。

前漢時代は、口頭傳授のいわゆる今文のテキスト一つを專門とした博士たちが政權の要職を占めていた。そこに、秦の焚書で難を免れて再び世に出てきたとされる古文のテキストの正統性を主張して現れたのが、劉歆であった。劉歆が古文テキストの正統性を主張した意圖は、何だったのか。政權の中樞を占める博士の座を得ようとするばあい、從來の一經專門の今文テキストの修得だけでは、所詮、二番煎じでしかない。劉歆は、今文テキストの博士たちに太刀打ちできるのは、新機軸の古文しかない、と考えたのである。

このように、『周禮』を含む古文のテキストは、あっという間に、王莽・劉歆ら新しい政治勢力の擡頭のための根據となった。ただ、注意しておかねばならないのは、劉歆は『七略』において『易』を頂點とする經學の構造を描いたのであり、決して古文のテキストを『七略』における經學の中心に置いたわけではない、ということである。このことは、劉歆個人における自己矛盾であろうか。いや、そうではあるまい。『七略』が編まれた前漢末期は今文學派の影響が濃厚で、古文テキストを經學の核に据えることがまだ困難であった、と思われる。『周禮』を經學の核とする體系を築き上げたのは、後漢時代の鄭玄であった。

三　鄭玄による『周禮』の重視

本節では、なぜ鄭玄は『周禮』を重視したのか、このことについて、先學の考察をたどり、それらを踏まえて私見を述べる。

戰前、藤堂明保氏は、

> 禮の中で鄭玄がとくに尊重したのは《周禮》である。〈禮器篇〉に、
>
> 經禮三百、曲禮三千。注。經禮、謂周禮也。……曲、猶事也。事禮、謂今禮也（當時、《儀禮》のことを禮と稱した）。
>
> とあるのは、《周禮》を經として重んじる意を示しており、《鄭志》の
>
> 禮器後人所集、據時而言……王制之法、與周異者多、當以經（《周禮》のこと）爲正。
>
> 爾雅之文襍。非一家之法。不可盡據以難周禮。
>
> の語は《周禮》をとくに高く評價していることを示している。當時、かれは《周禮》を《周官》と呼び（孫氏正義、巻一）、《儀禮》をたんに「禮」と稱し（胡氏正義、巻一）、《禮記》を「記」と名づけている（燕禮、若以樂納賓下注。及特牲饋食禮、主婦纚笄下注）。稱呼の上から察しても《儀禮》を「經」とし《禮記》を「傳」として、おのずから差等をつけていたことは明らかである。かれの注が《周禮》《儀禮》《禮記》の順にでき上がったのも、ひとつは三禮の古典としての價値に、右のような三段階を認めたからであろう。[19]

と記しており、『周禮』―『儀禮』―『禮記』という鄭玄における禮文獻の差等を指摘した。

戰後約十年經って、重澤俊郎氏は、

鄭玄の周禮支持の熱意にも拘らず、學界の既成觀念は其の弟子をしてさへ容易に之を受容せしめるに至らなかった。それは鄭志のほか、更に「答臨孝存周禮難」の一書を見ることによって一層明白にされるであろう。臨孝存が周禮難を作ったこと自體が抑も學界の反周禮的態度を十分明かにしてゐるが、彼の難に對する鄭玄の答は基本的には勿論鄭志に見える所と異るなく、周禮はいかなる文獻にも優って周の禮制の書として權威有るべきを強調して已まない。……。政治に對する直接的關心を離れ、一應純學問的立場から周禮の眞理性を強調したこと、竝びに鄭玄以前の古文學者が主として左傳を中心としてその學を主張するのに對し、鄭玄は周禮をその學の有力な基礎と爲したことに於いて、彼の周禮學史に於ける存在意義は沒却し得ないものが有る。此の書が禮經たるの資格を以て學界に於ける不動の地位を確立したのは、全く鄭玄に負ふと言って差支へ無いのである。[20]

と、『周禮』が禮經の地位を確立したのは鄭玄の力が大きいことを述べている。

このように、鄭玄によって『周禮』は三禮の中で最も重視され、禮經の地位にまで高められた。[21] 鄭玄の禮解釋において『周禮』が基準とされていることが、加賀榮治氏によって、はじめて明らかにされた。實例を以て概略を示せば、最も説得力のあるそれは、『儀禮』鄉飲酒禮の冒頭の三句「鄉飲酒之禮、主人就先生、而謀賓介」に對する以下の鄭玄注であろう。[22]

（鄭玄注）

主人、謂諸侯之鄉大夫也。先生、鄉中致仕者。賓介、處士賢者。①周禮・大司徒之職、以鄉三物敎萬民、而賓興之。一曰六德、知・仁・聖・義・忠・和。二曰六行、孝・友・睦・婣・任・恤。三曰六藝、禮・樂・射・御・書・數。②鄉大夫、以正月之吉、受法于司徒、退而頒之于其鄉里、使各以敎其所治、以考其德行、察其道藝、及三年、大比而興賢者能者。鄉老及鄉大夫、帥其吏與其衆寡、以禮禮賓之。厥明、獻賢能之書於王。是禮乃三年正月而一行也。諸侯鄉大夫、貢士於其君、蓋如此云。古者年七十而致仕、老於鄉里。大夫名曰父師、士名曰少師、而敎學焉、恆知鄉人之賢者。是以大夫就而謀之。賢者爲賓、其次爲介、又其次爲衆賓、而與之飮酒。是以將獻之、以禮禮賓之也。今郡國十月、行此飮酒禮。以③黨正、每歲、邦索鬼神而祭禮、則以禮屬民、而飮酒于序、以、正齒位之説、然此篇無正齒位之事焉。凡於民聚之時、欲其見化知尚賢尊長也。孟子曰、天下有達尊三、爵也、德也、齒也。

傍線①は『周禮』地官・大司徒の文章、傍線②は『周禮』地官・鄉大夫職の文章、傍線③は『周禮』地官・黨正職の文章、である。加賀氏は、『周禮』の文章が引かれたこの鄭玄注について、

これらの文を引いて構成されている右の注を一見すると、「儀禮」を解するのに「周禮」を據用しているから、あたかも「儀禮」は經、「周禮」は傳の關係にあるかのようであるが、熟視すればけっきょく、「儀禮」の鄉飮酒禮を「周禮」の地官・大司徒職の下に結びつけたもので、その關係は逆になっているることがわかる。すなわち、「周禮」の鄉大夫職は天子の鄉大夫職であるから、それを準用して、諸侯の

鄉大夫が賢能を貢ずる法を書いた「儀禮」の鄉飲酒禮を解そうとしているのである。[23]

と説明する。[24]そして、『周禮』①②③それぞれの文章に對する鄭玄注を提示して、「鄭玄における「三禮」の資料調整は、「周禮」を基準とし、「儀禮」「禮記」の記載と對比して、論理的に調整しようとするものであった」[25]と指摘した。さらに、「緻密な、かつ客觀的な解釋にするため、「三禮」のみにとどまらず、「易」・「書」・「詩」・「春秋傳」・「論語」・「孝經」など、ほとんどあらゆる經傳の禮資料を用いようとしており、それによって、極力禮規定の整備をはかろうとしている」[26]鄭玄の注釋態度を述べている。

鄭玄による三禮の緊密な結びつきが『周禮』を基準としていることを、その注釋の實例を以て説明し得たこと、これは、加賀氏の功績にほかならない。しかし、そこには、なぜ『周禮』が鄭玄の禮體系の基準なのか（ひいては經學全體の核となったのか）、という疑問がつき纏う。禮經として三禮の中で最も重視されたから、という答えだけでは到底不充分であろう。これについて、二、三の先行研究を見ておきたい。

まず、加賀榮治氏本人は、こう説明する。

「周禮」が、「三禮注」をつくりあげる上での根本中心基準をなしていることは、そのまま鄭玄が組成しようとする禮體系の根本中心基準を「周禮」におくことである。すなわち鄭玄の禮解釋は、「三禮」それぞれの注釋を完成することばかりではなく、「三禮」の注釋を形成することが、そのまま彼の構想する禮體系を組成することであり、そのばあい禮規定の資料基準を「周禮」においていることは、「周禮」を中心根本の基準としつつ、「儀禮」・「禮記」、さらには一切の經傳の中に含まれている禮規定をも體系づけることであった。それはなにゆえか。鄭玄にあっては、「周禮」が、周公制禮の際の最根本經典であったからである。彼はいう、

周公、摂に居りて六典の職を作る。これを周禮と謂う。云云、政を成王に致せしとき、此の禮を以て授け、雒邑に居りて天下を治めしむ（周禮、天官、注）

すなわち鄭玄においては、「周禮」が周の政道の根本經典であったのである。したがって、より多く日常生活の規範を示す「儀禮」は、同じく周公の制定した禮の經典ではあっても、「周禮」が根本經典・いわゆる經禮であるのに對し、「儀禮」は禮の委曲を記したもの・いわゆる曲禮であるとされる。

經禮とは周禮を謂う。周禮六篇、其の官は三百六十有り。曲とは猶お事のごとし。事禮とは、今禮（儀禮）を謂う。禮篇多く亡び、本の數は未だ聞かず、其のうち事儀は三千なり。（禮記、禮器、禮經三百、曲禮三千、注）

というとおりである。こうして「周禮」を根本基準とする鄭玄の禮體系とは、國家政治の規範を根本中心におき、日常生活の規範に至るまで、さまざまな禮制を包含する一大禮體系であったといえよう。(27)

この加賀氏の説明によれば、『周禮』は周公がさだめた國家政治の規範であり、それを實践する中心地は洛邑であった。『周禮』の描く周王朝こそが、鄭玄の理想の國家構想にほかならない、ということであろう。加賀氏の説明からはここまで言及し得るが、これを大きく前進させたのが、佐原康夫氏の論文「周禮と洛陽」である。佐原氏は、後漢の都・洛陽と『周禮』の關係について考察し、

前漢末に世に知られるようになった『周禮』は、洛邑に築かれた方九里、九經九緯の都城を世界の中心として、方形に區画された空間を天地春夏秋冬の六官が治める、幾何學的に整然とした理想國家を描いている。漢代の儒者たち、特に鄭玄を代表とする古文派は、『尚書』や『左傳』の描く歴史と『周禮』の理念とを整合的に解釋しようとした。その結果西周の歴史は、東都洛邑と西都鎬京が、中心と周縁の動的關係に位置づけられ、王朝と都の歴史的ダイナミズムの原初形態として描かれる。そして後漢の都洛陽は、周公の都の直系として聖化された。(28)

と述べ、鄭玄を含む特に古文學派の知識人たちが、後漢の都・洛陽が『周禮』の描く周公の都の洛邑を繼承する直系の都である、と考えていたことを指摘している。また、佐原氏の所論を受けて、渡邉将智氏は、「そうであれば、鄭玄は『周禮』に見える宮城の構造について、後漢洛陽城の宮城の構造を念頭に置いて解釋していたことになろう。」と述べている。(29)すなわち、國都の洛陽が『周禮』の世界そのものであったとするならば、その時代の人として、鄭玄は『周禮』をどうしても意識せざるを得ない情況にあった、と言う以外にない。事實、いわゆる「建安七子」の一人、徐幹（一七一～二一八）の『中論』についても、「政論・修養論ともにほぼ全面的に『周禮』に基づいている」(30)との指摘もあり、後漢帝國に生きる者が國都の洛陽を通じて『周禮』を意識せざるを得なかった情況の中で、『周禮』の理念が後漢後期に至ってようやく知識人に浸透していったことを表しているのではあるまいか。このように、佐原康夫氏と渡邉将智氏の各所論は、〝鄭玄と『周禮』〟について考える際、きわめて有意義なものの見方を與えてくれる。(31)

ともあれ、鄭玄は、『周禮』を禮解釋の基準としただけでなく經學の核に据えた。このことは、『易』が經學の核としての役割を終えた、ということを意味する。ここで問題となるのは、『易』は、いったい、どうなってしまったのであろうか、[32]また、『周禮』を經學の核に据えた鄭玄自身は、『易』をどう捉えたのであろうか、という『易』に關することである。

四　經學の『易』から玄學の『易』へ

こうした問題を考えるにあたり、手がかりになるのは、辛賢氏の論文「後漢『易』學の終章――鄭玄易學を中心に――」である。辛氏は、鄭玄の『易』注がしばしば禮説に關連づけられていたことを述べ、すなわち、易學における鄭玄の解釋法は、その原義を卦象に求め、次いで據傳解經があり、そしてさらにそれを禮說、とりわけ『周禮』の文に結びつける、そのような態様をもつものであった。このように鄭玄が易解釋においてそれを『周禮』の説に結びつけているのは、彼の「周禮體系」（あるいは「三禮體系」）を骨幹とする禮教的世界觀を反映したものと考えられる。[33]

と、鄭玄の『易』解釋の特徴を擧げている。實は、このことは、加賀榮治氏が「『易』の卦・爻辭のなかで禮にかかわりのもつものを、ほとんどすべて「周禮」に據って解こうとしているのも、鄭玄が、卦・爻辭を文王・周公の作と考えたかぎり、當然のことであったと考えられる。[34]」と指摘していたのであるが、辛氏の論文は、鄭玄の『易』解釋に『周禮』が用いられていることを具體的に論證していて非常に有益である。

經學全體の筆頭であった『易』は、辛氏の説明を踏まえると、「『周禮』の文に結びつけ」られたことにより「周禮體系」に組み込まれ、それを構成する經書の一つに化してしまった。しかし、『易』は、「周禮體系」の中に埋沒したままのテキストではなかった。

『老子』と『易』との關係に着目したい。

前漢末の劉向や後漢の馬融は『老子』注を著しており、[35] 儒者にも『老子』が重視されていたことが理解できる。事實、後漢時代の知識人の中には、『老子』を『易』と併修する者が少なくなかった。[36]『老子』が他の經書とでなく、特に『易』と併修されたのは、理由があった。武田時昌氏は、前漢時代における黄老思想の衰退と、儒學、就中『易』の擡頭との交代劇について、

……老子の學は、謙卦や損益二卦のように道徳論を投影した易卦のフィルターによって、反儒教的な毒素が取り除かれ、學問的な中樞部分に用いられるようになったと考えるべきである。つまり、老子の自然哲學が、易によって新たな讀み替えがなされたのである。易の儒教化は、老子の儒教化でもあった。[37]

と述べている。これを踏まえるならば、後漢時代には、ともに「儒教化」し反發し合わなくなった『易』と『老子』とが、謙虚を説くことや損益の循環論を媒介として通底し、親和性のあるものとして併修されるに至った、ということになる。『易』は儒家の經書の中で筆頭に位置して他の經書を統べる役割を擔っていたことから、從來からの道家―儒家間の對抗意識[38]も相俟って、儒家側における『易』の擡頭によって、道家側における『老子』も相對的に權威を增していった、と思われる。換言すれば、『老子』は、『漢書』藝文

志（『七略』）の分類構造においては、諸子（道家）に屬して、六藝（經學）に從屬するという形をとりながらも、實質的には、從來からの道家―儒家間の對抗意識も作用して、『易』と同格とみなされたのではなかったか、と思われる。そして、これが、『老子』の學問化・經典化を促し、[39]さらには後漢末期の初期道教につながる老子の神格化[40]にも影響を與えたようである。このように、『易』は、後漢時代にそれ相應の役割を果たしてきたテキストであった。

しかし、これは、『易』が經學の核であった時に果たした役割である。『周禮』に經學の核としての位置をとって代わられ、「周禮體系」の中の經書の一つに化した後の『易』は、どうなったのか。このことについて、蜂屋邦夫氏の次の説明を見てみよう。

後漢のすえごろに、それまで國家の統治原理として機能してきた儒教の權威が失墜し、それにともなって、支配階級の知識人たちは儒教にかわる新しい指導理念を模索するようになった。そこに、世界と人間について根本的に反省する氣運が起り、いわゆる「天人の學」が追求され、『易』と『老子』の思想が再評價されてきた。このばあい、『易』は、儒教の經典とはいいながら、その解釋は漢代に行なわれていたものとは違っており、文字どおりの再評價である。[41]

この説明の裏づけとして、後漢末期の仲長統（一八〇～二二〇）の思想をうかがってみることにしよう。仲長統は、その著書『昌言』において、今の政治は疲弊し、風俗は移り變わった。純朴さがなくなり、智恵が出てきてしまった。禮制という歯止めを越え出て、欲望まみれで勝手気儘な振る舞いが見られるようになって久しい。(42)

と、彼の生きた後漢末期の現状認識を記録し、『昌言』の中で様樣な政策提言をしているのではあるが、「樂志論」という著作では、

精神を寢室で落ち着かせ、老子の玄虚について思索をめぐらせ、呼吸によって精神を調和させ、至人であるかのような境地を求めるのだ。(43)

と、仲長統自身が目指した境地として『老子』が示され、さらに彼の詩に、

五經には背を向け、『詩』の風雅などかなぐり捨ててやる。諸子百家のごたごたしたものは、火にくべて焼きたいものだ。(44)

とあるように、仲長統は五經や諸子百家の言説を無益なものとみなしている。これらの文章からは、仲長統が諸子百家や經學に見切りをつけ、それとは異なる地平にある『老子』に據り所をもとめている、ということを指摘できる。

この仲長統の例に限らず、後漢末期においては、官界や俗世間に關與したくない隱逸者(45)や初期道教(46)を考え

てみても、儒家の經書にではなく『老子』に據り所をもとめる人人が少なくなかったと思われる。實は、ここに、「周禮體系」の中の經書の一つに化してしまった『易』の再浮上の鍵があったのである。

上述したように、かつて『老子』は、『易』の擡頭によって、相對的に權威を增していった。そして『老子』の學問化・經典化が促され、さらには老子が神格化を果たして初期道教が成立して老子・『老子』が尊ばれ、後漢末期の人人の據り所とされるほど、『老子』の影響力は大きなものとなっていった。やがて王朝が交替し、經學ではない新しいイデオロギーがもとめられ、人人に對して影響力の大きい『老子』が採りあげられた。注目したいのは、『老子』が採りあげられるということは、必然的に、『易』も採りあげられる、ということを意味した、ということである。なぜなら、『老子』と『易』には、ともに「儒敎化」し反發し合うことなく、謙虛を說くことや損益の循環論を媒介として通底し、親和性がある、という要素があるからである。簡單に言えば、『老子』と『易』の組み合わせは、すでに漢代からあったために、玄學において『老子』が『易』を必要としたのは、自然の成り行きであったのである。(47)

しかし、『易』は、儒家の經書であったという過去を消せはしないものの、經學に代わるイデオロギーがもとめられている中にあっては、漢代の儒者の手垢のついた『易』であってはならなかった。むしろ、それをすべて剝ぎ落した本來の『易』でなければならなかった。これこそ、まさに蜂屋氏の言う「文字どおりの再評價」であり、『易』は、「周禮體系」に埋沒することなく、かつて自らが引き上げた『老子』に今度は逆に引きあげられて再浮上し、玄學のテキストの一つになったのである。

これに『莊子』が加わって三玄が最初にそろうのは、阮籍（二一〇～二六三）においてであった。(48) 特にその『通易論』では、「『易』とは、何か。（易者、何也。）」という『通易論』全體を貫く問いが示すように、阮籍は本來の『易』の理解を心がけ、『易』という書物を通じて、この世界をささえる一定の原理を把握することを目指したのである。

おわりに

以上、本章では、經學の頂點に位置していた『易』が、『周禮』にとって代わられた後、どのようにして玄學の『易』になっていったのか、ということについて、『周禮』の出現とその鄭玄による重視をまじえて、考察した。『易』は、鄭玄の「周禮體系」の中では經書の一つに收まっていたが、後漢末期から魏代へかけての『老子』の大きな影響力により、再浮上することができたのである。

この再浮上した『易』については、附編で論じることにしたい。

注

（1）『易』が前漢末に他の經書を統べる筆頭の位置にあったことについては、本編第五章の注（17）所掲の先行研究を參照。

（2）加賀榮治『中國古典解釋史　魏晉篇』（勁草書房、一九六四年三月）、藤堂明保「鄭玄研究」（一九三七年一二月に東京帝國大學文學部に提出された卒業論文／蜂屋邦夫編『儀禮士昏疏』（汲古書院、一九八六年三月）所收）。藤堂氏の論文は戰前のものであるが、公開されたのは加賀氏の著書より遲い。

（3）會向卒、哀帝復使向子侍中奉車都尉歆卒父業。歆於是總群書而奏其七略、故有輯略、有六藝略、有諸子略、有詩賦略、有兵書略、有術數略、有方技略。今刪其要、以備篇籍。（『漢書』藝文志）

（4）「輯略」の扱いや「六略」という名稱については、本編第五章「『孟子』とその注釋」の「五　テキストの問題（一）――古文系テキストと『孟子』外書――」および注（36）を參照。

（5）六藝之文、樂以和神、仁之表也。詩以正言、義之用也。禮以明體、明者著見、故無訓也。書以廣聽、知之術也。春秋以斷事、信之符也。五者、蓋五常之道、相須而備。而易爲之原。故曰、易不可見、則乾坤或幾乎息矣、言與天地爲終始也。至於五學、世有變改、猶五行之更用事焉。（『漢書』藝文志・六藝略・大序）

（6）川原秀城『中國の科學思想――兩漢天學考』（創文社、一九九六年一月）の「I　術數學」、七六頁。

（7）『史記』魯周公世家に「成王在豐、天下已安、周之官制未次序、於是周公作周官、官別其宜。」とあるように、周公が『周官』を作ったとするのが製作時期としては最古であろう。戰國時代を議論の場としている研究として、例えば、近年の議論には、平勢隆郎「『周禮』の構成と成書國」（『東洋文化』第八一號、東京大學東洋文化研究所、二〇〇一年三月）、平勢説に檢討を加えている井上了「『周禮』の構成とその外族觀」（『中國研究集刊』律號、大阪大學中國学會、二〇〇二年六月）、山田崇仁「『周禮』の成書時期・地域について」（『中國古代史論叢』三集、立命館東洋史學會、二〇〇六年三月）等がある。また、彭林『《周禮》主體思想與成書年代研究（增訂版）』（中國人民大學出版社、二〇〇九年一一月）は、『周禮』は漢初に書かれた、としている。

（8）池田秀三「中國思想史における『周禮』」（『宇野精一著作集　第二巻　月報』、明治書院、一九八六年八月）は、『周禮』の眞僞や制作問題に關して、

　出るべき意見はもう出つくしている。もともと限られた資料しかないのであるから、定説など決せられるわけはないのである。いま最も必要なのは、中國思想史の流れの中において『周禮』を考えるということであると思う。それはまた、經學を思想史として把握せんとする研究方法の一環ともなろう。

（一頁～二頁）

と述べている。筆者も、基本的にこの意見に同意するものである。なお、過去の『周禮』研究を的確にまとめ、特に日本におけるそれに焦點を絞ったものとして、南昌宏「〈日本における『周禮』研究論考〉略述」（『中國研究集刊』月號、大阪大學中國學會、一九九一年六月）のほか、漢字文化圈の讀者を意識した工藤卓司「近一百年日本《周禮》研究概況――1900-2010年之回顧與展望――」（『經學研究論叢』第二〇輯、臺灣學生

書局、二〇一二年一二月）がある。

（9）獻王所得書皆古文先秦舊書、周官・尚書・禮・禮記・孟子・老子之屬、皆經傳説記、七十子之徒所論。其學擧六藝、立毛氏詩・左氏春秋博士。（『漢書』景十三王傳の河間獻王劉德傳）

（10）孝文時得其樂人竇公、獻其書、乃周官大宗伯之大司樂章也。武帝時、河間獻王好儒、與毛生等共采周官及諸子言樂事者、以作樂記、獻八佾之舞、與制氏不相遠。（『漢書』藝文志・六藝略・樂）

（11）自得寶鼎、上與公卿諸生議封禪。封禪用希曠絶、莫知其儀禮、而羣儒采封禪尚書・周官・王制之望祀・射牛事。（『史記』孝武本紀／『史記』封禪書）

（12）周官曰、冬日至、祀天於南郊、迎長日之至。夏日至、祭地祇。皆用樂舞。而神乃可得而禮也。（『史記』封禪書）

實際、現在確認できる『周禮』には、春官・大司樂に「冬日至、於地上之圜丘奏之。若樂六變、則天神皆降。……。夏日至、於澤中之方丘奏之。若樂八變、則地示皆出。」とあり、春官・神仕に「以冬日至、致天神人鬼、以夏日至、致地示物鬽。」とある。

（13）秦自孝公已下、用商君之法、其政酷烈、與周官相反。故始皇禁挾書、特疾惡、欲絶滅之、搜求焚燒之獨悉、是以隱藏百年。孝武帝始除挾書之律、開獻書之路。既出於山巖屋壁、復入于秘府。五家之儒、莫得見焉。（賈公彥「序周禮廢興」所引馬融『周官傳』）

解釋に當たっては、池田秀三「周禮疏序譯注」（『東方學報 京都』第五三冊、京都大學人文科學研究所、一九八一年三月）を大いに參照させていただいた。

（14）周官、壁中所得六篇。（『禮記』孔疏所引『六藝論』）

（15）孔安國所獻禮古經五十六篇及周官經六篇、前世傳其書、未有名家。（『後漢書』儒林列傳下）

（16）而漢時有李氏得周官。周官蓋周公所制官政之法、上於河閒獻王、獨闕冬官一篇。獻王購以千金不得、遂取考工記以補其處、合成六篇奏之。（『隋書』經籍志）

（17）是歳、莽奏起明堂・辟雍・靈臺、爲學者築舍萬區、作市常滿倉、制度甚盛。立樂經、益博士員、經各五人。徵天下通一藝教授十一人以上、及有逸禮・古書・毛詩・周官・爾雅・天文・圖讖・鍾律・月令・兵法・史篇文字、通知其意者、皆詣公車。網羅天下異能之士、至者前後千數、皆令記說廷中、將令正乖繆、壹異說云。

『漢書』平帝紀には、『漢書』王莽傳上のこの記述と對應するものが、元始五（後五）年の記述として、次のとおり掲載されている。

徴天下通知逸經・古記・天文・暦算・鍾律・小學・史篇・方術・本草及以五經・論語・孝經・爾雅教授者、在所爲駕一封軺傳、遣詣京師。至者數千人。（『漢書』王莽傳上）

(18) 歆以周官十六篇爲周禮、王莽時、歆奏以爲禮經、置博士。（荀悦『漢紀』孝成皇帝紀二卷）

ここでは、『周官』は十六篇と記されている。しかし、注（14）・（15）・（16）の各引用文では、『周官』は六篇である。「十」は衍字であろうか、それとも、古文テキストゆえ出現した時の體裁が十六篇であったということか。

(19) 注（2）所掲藤堂明保氏論文、四三二頁。

(20) 重澤俊郎「周禮の思想史的考察」（『東洋の文化と社會』、第四輯、京都大學文學部支那哲學史研究室、一九五五年六月）、四七頁～四八頁。

(21) それでもなお疑問に残るのは、なぜ鄭玄は『周禮』を禮經としたのか、ということである。これについては、池田秀三「讀易緯通卦驗鄭注札記——周禮との關連を中心に——」（中村璋八編『緯學研究論叢——安居香山博士追悼——』、平河出版社、一九九三年二月）が、すでに一つの答えを提出している。池田氏は、鄭玄が『周禮』を用いて解釋している緯書『易緯通卦驗』を檢討し、「……、『通卦驗』と『周禮』の結合によって圜丘祭天の至高の祭祀としての權威が確立したのであり、鄭玄禮學の根本が定められたのである。そしてそれはまた、『周禮』の經禮化への路を開くものであった。」（三八九頁）と述べている。また、これの續篇に位置づけられると思われる池田秀三「鄭學の特質」（渡邉義浩編『兩漢における易と三禮』、汲古書院、二〇〇六年九月）も參照。

(22) この實例に説得力があるのは、間嶋潤一「鄭玄の經書解釋　『三禮』と今文學説・古文學説」（堀池信夫總編集、渡邉義浩・菅本大二編『知のユーラシア3　激突と調和　儒教の眺望』、明治書院、二〇一三年一〇月）が、「『周禮』を中心基軸に『儀禮』『禮記』の『三禮』を交錯・關連させる禮體系構築の典型的な例として、『儀禮』「郷飲酒禮」鄭玄注をとりあげ」（九三頁）、加賀氏の研究を踏まえた旨を注記している（一〇

○頁)、ということからもうかがえる。
(23) 注(2)所掲加賀榮治氏著書の第二章第三節二「鄭玄「三禮注」の優位とその理由」、一六〇頁。
(24) 加賀氏は、「『儀禮』の注でしばしば「周禮」を引くのは、たんに「儀禮」の傍證としてではなく、「儀禮」は、「周禮」を基準として周禮へ結びつけて位置づけられているのである」(注(2)所掲加賀榮治氏著書、一六七頁)とも述べている。
(25) 注(2)所掲加賀榮治氏著書、一六二頁。
(26) 注(2)所掲加賀榮治氏著書、一六四頁。加賀氏は、別の箇所で、「鄭玄は、その禮體系に位置づけるべき禮規定を、「三禮」以外の諸經傳の記載からも求めて、すべて禮體系に位置づけ、その體系の組成をはかっている。その結果、あたかも全經傳がみな禮體系に統合組成されるような觀を呈するに至った」(著書一五七頁)と述べている。なお、楊天宇『鄭玄三禮注研究』(天津人民出版社、二〇〇七年四月)は、「鄭注《三禮》,每引今文經,傳以釋古文經,引古文經,傳以今文經。」(第六章の二、一八七頁)と述べるにとどまる。
(27) 注(2)所掲加賀榮治氏著書、一六六頁～一六七頁。
(28) 佐原康夫「周禮と洛陽」(奈良女子大學21世紀COEプログラム報告集vol.14、古代日本形成の特質解明の研究教育據點編集・發行『奈良女子大學21世紀COEプログラム　古代都市とその形制』、二〇〇七年八月)、四二頁。佐原氏は、別の言葉で、「漢儒にとって、周公の事績を重んずることは、とりもなおさず首都洛陽を周公の都城の直系として位置づけることであった。」(三八頁)と述べている。
(29) 渡邉将智「後漢洛陽城における皇帝・諸官の政治空間」(原掲誌掲載は二〇一〇年一二月/渡邉将智『後漢政治制度の研究』、早稲田大學出版部、二〇一四年三月)、二五五頁。
(30) 注(8)所掲池田秀三氏論文、二二頁。
(31) 〝鄭玄と『周禮』〟と言えば、間嶋潤一『鄭玄と『周禮』――周の太平國家の構想――』(明治書院、二〇一〇年一一月)を想起するが、この本を讀み、筆者が依然として解らなかったのは、なぜ鄭玄によって『周禮』が重視されたのか、という點である。例えば、間嶋氏は、鄭玄が經書解釋として、まず『周禮』をとりあげ『周禮注』を著したのは當然の選択だった、と述べる(四八頁)。しかし、「當然の選択」にも理由があろう。すなわち、この本は、（先行研究で幾度も述べられた）鄭玄による『周禮』重視を前提として書かれている、と言える。同様の趣旨のことは、井ノ口哲也「書評　鄭玄と『周禮』――周の太平國家の構想――　間嶋潤一著」（『新しい漢字漢文教育』第五四號、全國漢文教育學會、二〇一二年五月）で述べたことがある。

（32）堀池信夫「鄭玄學の展開」（『三國志研究』第七號、三國志學會、二〇一二年九月）の【補遺】に「講演の際の質疑において、東京學藝大學の井ノ口哲也氏から、おおむね以下のような質問を頂戴した。「漢代を通じて『易經』が經書の筆頭に置かれる傾向が強まってきている。したがって、鄭玄においても「三禮」の上位には『易經』があったのではないか」。」（一四頁）と記されている。しかし、これは、筆者が質問したこととズレのある記述になってしまっている。

筆者は、二〇一一年八月二七日に京都大學人文科學研究所大會議室で開かれた三國志學會第六回大會に出席し、堀池信夫氏の講演「鄭玄學の展開」を聴いた際に、「劉歆『七略』を踏襲した後漢前期の『漢書』藝文志では『易』が他の五經を統べる構造になっていたのに、後漢後期に鄭玄によって『周禮』が經學の核に据えられたのであれば、その時、『易』はどうなってしまったのか。」という質問をしたのである。筆者は、『易』が六經の筆頭であったのは『七略』・『漢書』藝文志の頃のことであると言ったのであり、「漢代を通じて『易經』が經書の筆頭に置かれる傾向が強まってきている」とは考えていない。また、「鄭玄においても「三禮」の上位には『易經』があったのではないか」とも考えていない。筆者は、ただ單に、經學の核としての位置を『周禮』にとって代わられた『易』はどうなってしまったのか、を尋ねたにすぎない。もしかすると筆者が質問した時に舌足らずであったのか、口頭での正確な意思傳達の難しさを痛感している。雜誌という多くの人人が讀む媒體に印刷されてしまった以上、筆者の考えが誤解されることのないよう、この場を借りて、あえて訂正しておく。

（33）辛賢「後漢『易』學の終章――鄭玄易學を中心に――」（『東方學』第一〇七輯、東方學會、二〇〇四年一月）、三〇頁。

（34）注（2）所掲加賀榮治氏著書、一六八頁～一六九頁。

（35）『漢書』藝文志の諸子略・道家に「劉向 説老子四篇」が著録されている。馬融の『老子』注については、范曄『後漢書』馬融列傳に「注孝經・論語・詩・易・三禮・尚書・列女傳・老子・淮南子・離騷」とある。また、白虎觀會議に出席した淳于恭は、「善説老子、清靜不慕榮名。」（范曄『後漢書』淳于恭傳）と傳えられる。

（36）『老子』と『易』の併修の例は、范曄『後漢書』において、「九歳通論語・孝經、及長、習梁丘易・老子、教授後生。」（范升傳）、「能通京氏易、好黄老言。」（方術列傳上・折像傳）、「隱居不仕、性尚中和、好通老・易。」（逸民列傳・向長傳）などと確認できる。

（37）武田時昌「損益の道、持滿の道――前漢における易の擡頭」（『中國思想史研究』第一九號、京都大學文學部中國哲學史研究會、一九九六年一二月）、六二頁。

（38）後漢時代における道家―儒家間の對抗意識をあらわすものとしては、范曄『後漢書』劉陶傳に、「陶著書數十万言、又作七曜論、匡老子、反韓非、復孟軻、……。」と、老子やその影響を受けた韓非を評價せず孟子を再評價する趣旨の著作を著わした例がある。また、黄老を支持した王充の『論衡』問孔篇・非韓篇・刺孟篇にも注目しておきたい。

（39）田中麻紗巳「後漢の道家思想について――處世・實践における考察――」（『東方學』第五十輯、東方學會、一九七五年七月／田中麻紗巳『兩漢思想の研究』（研文出版、一九八六年一〇月）に加筆修正のうえ「後漢の道家思想」として収録）は、後漢時代には儒學における學問化・經典化と共に、『老子』にもその傾向があったことを述べている。

（40）老子の神格化については、『易』の擡頭によって『老子』が引き上げられたことのほか、從來からの神仙思想、邊韶『老子銘』（『隸釋』巻三所收、一六五年）、中國に傳來した佛教の浮圖（浮屠）と老子の爲政者による祭祀、太平道・五斗米道の成り立ち、『老子變化經』（スタイン文書二二九五）等の要素からの檢討を要するが、とりわけ對抗意識のある儒家側の緯書による孔子の神格化の影響が大きいのではないか、と思われる。浅野裕一「緯書による孔子の神秘化」（原載誌掲載は一九九五年一二月／浅野裕一『孔子神話――宗教としての儒教の形成』（岩波書店、一九九七年二月））を參照。

（41）戸川芳郎・蜂屋邦夫・溝口雄三『儒教史』（山川出版社、一九八七年七月）の「第三章　儒教權威の相對化――三教交渉の時代――」の「1　時代思潮」、一四一頁。

（42）時政彫敝、風俗移易。純樸已去、智惠已来。出於禮制之防、放於嗜欲之域久矣。

（范曄『後漢書』仲長統傳所引『昌言』損益篇）

李賢の注に一部示されるように、「純樸已去、智惠已來。」は、『老子』第十八章の「大道廢、有仁義。智慧出、有大僞。」を踏まえたものである。「純樸已去」の「樸」は、『老子』の複数の章に出てくる、人の手が加えられていない素樸さ（=道）を形容する語である。注（42）所引の范曄『後漢書』仲長統傳の「思老氏之玄虚」と併せて考えると、仲長統が『老子』の影響をかなり受けていることを指摘できる。

（43）安神閨房、思老氏之玄虚、呼吸精和、求至人之仿佛。（范曄『後漢書』仲長統傳所引「樂志論」）

（44）叛散五經、滅棄風雅。百家雜碎、請用從火。（范曄『後漢書』仲長統傳所掲の仲長統の詩）

（45）後漢時代の處士・隱逸・逸民については、第2章の注（82）所掲の先行研究を參照。

（46）太平道に關しては、范曄『後漢書』皇甫嵩傳に、「初、鉅鹿張角稱大賢良師、奉事黄老道、……。」とあって、張角が黄老道に事えたことが記される。五斗米道に關しては、『三國志』張魯傳裴松之注所引『典略』に、「祭酒主以老子五千文使都習號爲姦令。」とあって、信者に『老子』を學習させたことが記される。

（47）早世した王弼（二二六～二四九）の著作に『老子注』『周易注』があることも想起される。

（48）阮籍の三玄の學については、本書附編の三篇を參照。

第七章　顔囘像の變遷

はじめに

顔囘は、孔子の數多くの弟子たちの中で、孔子から唯一、自分より能力が上であると認められた者である（『論語』公冶長篇、後掲の『論語』本文2）。しかし、後世の者たちから、顔囘はそのように評價されてきたであろうか。

本章では、まず『論語』本文からうかがえる顔囘像を確認し、次に「顔氏の儒」との關連で『莊子』における仲尼と顔囘の會話について檢討する。さらに、上海博物館所藏戰國楚竹書『顔淵問於孔子』について、表現や内容の面から、成立の背景をさぐる。そして、『史記』の孔子世家と仲尼弟子列傳の顔囘傳に焦點を絞って顔囘についての記述内容を確認し、前漢時代の説話における孔子と顔囘の會話に注目したあと、王充『論衡』・『論語』鄭玄注等を手がかりにして、後漢時代における顔囘像について、私見を述べる。

我我は、顔囘像の變遷を通して、新たに何を知ることができるであろうか。

一　『論語』本文

『論語』には、顔回の名が出るくだりが都合二十一ある。いま、1～21の番號を振ったうえで、それらを通行本『論語』における登場順（篇名順）に竝べると、以下のとおりである。

なお、（　）内の文言は、現存最古の『論語』である前漢時代の定州漢墓竹簡『論語』の文言である。今のところ、これが『論語』のオリジナルの姿に最も近いものであろう。定州漢墓竹簡『論語』に關しては、河北省文物研究所定州漢墓竹簡整理小組『定州漢墓竹簡　論語』（文物出版社、一九九七年七月）と、これを北京大學儒藏編纂中心が校勘した「定州漢墓竹簡《論語》」（『儒藏　精華編二八一册　出土文獻類』、北京大學出版社、二〇〇七年四月）とに據った（このうち、底本には儒藏本を用いたが、會話文の「　」表記や句讀點等に從わなかった處がある）。

1　子曰、吾與回言終日、不違如愚。退而省其私、亦足以發。回也不愚。（爲政篇）
（〔子曰、〕吾與回言終日、不違、〔如〕愚。退而省其私、亦足（第一四號簡）……）

2　子謂子貢曰、女與回也孰愈。對曰、賜也何敢望回。回也聞一以知十、賜也聞一以知二。子曰、弗如也。吾與女弗如也。（公冶長篇）

3　顏淵・季路侍。子曰、盍各言爾志。子路曰、願車馬衣輕裘、與朋友共、敝之而無憾。顏淵曰、願無伐

善、無施勞。子路曰、願聞子之志。子曰、老者安之、朋友信之、少者懷之。（公冶長篇）
（…毋玫。顏淵曰、願毋伐□、毋□（第一〇四號簡）……〔願〕聞子之志。子曰、老者安〔之、佾友信之、少者〕（第一〇五號簡）……）

4　哀公問曰、弟子孰爲好學。孔子對曰、有顏回者、好學、不遷怒、不貳過、不幸短命死矣。今也則亡、未聞好學者也。（雍也篇）
（〔哀公〕問、弟子孰爲好學。孔〔子對曰、〕有顏回者好學、（第一一〇號簡）……過。不幸短命死矣、〔今也則亡、未聞好學者也〕。（第一一一號簡））

5　子曰、回也、其心三月不違仁、其餘則日月至焉而已矣。（雍也篇）

6　子曰、賢哉回也。一簞食、一瓢飲、在陋巷。人不堪其憂、回也不改其樂。賢哉回也。（雍也篇）
（子曰、賢哉、回也。一簞食、一（第一二〇號簡）……）

7　子謂顏淵曰、用之則行、舍之則藏、唯我與爾有是夫。子路曰、子行三軍、則誰與。子曰、暴虎馮河、死而無悔者、吾不與也。必也臨事而懼、好謀而成者也。（述而篇）
（〔謂顏淵曰、用則行、舍之則臧、唯〕（第一四四號簡）……路曰、子（第一四五號簡）……子曰、暴虎馮河（第一四六號簡）……〔吾弗〕與也。必也臨事而懼、好謀而成者□。（第一四七號簡））

8　顏淵喟然歎曰、仰之彌高、鑽之彌堅、瞻之在前、忽焉在後。夫子循循然善誘人。博我以文、約我以禮。欲罷不能、既竭吾才、如有所立卓爾、雖欲從之、末由也已。（子罕篇）
（……〔淵喟然嘆曰、〕卬之迷高、□□迷堅。瞻之在前、忽（第二二二號簡）……〔然善牖人、博〕我以文、約我以禮、（第二二三號簡）……璽。雖欲從之、未由也〔已〕。（第二二四號簡））

9　子曰、語之而不惰者、其回也與。（子罕篇）
（……不隋者、其回也與。（第二三二號簡））

10　子謂顏淵曰、惜乎、吾見其進也、未見其止也。（子罕篇）
（子□□□□□□〔吾見其進〕也、未見其止也。（第二三三號簡））

11　德行、顏淵・閔子騫・冉伯牛・仲弓。言語、宰我・子貢。政事、冉有・季路。文學、子游・子夏。（先進篇）
（……淵、閔子騫、冉伯（第二六一號簡）……有、子路。文學、子〔游・子夏〕。（第二六二號簡））

12　子曰、回也非助我者也、於吾言無所不說。（先進篇）
（子曰、回〔也非助我者也、於〕吾言無所不說。（第二六三號簡））

13　季康子問、弟子孰爲好學。孔子對曰、有顏回者。好學、不幸短命死矣。今也則亡。（先進篇）
（……短命死矣、今也則亡。（第二六五號簡））

14　顏淵死。顏路請子之車以爲之椁。子曰、才不才、亦各言其子也。鯉也死、有棺而無椁。吾不徒行以爲之椁。以吾從大夫之後、不可徒行也。（先進篇）
（顏淵死、顏路請子之〔車〕□□□□。孔〔子曰、材不材〕、（第二六六號簡）……〔言〕其子也。鯉也死、有〔棺無郭。吾不徒行以爲之郭〕。（第二六七號簡）……從大夫之後也、吾不可（第二六八號簡）……）

15　顏淵死。子曰、噫、天喪予、天喪予。（先進篇）

16　顏淵死。子哭之慟。從者曰、子慟矣。子曰、有慟乎。非夫人之爲慟、而誰爲慟。（先進篇）
（〔顏淵死、子哭之動。從者曰、子動矣。曰〕（第二六九號簡）……）

17　顏淵死。門人欲厚葬之。子曰、不可。門人厚葬之。子曰、回也視予猶父也、予不得視猶子也。非我也、夫二三子也。（先進篇）
（〔顏淵死、門〕人欲厚葬之。子曰、不可。（第二七〇號簡）……〔回〕也視予猶父也、予不〔得視□子也。非我也、夫二三〕（第二七一號簡））

18　子曰、回也其庶乎、屢空。賜不受命而貨殖焉、億則屢中。（先進篇）
（孔子〔曰、回也其庶乎〕、（第二八二號簡）居空。賜〔不受命〕、○貨殖焉、意則居中。（第二八三號簡））

19　子畏於匡。顏淵後。子曰、吾以女爲死矣。曰、子在、回何敢死。（先進篇）
（子畏於匡、顏淵後。子曰、吾以女爲死矣。曰、子在、回何敢（第二九○號簡）……）

20　顏淵問仁。子曰、克己復禮爲仁、一日克己復禮、天下歸仁焉、爲仁由己、而由人乎哉。顏淵曰、請問其目。子曰、非禮勿視、非禮勿聽、非禮勿言、非禮勿動。顏淵曰、回雖不敏、請事斯語矣。（顏淵篇）

21　顏淵問爲邦。子曰、行夏之時、乘殷之輅、服周之冕、樂則韶舞。放鄭聲、遠佞人。鄭聲淫、佞人殆。（衞靈公篇）
（……曰、行夏之□、乘殷之路、服周之絻、〔樂則□〕（第四二五號簡）〔武。放鄭聲、遠年人。鄭聲淫、年人殆〕。（第四二六號簡））

この『論語』の二十一箇所の記述からは、孔子の言うことを素直に受け入れ、貧しい生活の中にあっても、自らの樂しみを改めず、全力投球で精進を重ねる優秀な顏回の姿を描くことができよう。

木村英一氏は、「思うに顏淵は孔子と全く一體であって、もし孔子が居なければ彼はどんなであったかは想像し難い。」と述べ、また、顏淵を「聖人孔子の影のような存在」とも表現している。(1)事實、一次資料において顔回は、基本的にほとんどきまって孔子と一緒に登場する。

さて、次に引用する『韓非子』顯學篇によれば、孔子の死後、儒家は八派に分かれた。

世の中で名を知られている學派は、儒家と墨家である。儒家の最高峰は、孔子である。墨家の最高峰は、墨翟である。孔子の死以來、（儒家は）子張の儒・子思の儒・顔氏の儒・孟氏の儒・漆雕氏の儒・仲良氏の儒・孫氏の儒・樂正氏の儒が起こった。……。そういうわけで孔子・墨翟の後、儒家は八つに分かれ、墨家は三つに分かれ、……。(2)

八派のうち「顔氏の儒」については、皮錫瑞氏と郭沫若氏に考察がある。まず、皮氏の『經學歷史』からその見解をうかがってみよう。

『韓非子』は八儒に顔氏がいると言及する。孔子門下の弟子に、顔氏を名乘る者は八人おり、顔氏だからといって子淵かどうかは分からない。(3)

これに對する周予同氏の注には、こうある。

『史記』仲尼弟子列傳を調べると、顔回以外に、顔無繇・顔幸・顔高・顔祖・顔之僕・顔噲・顔何七人がおり、それで（皮錫瑞は）「顔氏を名乘る者は八人おり」と言っているのだ。子淵とは、顔回の字である。(4)

すなわち、皮氏は、「顔氏の儒」が顔回の系統の儒者たちを指すかどうかは分からない、とする立場である。筆者は、皮氏の見解は穩當である、と思う。

次に、郭氏の『十批判書』からその見解をうかがってみよう。

「顔氏の儒」とは顔回の一派を指すに違いない。顔回は孔子門下の第一人者であり、彼は早世したものの、生前にすでに「門人」がいたのである。この一派の典籍と活動狀況は、殘念なことに傳わらなくなってしまった。ただ顔回一個人についてのみ、我我は『論語』やその他の書籍に資料をさがすことができる。我我は、彼が「その心に三月ものあいだ仁を損なわずに保ち續ける」人であり、「質素な食事をとり、みすぼらしい路地裏に暮らし、ふつうの人ならそのつらさに堪えられないが、顔回はそういう情況でも自らの樂しみを變えなかった」ことを知っている。彼は明らかに世を避ける傾向が強く、そのために『莊子』中に彼に關する資料がとりわけ多く、全體で都合十箇所、すなわち「人間世」「天運」「至樂」「達生」「田子方」「知北遊」諸篇に各一つ、「大宗師」「讓王」二篇に各二つ、見えている。(5)

ふつうに考えれば、顔回は、孔子より先に死んだのであるから、「顔氏の儒」は、孔子沒後の顔回の系統の學派ではないであろう。『論語』や後揭の『史記』仲尼弟子列傳からは、顔回に門弟がいたことを確認することができない。郭氏の言う「門人」は、「顔氏の儒」が顔回の一派であってほしいことをどうにか説明するための辻褄合わせに用いられたものではないのか。

いずれにせよ、郭氏が指摘するように、『莊子』には、顔回が多く登場する（郭氏はその數を十とするが、間違いである。筆者の計數によると、十五が正しい)。このことの意味を考えてみたい。

二　『莊子』における仲尼と顔回の會話

さて、郭沫若氏は、莊周が「顏氏の儒」から出たのではないか、と考えた。まず、彼の『十批判書』から、そのくだりを見ておこう。

韓愈は莊子が儒家ではないかと疑った。田子方の門から出たというのは、わずかに外篇に田子方篇があることに依據して說をなしているが、これは武斷であった。私は莊子が「顏氏の儒」ではないかと疑っている。書中には顏回と孔子の對話が引かれることが多いが、いずれも重要な話は多くなく、これまでの人はたいていそれらの話を「寓言」とみなして粗略に扱ってきた。それは、のちに完成された正統派の儒家の觀念によって下された判斷であり、實際孔子門下の一・二代の頃は、儒家はそんなに純正でなかったし、儒家の八派のうち、半數以上はすでに完全に消滅してしまったのである。(6)

莊周が「顏氏の儒」から出た證左として、郭氏によって『論語』本文8との關連を指摘されているのが、次の田子方篇の文章である。

顏淵は仲尼に尋ねて言った。「先生が歩けば私も歩きます。先生が急ぎ足で行けば私も急ぎ足で參ります。先生が驅け出せば私も驅けます。先生が猛スピードで走り去り、塵さえ巻き起こらないのであれば、私は後ろに殘されて目を見開いて驚くばかりです。」

先生がおっしゃった。「回君、それはどういうことですか。」

『先生が歩けば私も歩きます』というのは、先生が發言すれば私も發言する、ということです。『先生が急ぎ足で行けば私も急ぎ足で參ります』というのは、先生が議論をされれば私も議論をする、ということです。『先生が驅け出せば私も驅けます』というのは、先生が道に言及すれば私も道に言及する、ということです。『先生が猛スピードで走り去り、塵さえ巻き起こらないのであれば、私は後ろに殘されて目を見開いて驚くばかりです』というのは、先生が何も言われないのに人人から信頼され、徒黨を組まなくても人人から親しまれ、君主の器が無いにもかかわらず庶民は先生の前に集まるのですが、御本人はそうなる理由を全く御存じない、ということです。」

仲尼は言った。「ああ、よく考えないといけないことですね。……。(7)」

郭氏は、田子方篇のこの文章は『論語』本文8が原型であり、「顏氏の儒」から出ていると說く。(8) 衣笠勝美氏も「確かにこの兩章の記述は酷似している。」と述べる。(9) しかし、筆者には、「酷似している」ようには思えない。孔子を尊敬する師と仰ぎ見、孔子をとても追いつけない存在である、としている點が共通している程度であり、文言を踏襲している等の特徴は見られない。ちなみに、『論語』本文8の子罕篇ではないものの、田子方篇中の「不比而周」が『論語』爲政篇の「子曰、君子周而不比、小人比而不周。」を、「無器」がやはり『論語』爲政篇の「子曰、君子不器。」を、それぞれ踏まえていることは確認できる。

ただ、『莊子』の作者が『論語』の表現を用い、孔子と顔回を特別に意識していたことは事實である。『莊子』の作者は、『論語』の表現を利用し孔子と顔回を登場させることに、いったい何を意圖したのであろうか。

實際に、『莊子』における、仲尼と顔回の會話の實例を見ることにしたい。例えば、大宗師篇に、

顔回は「私には進境がありました。」と言った。

仲尼は「どういうことですか。」と尋ねた。

（顔回は）「私は仁義を忘れることができるようになりました。」と答えた。

（仲尼は）「それはよいことですが、それでもまだ不充分です。」と應じた。

後日、（顔回は仲尼に）再びお目にかかり、「私には進境がありました。」と言った。

（仲尼は）「どういうことですか。」と尋ねた。

（顔回は）「私は禮樂を忘れることができるようになりました。」と答えた。

（仲尼は）「それはよいことですが、それでもまだ不充分です。」と應じた。

後日、（顔回は仲尼に）またお目にかかり、「私には進境がありました。」と言った。

（仲尼は）「どういうことですか。」と尋ねた。

（顔回は）「私は坐忘の境地にいたりました。」と答えた。

仲尼は表情をひきしめ、「坐忘とはどういうことですか。」と尋ねた。

顔回は「手足や胴體を捨て、耳や目の感覺を無くし、肉體から離れ知を除き去ると、道と同化します。

これが坐忘です。」と答えた。
　仲尼は「道と同化すれば好きなもの（への偏り）も無くなります。道のもとで變化していれば一定不變でいることもなくなるのです。君はやはり賢いね。私も君の後につき從って御指導いただきたいくらいです。」と應じた。(10)

とある仲尼と顏回の一連の會話は、顏回が師・孔子を相手に、「仁義」「禮樂」を「忘」れた先に、「坐忘」の境地に達したことを説いたものである。すなわち、儒家の二人の大物に、儒家の大看板とも言える「仁義」「禮樂」を自己否定させたうえで、『莊子』の重要な思想である「坐忘」の價値や意義を語らせているのである（なお、この大宗師篇の話は『淮南子』道應篇に受け繼がれる）(11)。
　こうした仲尼と顏回の會話について、池田知久氏は、

この問答は、勿論『莊子』の創作であって、戰國時代後期に最も羽振りのよい學派の宗師とその高弟とに、對立するわが道家の道を解説させているのは、一つには儒家聖賢の權威を冒瀆すること、二つにはその流れを汲む現代儒家を皮肉ること、三つにはわが道が他學派の宗師・高弟にも支持されるほど、深く正しく普遍性をもつことを訴えること、などのためであろう。(12)

と述べている。筆者もこれに贊成であるが、同時に、孔子と顏回という儒家の大物の權威を借りなければ自己の重要な思想を傳え得ない『莊子』の作者の置かれた立場をうかがい知ることができる。

さらに、仲尼と顔回の會話で注目されるのは、孔子が遭った「陳・蔡之閒」の厄に關する話であり、『莊子』には、山木篇[13]・讓王篇[14]・天運篇[15]に見える。『論語』には、孔子の遭難に關する記事が述而篇・子罕篇・先進篇・衞靈公篇に見える。これを受け繼いで潤色を加え、具體的に大きく膨らませていったのが、『莊子』であった、ということか。

このほか、次の『莊子』讓王篇の事例のように、

孔先生が顔回に「回君、ちょっと來なさい。君は貧乏暮らしで社會的地位もひくい。どうして出仕しないのですか。」と問うた。

顔回は「出仕したくありません。私には城外に五十畝の田畑があり、お粥をするには充分ですし、城内の十畝の田畑は、絹糸や麻糸を作るのに充分です。琴を奏でれば充分愉快な気持ちになりますし、先生から敎えていただいた道は、充分樂しいです。私は出仕したくありません。」と答えた。

孔先生は顔色を變えて姿勢を正してこう言った。「すばらしいね、回君の考えは。私は『足るを知る者は、利益のある話に自分を卷き込まない。自分とは何かを詳しく知る者は、眼前の物を失ってもくよくよしない。行動が心で整えられている者は、社會的地位がなくても恥じない。』という言葉を聞き知っており、私はこの言葉を長い閒唱え續けています。いま回君の答えの中でようやくこの事例を見つけました。これは私にとって收穫です。[16]」。

と、顔回の貧窮と不出仕を話題として提示し『老子』の「足るを知る」を說くものや、『莊子』人閒世・至

樂の二篇には、顔回の政治力の無さを話の種にして「心齋」等の重要な思想を説かせるくだりがある。いま至樂篇の文章を擧げる。

顔淵が東方の齊の國へ行ってしまった。孔先生は心配の表情を浮かべていた。子貢は座席を下りて（立ち上がって）尋ねた。「質問があります。回君は東方の齊の國へ行ってしまいましたが、先生は御心配の御様子です。どうしてでしょうか。」孔先生が答えた。「いい質問ですね。むかし管先生はこういう言葉をおっしゃいました。私がとてもすばらしいと思っているものです。それは、『小さい布袋では大きい物を包めない。短い縄では深い井戸から水を汲めない。』という言葉です。そもそもこの言葉のとおりなら、賦與された命には最初から決められているものがあり、ものの形體にはそれぞれ適合するものがある、ということになります。減らしたり増やしたり（して眼前のものに合わせて調整することは）できません。私は回君が齊の君主に堯・舜・黄帝の道を語り、加えて燧人・神農のことまで言い出すのではないかと心配しているのです。齊の君主は自己の中に聖人の道を求めるでしょうが得られないでしょう。得られなければ困惑します。困惑したら回君を殺すでしょう。……」[17]

この至樂篇の話でも、人間世篇の話でも[18]、孔子は、顔回の政治上の能力に憂慮を示している。先に引用した全二十一條の『論語』本文では、21で顔回が政治を問うているのみであり、顔回が政治に不向きであったかどうかは、『論語』本文からは、よく分からない。但し、本文7の「用之則行、舍之則藏。唯我與爾有是夫。」がもし政治にも關係する孔子の言であるならば、『莊子』中に示される顔回に對する政治能力への懸念は、これと相容れないのではないか。

白川静氏は、莊周について、以下のように述べている。

……。莊子はことに顔回を愛した。この若い俊才は、その師孔子との對論において、おおむねつねにその師を論破し、低頭させている。それで郭沫若氏は、莊子の學は顔氏の儒から出たものであろうと推測しているが、それは確かに鋭い指摘である。顔氏の儒は、孔子晩年の思想を繼承したものであろう。……。

儒家に對するきびしい批判者とされる莊子は、その精神的系譜からいえば、むしろ孔子晩年の思想の直系者であり、孟子は正統外の人である。孟子は自ら「孔子に私淑するもの」〔孟子・離婁下〕と稱したが、私淑という點では、むしろ莊周の方が深いともいえるのではなかろうか。(19)

白川氏も郭氏と同樣に、顔回と莊周との結びつきが、むしろ儒家の孟子よりも強い、ということを認めている。(20)その『孟子』では、離婁篇下に、

禹・后稷は平和な時代にめぐりあったが、三たび自宅の門を通りすぎても家に入ることがないほど忙しかった。孔先生は彼らを賢者として評價した。顔先生は亂世にめぐりあった。みすぼらしい路地裏に住

み、食事は質素であり、ふつうの人ならそのつらさに堪えられないが、顔先生は自らの樂しみを變えなかった。孔先生は彼を賢者として評價した。孟先生は、こうおっしゃった。「禹・后稷・顔回は道を同じくする。禹は天下に溺れる者がいると自分が溺れさせてしまったと考えた。后稷は天下に飢えている者がいると自分が飢えさせてしまったと考えた。……。禹・后稷・顔先生は、活躍する場所をかえれば、みな同じである。……。」(21)

とあるように、めぐりあわせた時や擔う職責は三者三様であるが道は同じであるとし、顔回を禹や后稷と同等とみなしている。但し、ここで、三者は「孔子賢之」とされている。これにちかいのが、『易』傳の考え方である。『易』繫辭下傳には、こうある。

先生はこうおっしゃった。「顔君は、ほぼ聖人にちかいね。不善があれば、それに氣附かなかったことはない。氣が附けば、二度と不善を繰り返さない。」『易』(復卦の上九)に「遠くないうちに元にもどれば(失敗が大きくならないうちに最初に立ち返れば)、悔いに至ることもない。大いに吉。」とある。(22)

すなわち、この段階では聖人にちかいとされたものの、顔回を明確に聖人とみなす評價をくだしている記述は見當たらないのである。(23)

三　『顏淵問於孔子』

ここでは、上海博物館所藏戰國楚竹書『顏淵問於孔子』の全文について、ひとまず底本の簡番號順に從って筆者による釋文を示す。(24)そのうえで、新たな配列案に從って試譯を示したあと、表現（言葉遣い）や思想内容から檢討を加え、私見を述べたい。

（釋文）底本の寫眞版に基づき、一つの簡とされるもののうち、簡が切れてしまっているばあい、その切れ目を便宜的に「／」で示す。切れている簡の上部をA、下部をBと呼ぶ（該當する簡は、第一簡・第二簡・第五簡・第六簡・第十二簡である）。

也。害（顏）困（淵）𦖞（問）於孔＝（孔子）曰、敢𦖞（問）君子之内事也又（有）道虐（乎）。孔＝（孔子）曰、又（有）。害（顏）困（淵）、敢／𦖞（問）可（何）女（如）。孔＝（孔子）曰、敬又（宥）佌（過）、而　（第一簡）

〔又（有）〕司、所以／敬又（宥）佂（過）、所以爲緩（寬）也。先　（第二簡）

必不才（在）戀（慈）之内矣。害（顏）困（淵）西　（第三簡）

内矣。俑（庸）言之信、俑（庸）行之敬　（第四簡）

則訦（辭）、所以昜（揚）信也。奮（蓋）君子之内事也女（如）此矣。𡨦（顏）困（淵）曰、君子之内／事也、悥（回）既䎽（聞）命矣。敢䎽（問）　（第五簡）

君子之内教也又（有）道虐（乎）。孔=（孔子）曰、又（有）。𡨦（顏）困（淵）、敢䎽（問）可（何）女（如）。孔=（孔子）曰、攸（修）身以／先、則民莫不從矣。前（謙）　（第六簡）

以専（博）悘（愛）、則民莫遐（遺）新（親）矣。道（導）之以僉（儉）、則民智（知）足矣。前（謙）之以讓、則民不静（爭）矣。或（又）迪而教　（第七簡）

〔君子讓〕而旻（得）之、少（小）人静（爭）而達（失）之。　（第八簡）

之、能=（能能）、戔（賤）不喿（肖）而遠之、則民智（知）欽（禁）矣。女（如）進者藿（勸）行、退者智（知）欽（禁）、則亓（其）於教也不遠矣。𡨦（顏）困（淵）曰、　（第九簡）

君子之内教也、悥（回）既䎽（聞）矣=（矣已）。敢䎽（問）至名。孔=（孔子）曰、悳（德）城（成）則名至矣、名至必俾（卑）身=（身、身）紿（治）大則（則大）录（禄）。　（第十簡）

旻（得）靑（情）〓。老〓（老老）而繼（慈）學（幼）、所以凥（處）急（仁）也、敓（豫）絞而收貧、所以取
（第十一簡）

〔先〕又（有）司、老〓（老老）而繼（慈）學（幼）、敓（豫）絞而收貧。彔（祿）不足則靑（請）、又（有）余
（第十二簡）

（餘）則詒（辭）。／新（親）也。彔（祿）不足則靑（請）、又（有）余（餘）
（第十二簡）

屰（逆）行而信、先凥（處）忠也。貧而安樂、先凥（處）
（第十三簡）

示則斤、而母（毋）谷（欲）旻（得）安（焉）。
（第十四簡）

實は、先學が指摘しているとおり、『顏淵問於孔子』は、底本の簡番號順の配列のままでは、讀めない。簡番號をアラビア數字で示した新たな配列として、

1＋（12A＋2B）＋（2A＋11＋12B）＋5＋6＋7＋9＋10

という案が示されている。[25]この新たな配列案に基づき、以下に筆者による試譯を示す（分からず譯せない箇所は……で表記する）。

（試譯）

……である。

顏淵が孔先生に「おうかがいいたします。君子の内事には道がありますか。」と尋ねた。

孔先生は「あります。」とおっしゃった。

顏淵は「おうかがいいたします。それはどのようなものでしょうか。」と尋ねた。

孔先生はこうおっしゃった。「つつしんで（人の）過失をゆるします。役人に率先してやらせます。老人を老人として扱い幼き者を慈しみます。徵稅を猶豫して貧しき者を引き取って面倒をみます。給料が不充分であれば請求し、餘裕があれば固辭します。つつしんで（人の）過失をゆるすのは、政治を寛大なものにするためです。役人に率先してやらせるのは、民情を得るためです。老人を老人として扱い幼き者を慈しむのは、仁に基づくからです。徵稅を猶豫して貧しき者を引き取るのは、親しみを得るためです。給料が不充分であれば請求し、餘裕があれば固辭するのは、信賴を高めるためです。君子の内事とは、このようなものです。」

顏淵はこう言った。「君子の内事については、私はすでに御說明をうかがいました。では、おうかがいいたします。君子の内教には道がありますか。」

孔先生は「あります。」とおっしゃった。

顏淵は「おうかがいいたします。それはどのようなものでしょうか。」と尋ねた。

孔先生はこうおっしゃった。「自らの身を修めるのに率先すれば、庶民はだれもがつきしたがうでしょう。へりくだって廣く愛を施せば、庶民は親愛の情を忘れないでしょう。儉約をモットーとして庶民を導くならば、庶民は足るを知るでしょう。譲りの精神でへりくだれば、相手と争うこともなくなります。導いて教育し、能力のある者を能力のある者として扱い、愚かな者を蔑んで遠ざければ、庶民は禁（何をしてはいけないか）を理解するでしょう。もしも前進する者が自らの行動を表明し、後退する者が禁を理解するのであれば、教育の効果があらわれるのもそう遠くはないでしょう。」

顔淵は「君子の内教については、私はすでに御説明をうかがいました。では、至名について、おうかがいいたします。」と尋ねた。

孔先生はこうおっしゃった。「人格ができあがると、名もあがります。名があがれば、きまって任務を与えられます。任務が終われば多額の給料を手にするでしょう。」と。(26)

用いていない簡（第三簡・第四簡・第八簡・第十三簡・第十四簡）があるほか、意味のとりづらい箇所もあるが、以上が、『顔淵問於孔子』の試譯である。

これを踏まえて、表現と内容から、『顔淵問於孔子』がどのような特徴をもつ資料かを把握したい。

まず、表現の點では、「𡩧（顔）囦（淵）𥨩（問）於孔＝（孔子）」が、『莊子』外篇の田子方篇・知北遊篇の「顔淵問於仲尼」に似てはいる。また、顔回による「敢𥨩（問）～」という尋ね方は、『莊子』内篇の人間世篇と外篇の達生篇・山木篇・知北遊篇に見られるものである。すなわち、表現の點では、『顔淵問於孔子』は、主として『莊子』外篇と關係があるのではないか。

次に、内容面では、全體として、「君子之内事」「君子之内教」「至名」の三つについて説かれている點は、『顔淵問於孔子』のオリジナルである。また、第七簡における「僉（儉）」「𣉻（知）足」「不静（爭）」は、いずれも『老子』に見える考え方であり、第六簡・第七簡の「前（謙）」すなわちへりくだって奢らないことも『老子』に説かれる。第七簡の謙遜の意味の「讓」は、『莊子』外篇の田子方篇に見える。そして、第十三簡の「貧而安樂」は、『論語』本文6を踏まえたもので、まさに顏回の生き方を表現した文言である。『莊子』外篇の作成に携わった莊周の後學が、『老子』や『論語』を援用しながら、自分たちの最も說きたい「君子之内事」「君子之内教」「至名」について孔子と顏回という儒家の大物二人に師弟問答の形式で語らせたのが、『顏淵問於孔子』である、と結論づけるのは、早計であろうか。

四　『史記』孔子世家・仲尼弟子列傳

顏回について、『史記』では、孔子世家と仲尼弟子列傳の記述をそれぞれ見ていくことにしたい。

1　孔子世家

まず、『史記』孔子世家の冒頭の文章を見ておきたい。

孔先生は魯の國の昌平郷の陬邑に生まれた。その先祖は宋の人で、孔防叔と言った。防叔は伯夏を生み、伯夏は叔梁紇を生んだ。紇と顏氏のむすめが禮式にそぐわない結婚をして孔先生を生み、尼丘山に（男子が生まれるよう）祈禱して孔先生を得た。魯の襄公二十二年に孔先生は誕生した。[27]

この記述を根據にして、孔子が顏魯・顏回父子と親戚關係にあるのではないか、との見方も出ているが、手がかりがこれだけでは、何とも言えない。

さて、『史記』孔子世家には、顏回に關するくだりが、以下の①②③④のとおり、四つある。

① 陳の國へ行こうとして、匡を通り過ぎた。顏刻が御者となり、持っていた鞭で匡城を指してこう言った。「むかし私がこの匡城に入った時は、あの（城壁の）缺けた所から入りました。」匡の人はこれを耳にし、魯の陽虎（がまたやって來たの）だと思った。陽虎は以前匡の人人に暴行をはたらいたことがあり、匡人はそれで孔先生の行く手を止めた。孔先生は容貌が陽虎に似ており、五日間も拘留された。顏淵が後から追いついた時、先生は「私は君が死んだのだと思ったよ。」とおっしゃった。顏淵は「先生が（この世に）いらっしゃいますのに、私はどうして死にましょう。」と答えた。(28)

② 孔先生は弟子に憤りの気持ちがあるということを知り、そこで子路を呼び出して尋ねた。「『詩』（小雅・何草不黄）に「野牛でもなく虎でもないのに、かの荒野をさまよい歩く。」とあります。私の道は間違っていたのでしょうか。私はこの狀況でどうすればよいでしょうか。」子路はこう言った。「思いますに私はまだ仁者ではないのでしょう、人樣は私を信用してくれません。思いますに私はまだ知者ではないのでしょう、人樣は私を行かせてくれません。」孔先生がこうおっしゃった。「そんなことはありません。由君、仁者が必ず信用されるとしたら、どうして伯夷・叔齊の事例があるのでしょうか。知者が必ずどこにでも行けるのであれば、どうして王子比干の事例があるのでしょうか。」

子路は退出し、子貢が入って先生にお目にかかった。孔先生が尋ねた。「賜君、『詩』に「野牛でもなく虎でもないのに、かの荒野をさまよい歩く。」とあります。私の道は間違っていたのでしょうか。私はこの状況でどうすればよいでしょうか。」子貢はこう言った。「先生の道はこのうえなく大きいものですので、天下が先生を受け容れられないのです。先生、道を少し小さくしませんか。」孔先生がこうおっしゃった。「賜君、良農はうまく植えつけますが思い通りに収穫することはできません。良工はうまく製作しますが依頼者の好みに順うことはできません。君子はよく道をおさめ、規律によって秩序だて、筋道を作ってまとめますが、世の中に受け容れられません。いま君は君の道を修めないで世の中に受け容れられることを求めています。賜君、君の志は遠大なものではありませんね。」

子貢は退出し、顔回が入って先生にお目にかかった。孔先生が尋ねた。「回君、『詩』に「野牛でもなく虎でもないのに、かの荒野をさまよい歩く。」とあります。私の道は間違っていたのでしょうか。私はこの状況でどうすればよいでしょうか。」顔回はこう言った。「先生の道はこのうえなく大きいものですので、天下が先生を受け容れられないのです。そうではありますが、先生がこれを推し進めて實行されて、受け容れられなくても何を心配しましょう。受け容れらなかった後に君子であることが分かります。道が修まっていないことは、私の恥です。道がすでに大いに修まっているのにそれを用いないのは、國を有する君主の恥です。受け容れられなくても何を心配しましょう。受け容れらなかった後に君子であることが分かるのです。」孔先生はよろこんで笑ってこうおっしゃった。「そういうことですよ、顔氏の子よ！　君が大金持ちであるならば、私は君の宰相になりますよ。」(29)

③　子貢がこう言った。「先生の（詩・書・禮・樂といった）教養に關するお考えは、拜聽する機會があった。けれど、先生の天道と性命に關するお考えは、お聞きすることができていない。」顔淵は大きく嘆息してこう言った。「仰ぎ見ればみるほどますます高く、切り込めば切り込むほどますます堅い。前にいらっしゃるかと思ったら、もう後ろにいらっしゃる。先生は順序立てて人を導いてくださり、學問で私の知識を擴げてくださり、禮によって私をひきしめてくださり、やめようと思ってもそれはできないのです。すでに私の才能を出し盡くしたものの、あたかも立つ所があるかのようで、しっかりと立っておられる。先生につき從おうと思っても、手がかりがないのです。(30)」

④　顔淵が亡くなると、孔先生はこうおっしゃった。「天は私を見放した。(31)」

①②③④それぞれの特徴について、簡單に述べておく。

①には、『論語』本文19を踏まえた部分があるほか、孔子が匡で拘留された話は子罕篇にも見える。②は、孔子の質問に、子路↓子貢↓顔回の順で回答し、顔回が孔子の意を得た回答をして終わっている。この點については、次節でもう一度ふれる。なお、子路・子貢・顔回という組み合わせは、既に引用した『莊子』讓王篇の文章にも見られた。③は、子貢の發言部分は、『論語』公冶長篇を踏まえたものであり、顔回の發言部分は、『論語』本文8を踏まえている。④は、『論語』本文15を踏まえている。

2　仲尼弟子列傳

『史記』仲尼弟子列傳は、以下の文章で始まる。

孔先生は「受業生で特定の学問に精通した者は七十七人」とおっしゃったが、彼らはだれもが優れた才能をもつ讀書人であった。德行部門の代表者は、顏淵・閔子騫・冉伯牛・仲弓である。政治部門の代表者は、冉有・季路である。言語部門の代表者は、宰我・子貢である。學藝部門の代表者は、子游・子夏である。顓孫師（子張）は要領のよい者であり、曾參は鈍いし、高柴（子羔）は愚かであり、仲由（子路）は粗暴であり、顏回はしばしば食糧が底をつくほど貧しく、賜（子貢）は孔先生の命令を受けていないのに金儲けをし、予想すればしばしば的中した。(32)

この文章は、冒頭の一文を除き、「德行、顏淵・閔子騫・冉伯牛・仲弓。政事、冉有・季路。言語、宰我・子貢。」が『論語』本文11を、「師也辟、參也魯、柴也愚、由也喭。」は『論語』先進篇を、「回也屢空。賜不受命而貨殖焉、億則屢中。」は『論語』本文18を、それぞれ踏まえており、いずれも『論語』を情報源としている。

仲尼弟子列傳では、この文章の直後に孔子が尊敬した複數の人物に關する文章が續き、その後、孔子の弟子たちの傳記が始まる。その弟子たちの傳記の劈頭が、顏回の傳記である。このことは、『史記』の作者が（あるいは『史記』が成立した當時の知識人の大方の評價として）顏回を孔子の筆頭弟子であると認めたことを示していよう。

以下は、『史記』仲尼弟子列傳における顔回傳の全文である。

顔回は、魯の人であり、字は子淵である。孔先生より三十歳年下である。顔淵が仁について質問したところ、孔先生は「自分に打ち勝ち禮に立ちもどるのであれば、天下の人人は仁者に歸服する。」と答えた。孔先生は、「えらいなぁ回君は。質素な食事をとり、みすぼらしい路地裏に暮らし、ふつうの人ならそのつらさに堪えられないが、顔回はそういう情況でも自らの樂しみを變えない。」「回君は愚か者のようだ。しかし、私との面談の場を引きさがってそのプライベートを觀察すると、彼は私が教えたことをよく發揮している。回は愚かではない。」「起用されれば實行できるが、捨てられれば身を隱す。このことは私と君だけに當てはまりそうだね。」などと言っ（て顔回を評價し）た。回は二十九歳の時、頭髪がすべて眞っ白になり、夭折した。孔先生は慟哭し、「私のもとに回が來てから、門人がますます私に親しむようになったのに。」とおっしゃった。魯の哀公が「お弟子さんたちの中で、どなたが學問に熱心ですか。」とお尋ねになった。孔先生はこうお答えになった。「顔回という者が學問に熱心で、怒りを他者にぶつけたりせず、同じ過ちを二度と繰り返すこともなかったのですが、不幸にも短命で亡くなってしまい、今はおりません。(33)」。

この顔回傳は、「顔回者、魯人也、字子淵。少孔子三十歲。」「回年二十九、髮盡白、蚤死。」という年齢に關する記述と、「曰、自吾有回、門人益親。」という記述以外は、『論語』本文20・6・1・7・16・4（登場順に記載）を踏まえている。

このように、『史記』仲尼弟子列傳における顏回傳は、壓倒的に『論語』からの情報で構成されている。ただ、顏淵の死については、『論語』からは「短命」ということくらいしか分からないが、『史記』仲尼弟子列傳は、「回年二十九、髮盡白、蚤死。」という情報を記している。『論語』に基づかないこの情報が、後世、ひとりあるきして尾鰭が附くことになる。

五　前漢時代の説話資料

ここでは、顏回について、前漢時代にどのような説話があったのかを、説話の寶庫である『韓詩外傳』と劉向の『新序』『説苑』から、うかがう。

まず、一つ目の説話は、『韓詩外傳』と劉向の著作に共通する話が、二つある。いま、『韓詩外傳』巻二を見てみよう。

顏淵は高殿で魯の定公のそばに座っている。高殿の下では東野畢が馬を扱っていた。定公が尋ねた。「東野畢は馬の扱いが上手であるか。」

顏淵は、「上手なのは上手ですが、その馬はまもなく逃げていなくなるでしょう。」と答えた。定公は不機嫌になり、側近の者たちに、「(顏淵のような)君子が人を惡く言ったのを聞いたぞ。君子も人を惡く言うものなのか。」と言った。

顔淵がその場から退くと、まもなく馬の飼育係が東野畢の馬がいなくなったことを知らせた。定公は飛び上がって驚き、「急いで車で顔淵を呼びなさい。」と命じた。

顔淵が到着すると、定公はこう言った。「先ほど、私は『東野畢は馬の扱いが上手であるか。』と尋ねたら、そなたは『上手なのは上手ですが、その馬はまもなくいなくなるでしょう。』とお答えになった。そなたはどうしてそのことが分かったのか。」

顔淵はこう言った。「私は政治からこのことが分かったのです。むかし舜は人を使うのに長け、造父は馬を操るのに長けていました。舜は庶民を追い詰めませんでしたし、造父は馬を追い詰めませんでした。ですから舜は民心を失いませんでしたし、造父は馬を失いませんでした。いま東野畢の馬の扱いについては、車に乗った時の手綱をとる車馬全體の様子は正しいです。馬が追いかけ回ったり歩いたり驅けたりするのは、調教が行き届いています。しかし、険しい道を走り遠くまで行けば、馬の體力も盡き果てます。それでもなお馬に鞭打ってやみません。馬が逃げていなくなることが分かった所以です。」

定公は、「なるほど、もう少しその話をしてもらえないか。」と言った。

顔淵はこう言った。「獸は追い詰められると嚙みつき、鳥は追い詰められれるとつつき、人は追い詰められると嘘をつきます。昔から今に至るまで、下下の庶民を追い詰めて危険でない狀態でいられる君主はいないのです。『詩』（國風・鄭風・大叔于田）に「手綱さばきが組紐をとるかのようであり、二頭の驂馬は舞っているかのようである」とあります。これは上手な馬の扱いを意味することばです。」

定公は、「私の過ちである。」と應じた。(34)

この説話は、實は、以下の『荀子』哀公篇に由來するものである。讀み比べてみよう。

魯の定公が顏淵に、「東野子は馬の扱いが上手であるか。」と尋ねた。

顏淵は、「上手なのは上手です、しかし、その馬はまもなく逃げていなくなるでしょう。」と答えた。

定公は機嫌を損ね、入室してから側近の者たちに、「(顏淵のような)君子でさえも人を惡く言うものなんだなぁ。」と言った。

三日後、馬の飼育係がやって來て定公にお目にかかって、こう言った。「東野畢の馬がいなくなってしまいました。二頭の驂馬が綱を引きちぎって逃げてしまい、二頭の服馬は廐舍に入れたところです。」

定公は飛び上がって驚き、「急いで車で顏淵を呼びなさい。」と命じた。

顏淵が到着すると、定公はこう言った。「先日、私がそなたに尋ねた時、そなたは『上手なのは上手です、しかし、その馬はまもなくいなくなるでしょう。』とお答えになった。そなたはどうしてそのことが分かったのか。」

顏淵は答えてこう言った。「私は政治からこのことが分かったのです。むかし舜は人を使うのに長け、造父は馬を操るのに長けていました。舜は庶民を追い詰めませんでしたし、造父は馬を追い詰めませんでした。ですから舜は民心を失いませんでしたし、造父は馬を失いませんでした。いま東野畢の馬の扱いについては、車に乘った時の手綱をとる車馬全體の樣子は正しいです。馬が歩いたり驅けたりするのも、調教が行き届いています。しかし、險しい道を走り遠くまで行けば、馬の體力も盡き果てます。それでもなお馬にもっと走るよう求めてやみません。そういうわけで馬が逃げていなくなることが分かったのです。」

定公は、「なるほど、もう少しその話をしてもらえないか。」と言った。

顔淵はこう言った。「わたしは、鳥は追い詰められるとつつき、獸は追い詰められるとつかみかかり、人は追い詰められると噓をつく、ということを聞いております。昔から今に至るまで、下下の庶民を追い詰めて危険でない狀態でいられる君主はいないのです。」(35)

『荀子』哀公篇の説話には、『韓詩外傳』巻二と『新序』雜事五に見える、高殿（「臺」）という場面設定、『詩』からの引用、君主が自らの過ちに気附く場面がない。これらは、前漢時代に附け足されたものと思われる。また、魯の定公が顔淵の答えに不滿を述べる場面は、『荀子』では奥へ引っ込んでからであるが、『韓詩外傳』巻二と『新序』雜事五では顔淵が魯の定公の不滿の辭を直接聞いており、特に『新序』雜事五では、魯の定公の不滿の辭を直接聞いた顔淵が不機嫌になりその場から去る、という話になっている。さらに、東野畢の馬がいなくなったのは、『荀子』哀公篇では魯の定公と顔淵の面談から三日後とかなり具體的であったが、『韓詩外傳』巻二では顔淵がその場を後にしてまもなくである（『新序』雜事五は「しばらくして（須臾）」となっており具體的な時間の長さが不明である）。時代が進むにつれて、本來無かった情報が説話に増飾していることが分かる。

この説話では、顔回が魯の定公のもとへ出仕しているかのように記されている。ただ、『論語』には、顔回が出仕したともしなかったとも記されていない。それがゆえに、後世の儒者が、出仕している顔回の理想像を描いて説話を作ったとしても、不思議なことではない。あるいは、『莊子』中の顔回について出仕に不向きであるとされていることに反發し、儒家の名譽回復のために、對抗して作られたものであろうか。
次に、二つ目の説話は、『韓詩外傳』巻七・巻九、『説苑』指武篇に見えるものである。いま、『韓詩外傳』巻九を見てみよう。

孔先生は子路・子貢・顏淵と戎山の頂上へ出かけた。孔先生は深くため息をついて、こうおっしゃった。「君たち、一人一人君のこうありたいという將來の夢を話しなさい、私が聞いてやろう。由君はどうかね。」(子路が)答えてこう言った。「月のような白い羽と太陽のような赤い羽を獲得し、鐘や太鼓を鳴らせば、上は天まで響き、旗がひるがえり、下は地にうずくまり、將帥に攻めさせても、わたくしだけが勝つのです。」孔先生は、「君は勇敢な男だ。賜君はどうかね。」とおっしゃった。(子貢は)答えて言った。「白絹の衣と冠を身につけ、本國と外國との二國間を使者として行き來する際、小さな武器もわずかな食糧も持たないで、この兩國をまるで兄弟であるかのように親しくさせたいです。」孔先生は、「君は雄辯な男だ。回君はどうかね。」とおっしゃった。(顏淵は)答えて言った。「においの臭い塩漬けの魚は良いにおいの蘭や茝《ちしゃ》と箱を別にしてしまわれますし、暴君の桀・紂は理想の帝王の堯・舜と時代が異なって統治しました。お二人がもうおっしゃいましたから、わたくしが何を申しましょう。」

孔先生は、「回君はやはり純樸な気持ちがあるね。」とおっしゃった。

顏淵がこう言った。「願わくば聰明な王者や徳のすぐれた統治者のもとで大臣となり、城の周りの圍いを取り締まらないようにし、城の堀は開鑿しません。（やがて）陰陽の氣がととのい、どの家もどの人も生活が豊かになりますと、庫の兵器を溶かして農具をつくるのです。」

孔先生は、こうおっしゃった。「君は人格の立派な男だね。由君よ來なさい、コセコセして君はどうやって攻めるというのかね。賜君よ來なさい、ハキハキして君はどうやって使いするというのかね。願わくば衣冠を得て身なりをととのえ、そなた（顏淵）の大臣になりたいものである。」(36)


この説話は、孔子と山へ出かけた子路・子貢・顏回が、孔子から「志」（「願」）を問われ、子路→子貢→顏回の順で回答し、顏回が孔子の意を得た回答をして締め括っている、という特徴が見られる。孔子が子路と顏回に「志」を尋ねて二人が答えるのは、『論語』本文3に見える。注(36)に引用した『説苑』指武篇で子路が孔子に問い返しているのは、『論語』本文3に基づくのであろう。いつからか子路と顏回に子貢が加えられ、三人の弟子と師との問答として定着していったのであろう。

この説話は、實は、以下の『荀子』子道篇を原型とするのではないか、と思われる。


子路が入室した。

先生は、「由君、知者とはどういう人ですか、仁者とはどういう人ですか。」とお尋ねになった。

子路は、「知者は他者に自分を理解させる人、仁者は他者に自分を大切にさせる人です。」と答えた。

先生は、「君は士というべき人だね。」とおっしゃった。

子貢が入室した。

先生は、「賜君、知者とはどういう人ですか、仁者とはどういう人ですか。」とお尋ねになった。

子貢は、「知者は他者を理解し、仁者は他者を大切にします。」と答えた。

先生は、「君は士君子というべき人だね。」とおっしゃった。

顔回が入室した。

先生は、「回君、知者とはどういう人ですか、仁者とはどういう人ですか。」とお尋ねになった。

顔淵は、「知者は自分自身を理解し、仁者は自分自身を大切にします。」と答えた。

先生は、「君は明君子というべき人だね。」とおっしゃった(37)。


『荀子』子道篇の時點ですでに子路→子貢→顔回の順で回答しているという點のほか、『荀子』子道篇で孔子が子路を「士」、子貢を「士君子」、顔回を「明君子」とそれぞれ評しているのが、『韓詩外傳』巻七・巻九と『説苑』指武篇では、孔子によって、子路は「勇士」、子貢は「辯士」、顔回は「聖士」・「大士」・「美」なる「徳」（=立派な人格者）とそれぞれ評されることに展開していった、と指摘することができる。

先に見た『史記』孔子世家における孔子と子路・子貢・顔回との問答も、『荀子』子道篇のこの話を原型とするものであろう。山が舞臺になっている點が、後の『論衡』における顔回の話に影響を與えていると思われる。

六　『論衡』における顔回像――顔回の死をめぐって――

王充『論衡』を通じて、壓倒的に多い顔回に關する話は、顔回の死をめぐるものである。これは、以下の幸偶篇・命義篇・偶會篇からの三例の引用のとおり、顔回の死を、王充が彼獨自の運命論で理解しようとする傾向が強いことに起因していよう。すなわち、幸偶篇には、

孔先生の門下生は七十人余りであり、顔回は夭折した。孔先生は、「不幸にして短命で死んでしまった。」とおっしゃった。短命を不幸というのなら、長命の者は幸福であり、短命の者は不幸である、ということになる。聖賢の道にしたがい、仁や義の意味を追究したのであれば、幸福を味わってもよいはずである。伯牛が病氣にかかってしまったのも、顔回に類することであり、二人はともに不幸である。(38)

とあり、命義篇には、

遭命とは、心で善行につとめているのに、わざわいが身にふりかかることを言うのである。顔淵・伯牛といった者たちが、どうしてわざわいに遭遇してしまうのか。顔淵・伯牛は、善行につとめた者であり、隨命を得たなら、幸福が（善行の程度にしたがって）もたらされるはずであるが、どうしてわざわいに遭ってしまったのか。顔淵は學問をしていて困窮し、才能によって自らをそこなったし、伯牛はふつうに暮らしていてわるい病氣にかかってしまった。(39)

とあり、偶會篇には、

顏淵が死んだ時、先生は「天はわたしを見放した」とおっしゃった。子路が死んだ時、先生は「天はわたしを呪っている」とおっしゃった。孔先生の自らを惡く言う言葉は、眞實をともなうものではないのである。孔先生の命は王にならないものであり、顏淵・子路の二人の壽命は長くなかったのであり、（王にならないのと壽命が長くないのとは、）生まれながらの受けた氣が異なり、めぐりあわせが重なって、たまたまそうなったのである。(40)

とある。王充の運命論の中で、顏回は冉伯牛とともにとり上げられているのが特徴である。冉伯牛については、『論語』雍也篇に、

伯牛が病氣にかかってしまった。先生が彼を訪問し、まどから彼の手を握ってこうおっしゃった。「病氣が伯牛を滅ぼそうとしている。命であろうか。これだけの立派な人がこんな病氣にかかるとは。これだけの立派な人がこんな病氣にかかるとは。」と。(41)

と記されていることで知られている。王充においては、この二人は、夭折と病氣を理由に、孔子門下生の中でも不幸の代表者とされているのである。

また、以下の『論衡』の話は、『史記』仲尼弟子列傳の「髮盡白」を膨らませ、前漢時代までの孔子と顏

回ら門下生とが一緒に山へ出かける話が結びついたものではないか、と思われる。書虚篇には、

傳書（解説書）にこういう話がある。顔淵が孔先生とともに魯の太山（泰山）にのぼった。孔先生が東南の方角を望んだところ、呉の昌門（西の郭門）外に白馬が繫ぎ留められていた。先生は顔淵を引き寄せてそれを指し示し、「君は呉の昌門が見えるか。」と尋ねた。顔淵は、「見えます。」と答えた。孔先生は、「門の外に何があるかな。」と尋ねた。顔淵は「白い絹を繫けたかのような形が見えます。」と答えた。孔先生は彼の目を手でさわって見るのを止めさせ、そのまま一緒に下山した。下山したら顔淵は頭髮が眞っ白になり齒が抜け落ち、そのまま病死した。顔淵は、精神力の點で孔先生に及ばず、力を盡くすことがみずから限界に達し、精も魂も盡き果てたので、夭折したのだ。(42)

とあり、效力篇には、

秦の武王は孟説と力比べをして鼎を擧げたが耐えきれず、血管が切れて死んだ。書く文章の少ない人が、董仲舒と胸中から湧き起こる思いを等しくしようとすれば、必ずや耐えきれず、血管が切れて（死んで）しまう變事が起こる。王莽の時代に、五經の章句を省いて、各經いずれも二十萬字とされたが、博士弟子の郭路は、毎夜舊説を改定し、灯りの下で死んでしまったが、これは精神が耐えられず、血管が切れて氣力が絶えてしまったのである。顔氏の子こと顔回は、すでに孔先生を追い越したが、消耗しきって、頭髮が眞っ白になり齒が抜け落ちた。聖人に近い才能を以てしても、倒れてしまうというわざわいがあ

り、孔先生の力が優れ、顏淵は耐えられなかったのである。(43)

とある。これらによると、顏回には、孔子ほどの「精神」と「力」が無かったため、精も魂も盡き果てて死んだ、とされているのである。「短命」であり、「精神」と「力」の點で孔子に及ばない顏回像を描けよう。『史記』仲尼弟子列傳の「髮盡白」が『論衡』では「髮白齒落」と歯まで落ちてしまって、かなりオーヴァーな表現となっている。

管見のかぎり、顏回の死に關する説話は、前漢時代には無いようである。語り繼がれていく話として、貧窮にあえぎながらも樂しみを忘れなかった（＝學問に精勵した）顏回について、その死の話題はふさわしくないからであろう。しかし、このように顏回の死について憚ることなく言及するのは、運命論者である王充ならではのことと言わざるを得ない。

七　『論語』鄭玄注

『論語』の顏回が登場する文章に對する鄭玄注は、他の注と比べても、さほど際立った特徴は無い。むしろ、顏回に關するものと特定できない文章に對する鄭玄注にこそ、彼の本領が發揮されているように思う。ここでは、敦煌本ペリオ文書二五〇一號から、二つの箇所をとりあげる。

まず、一つ目は、太伯篇（「泰伯」に非ず、ペリオ文書のまま）の文章である。

曾先生がおっしゃった。「できるのにできない者に尋ね、多いのに少ない者に尋ね、所有していても何も無いかのようにし、充實していても空虚であるかのようにし、危害を加えられても報復しない。むかし、私の友はいつもこのことに努めたものであった。」と。

鄭玄注：本文の「效」とは、報いるという意味である。ここでは、人が危害を加えられても報復しない、という意味である。顔淵・仲弓・子貢らがそういう人であった。[44]

ここでは、『論語』本文は、「吾友」に特定の人物名を擧げてはいない。實は、『論語集解』は、これに「馬曰、友謂顔淵。」と注しており、馬融は曾參の「友」が「顔淵」であるとの見方をくだした。馬融に師事した鄭玄は、その影響を受けたのであろう。ただし顔回一人に限定しないで、「顔淵・仲弓・子貢等也」と注している。

二つ目は、子罕篇における五つの一連の文章である。便宜的に①〜⑤を附す。

①先生がおっしゃった。「話をしておこたらない者は、顔回君だよ。」と。

鄭玄注：本文の「惰」とは、おこたるという意味である。

②先生が顔淵についておっしゃった。「殘念だなぁ。私は彼の進歩を見てきたが、これまで退歩したのを見たことがない。」と。

鄭玄注：顔淵が病氣になった。孔先生が彼を見舞いに出かけ、そこでこの言葉を發した。ひどく悲しみ殘念がったのだ。

③先生がおっしゃった。「苗のままで伸びない者もいます。伸びても實を結ばない者もいます。」と。

鄭玄注：本文の「不秀《のびない》」は項託に譬えている。本文の「不實《みのらない》」は顏淵に譬えている。

④先生がおっしゃった。「若い人はそらおそろしい。將來のことが現今のことに及ばないなどと、どうして理解できようか。

鄭玄注：本文の「後生」とは幼いという意味であり、顏淵を指している。本文の「可畏《おそるべし》」とは、顏回の才能がすばらしくて人を心服させる、という意味である。『孟子』（公孫丑篇上）は「（顏回は）私の先生がおそれていた人」と言っている。この時、顏淵が死んだ。そこで、孔先生は、次世代にはこういう人はもういないなどと、どうして分かるであろうか、とおっしゃったのだ。

⑤四十、五十の年齢でその人の評判が立たないならば、それはもはやおそれるに値しないです。」と。

鄭玄注：このような年齢にもなって、才能や德行が評判にならないのなら、これはおそれるに足りない、という意味である。[45]

「顏淵病」（②）は、あくまでも鄭玄による解釋（設定）であり、「秀而《のびて》不實者《みのらざるもの》」（③）や「後生」（④）も、顏淵と關係するかどうか定かではない。にもかかわらず、鄭玄はいずれも顏淵であるとする。すなわち、ふつうに讀めば、顏淵についてのくだりであると思えない『論語』の文章が、鄭玄によって顏淵についての文章であるとして、具體化・限定化されてしまったのである。金谷治氏は、「そうした具體的現實的な情況の設定によって、孔子の發言は、他の注釋のばあいでのように、抽象的な廣がりで一般的に理解されることのないよう、現實的な場にひきとめられている。」(46)と述べている。これによって、本來それぞれ單獨で理解されがちな子罕篇の五つの本文は、顔回について記された一續きの文章として捉えられることになったのである。以下の白川静氏の文章は、明らかに、この子罕篇の一連の文章に對する鄭玄注の影響を受けたものである。

孔子にとって、顔回はおそるべき後生であった。「子曰く、これに語りて惰らざるものは、それ回なるか」（子罕）。孔子のことばを、かれはすべて理解することができたのであろう。このようなおそるべき弟子があるであろうか。「惜しいかな。われその進むを見るも、いまだそのとどまるを見ざるなり」（同）。瞬時もやむことを知らぬこの年少者の精進は、ついに孔子をして「後生畏るべし。いづくんぞ來者の今に如かざるを知らんや」（同）という歎聲を發せしめている。また「公冶長篇」には、子貢に、「われと女と、如かざるなり」とさえ告げている。孔子も、一目おくほどの弟子であった。(47)

八　後漢末の〝孔子と顔回〟――孔融と禰衡――

最後に、後漢末期における孔融（孔子二十世の孫、一五三～二〇八）と禰衡（一七三～一九八）の關係をとりあげる。兩者の交友關係については、范曄『後漢書』各傳に、以下のように言及されている。まず、孔融傳には、曹操に憎まれたことにより、彼を死に陥れた彈劾文の中で、兩者の關係に觸れられている。

曹操は（これまでの經緯により孔融に對する）憎しみが積み重なっており、郗慮はその罪をでっち上げ、丞相軍謀祭酒の路粹に實狀をまげて孔融について（の弾劾文を以下のように）上奏させた。「少府の孔融は、むかし北海國にいた時、漢王室が穩やかでない樣子を見て、仲間を呼び集め、反亂を起こそうとして、こう言ったのです。『わたしは殷の湯王の後裔ですが、宋のために滅ぼされたのです。天下をたもつ者は、どうして（卯金刀すなわち）劉氏に限りましょうか。』孫權の使者と語った際には、朝廷を謗りました。さらに孔融は九卿の一人ですが、朝廷での儀式にしたがいませんし、頭巾を被らずに忍びで外出するなど、宮中を冒瀆しております。さらに以前には布衣の禰衡と勝手氣儘な言動を行い、こう言ったのです。『父は子に對して、何の親愛の情があるだろうか。その本來の考えを論じるならば、實際は（父の）情欲が發せられた結果（が子）であるにすぎない。子は母に對して、また何をするというのか。たとえるなら（母の胎内にいる子は）物を壺の中に入れておくようなものであり、（生み落とされて）外に出てしまえば離れてしまうのだ。』そうこうしているうちに（孔融は）禰衡とお互いに讃え合いました。禰衡は孔融に對し『孔子の再來』と言えば、孔融は『顏回の生まれ變わり』と答える始末です。（以上から、孔融は）大逆不道であり、極刑に處すべきかと存じます。」上奏文は認められ、孔融は獄につながれて死刑となった。時に五十六歲。妻子もみな殺された。(48)

この路粹の彈劾文における孔融と禰衡の關係については、兩者の交友關係が確かに親密であったからこそ、言及されたものであろう。假に實狀を曲げられていたとしても、兩者が孔子と顏回との關係に例えられるほどの間柄だった、ということである。

では、次に、文苑列傳下の禰衡傳から、兩者の關係を見てみよう。

（禰衡は他の知識人の才能を認めなかったが）ただ魯國の孔融と弘農の楊脩だけは認めた。禰衡は常にこう言っていた。「大兒の孔文擧、小兒の楊德祖。それ以外の者はろくでなしで、名を擧げるに値しない。」孔融も彼の才能を大そうひいきにした。禰衡が二十歳、孔融が四十歳の時、二人は交友關係を結んだ。孔融は上疏して禰衡を推薦してこう述べた。「……。わたしが見るところ、處士の平原の禰衡、二十四歳、字は正平は、生まれ持った性質が正しくて明るく、才能にすぐれて卓絶しております。學問を始めた頃から、正しい進み方で以て奥義まで見てしまうほどであり、ちょっと目にしただけの文章も、そのたびごとに暗誦することができ、ちょっと耳にした情報も、心に留めて忘れないのです。……。禰衡を朝廷で使っていただけるなら、彼はきっとみるべきものがあると思います。辯舌に氣力があふれ、疑問や難題を解決すること、論敵を前に餘りあるほどです。」(49)

これは禰衡の傳記における引用ながら、孔融の禰衡に對する評價が述べられている。推薦文という性質上、やや誇張し美化して禰衡の人となりをよく述べるという勢いもあるであろうが、少なくとも、禰衡の才能が發揮されればそれが國政の役に立つことを孔融は充分に認めていたことは分かる。實際、禰衡は、曹操の怒りを買って送られた劉表のもとでも、劉表から送られた黄祖のもとでも、その才能を認められて重んじられたことが、禰衡傳に記されている。しかし、他人に對する無禮な言動があだとなって、二十六歳という若さで殺され、世を去ってしまう。

この兩者の交友關係については、串田久治氏による考察がある。

一方、二人が互いに「孔子の再來」「顏回の生まれかわり」といいあったことも、かれらが二十歳という年のへだたりを越えて互いに尊重しあい、孔融が禰衡の夭逝を傷んだことは事實であるのだから、その意味では二人の關係は孔子と顏回のそれに似ていた。ただ、顏回が死んだとき、孔子は「噫、天、予を喪せり、天、予を喪ぼせり」（『論語』先進篇）と慟哭した。それに對し、孔融にとって禰衡の死は、人知れず反逆を決意したことにおいて大きな意味をもっていた。(50)

孔融傳によれば、曹操のやることとなすことに對し、孔融はことごとく反對の意を表明した。それは、統治の形骸化した漢王朝を簒奪しようとする曹操の企てに對する抵抗であったとともに、孔融傳に記されてはいないものの、曹操に殺されたも同然の禰衡の死、すなわち大切な親友を奪われたことに對する怨みに起因するものであったこと、串田氏の考察のとおりであろう。

さて、禰衡による「魯夫子碑」と「顏子碑」の文章が、今日殘されて傳わっている。これらは、禰衡が孔融と自身との關係を念頭に記されたものであろうか。このうち、ここでは特に「顏子碑」を見ておきたい。

天地の純粹な氣を稟受し、五嶽四瀆の立派な魂を授けられ、そのすぐれた資質は、最初から大いに育まれました。その卓絶した才能は、幼少期から顯著でありました。十五歳の時に、孔子の門下に入り、德行は三千人（の孔子の門弟）よりまさり、仁による教化はあらゆる國に滿ち溢れ、隱微なことも顯著なことも理解し、一を耳にすれば十をさとり、起用されれば行動し、捨てられれば身を隱し、聖人に匹敵しました。四友（顏回・子貢・子張・子路）の筆頭として知られ、まことに（對象によって）疏遠となったり近附いたりして人のために役立つことに盡くしました。みすぼらしい路地裏の生活に安んじ、清廉潔白な態度を保持し、粗食で飢えている腹を滿たし、食糧が底をつくような狀況でも氣にしませんでした。當時、黃河から圖版も出ない狀況でしたが（＝聖人の治世ではなかったのですが）、周王朝の命運はまだ盡きていませんでした。孔子には舜や禹ほどの功績はございませんが、顏先生には八元八凱（愷）（高辛氏の才子八人（八元）と高陽氏の才子八人（八愷））に相當する功業がございます。顏先生のことを歌った賦の言葉にこうあります。「亞聖の德をもち、高尚な行いにつとめました。洙水・泗水流域（の孔子ゆかりの地）へ赴き、禮儀正しい態度で臨みました。愼み深さが備わり、心はますます（雜念を除いて）むなしくしていったのです。優秀だったものの成果はあがりませんでしたが、（孔子の）すばらしい教えを盛りあげました。聖人に竝び稱され、辟雍に描かれています。德行を記し、先生が（見習うべき）永遠の存在であることを明らかにするのです。[51]」

原文に即して言えば、「聞一覺十」は『論語』本文2に、「用行舍藏」は『論語』本文7に、「安陋巷」「甘簞瓢」は『論語』本文6に、「屢空」は『論語』本文18に、「河不出圖」は子罕篇に、「秀不實」は子罕篇に、それぞれ基づいている。文中では、顏回は、「與聖合契」とされながらも「亞聖」と記されている。これは、後漢時代の他の知識人も顏回を聖人とみなしていないことと符合するし（注（23）を參照）、先に引用した王充『論衡』效力篇でも「庶幾之材」と記されている。たとい、いくら能力的に師を上回っていると孔子本人が認めたとしても、世の評價としては、所詮は孔子の門下生の一人にすぎない、ということなのか。もっとも、『論語』本文8では、顏回自身が自ら孔子に及ばないことを吐露しているのであるが。孔子から自分よりも能力が上であると認められながらもそのようには評價されなかった顏回が、聖人とみなされるようになるのは、宋代を待たねばならない。(52)

おわりに

以上、本章では、戰國秦漢時代における顏回像の變遷をうかがってきた。これにより、以下の二つの點を指摘できるように思う。

一つは、顏回への理解が前漢時代までと後漢時代とで異なっている、ということである。中國思想史上では、前漢と後漢の間に分水嶺がある。このことは、序章で述べたとおりである。前漢時代の説話まではすでにある材料を基にしながら、それをふくらませたり尾ヒレが附いたりする時期であった。これに對し、前漢までにほぼ出揃った材料に基づいて、後漢時代には、王充・鄭玄・禰衡それぞれの知識人による顏回像の構築（顏回への理解）がなされた、ということである。

二つは、後漢時代の思想研究の一つの問題として、『莊子』の影が薄い、という問題がある。(53)これについて、本章によって、手がかりを得られたのではないか、ということである。『論語』本文11で顏回とともに「德行」に名を列ねている閔子騫は、季氏から費というムラの役人になってほしいと請われるが、斷っている（雍也篇）。すなわち、仕官の拒絕である。また、『莊子』に、顏回が仕官を願わない話が讓王篇に見えていることは、すでに確認した。本編第二章で述べたとおり、後漢時代、仕官しても譯あって官界を去ったり俗世間と關與したくないと考える者たちは、自らの出處進退についてとやかく言う外界との接觸を避け、隱逸者や處士となる傾向も顯著であった。もしも『莊子』が「顏氏の儒」の系統を引いているのであれば、後漢時代の不出仕・隱逸の傾向は、『論語』や『莊子』の考え方に起因しているのではないか。そうであるならば、これまで空白とされてきた後漢時代における『莊子』の役割について、一定程度、明らかにすることができるのではなかろうか。

注

（1）木村英一「顏淵について」（原載誌揭載は一九七二年一二月／木村英一『中國哲學の探究』、創文社、一九八一年二月）、一四二頁。

（2）世之顯學、儒・墨也。儒之所至、孔丘也。墨之所至、墨翟也。自孔子之死也、有子張之儒、有子思之儒、有顏氏之儒、有孟氏之儒、有漆雕氏之儒、有仲良氏之儒、有孫氏之儒、有樂正氏之儒。……。故孔・墨之後、儒分爲八、墨離爲三、……。（『韓非子』顯學篇）

（3）韓非子言八儒有顏氏。孔門弟子、顏氏有八、未必即是子淵。（皮錫瑞『經學歷史』「二　經學流傳時代」）皮錫瑞『經學歷史』の「二　經學流傳時代」には、宮本勝「皮錫瑞『經學歷史』譯注（一）」（『北海道教育大學紀要　第一部A　人文科學編』第四二卷第一號、北海道教育大學、一九九二年二月）と井澤耕一・橋本昭典「皮錫瑞『經學歷史』譯注」（『千里山文學論集』第四八號、關西大學大學院文學研究科院生協議會、一九九二年九月）という二種の邦文による譯注がある。いずれも參照した。

（4）按史記仲尼弟子列傳、除顏回外、尚有顏無繇・顏幸・顏高・顏祖・顏之僕・顏噲・顏何七人、故云顏氏有八。子淵、顏回之字。

（5）「顏氏之儒」當指顏回的一派。顏回是孔門的第一人、他雖然早死、但在他生前已經是有「門人」的。這一派的典籍和活動情形、可惜已經失傳了。只有關於顏回箇人、我們在『論語』和其它書籍裏面可以找得到一些資料。我們知道他是「其心三月不違仁」的人、「一簞食、一瓢飲、在陋巷。人不堪其憂、回也不改其樂。」

他很明顯地富有避世的傾向、因而『莊子』書中關於他的資料也就特別多、全書計凡十見、「人閒世」「天運」「至樂」「達生」「田子方」「知北遊」諸篇各一、「大宗師」「讓王」二篇各二。

（郭沫若『十批判書』（科學出版社、一九五六年一〇月新一版）の「儒家八派的批判」、一四〇頁）

（6）韓愈疑莊子本是儒家。出於田子方之門、則僅據外篇有田子方篇以爲説、這是武斷。我懷疑他本是「顏氏之儒」、書中徵引顏回與孔子的對話很多、而且差不多都是很關緊要的話、以前的人大抵把它們當成「寓言」便忽略過去了。那是根據後來所完成了的正統派的儒家觀念所下的判斷、事實上在孔門初一二代、儒家竝不是那麼純正的、而儒家八派之中、過半數以上已經完全消滅了。
（注（5）所掲郭沫若氏著書の「莊子的批判」、一八七頁）

（7）顏淵問於仲尼曰、夫子步亦步、夫子趨亦趨、夫子馳亦馳。夫子奔逸絶塵、而回瞠若乎後矣。夫子曰、回、何謂邪。曰、夫子步亦步也、夫子言亦言也。夫子趨亦趨也、夫子辯亦辯也。夫子馳亦馳也、夫子言道、回亦言道也。及奔逸絶塵、而回瞠若乎後者、夫子不言而信、不比而周、無器而民滔乎前、而不知所以然而已矣。仲尼曰、惡、可不察與。……。
（『莊子』田子方篇）

（8）注（5）所掲郭沫若氏著書、一八八頁～一八九頁。

（9）衣笠勝美「孔子・顏回と莊子――その思想に於ける共通性と影響について――」（『沼尻博士退休記念中國學論集』、沼尻正隆先生古稀紀念事業會、一九九〇年一一月）、九〇頁。

（10）顏回曰、回益矣。仲尼曰、何謂也。曰、回忘仁義矣。曰、可矣。猶未也。它日、復見曰、回益矣。曰、何謂也。曰、回忘禮樂矣。曰、可矣。猶未也。它日、復見曰、回益矣。曰、何謂也。曰、回坐忘矣。仲尼蹵然曰、何謂坐忘。顏回曰、墮枝體、黜聰明、離形去知、同於大通。此謂坐忘。仲尼曰、同則無好也。化則無常也。而果其賢乎。丘也請從而後也。
（『莊子』大宗師篇）

（11）顏回謂仲尼曰、回益矣。仲尼曰、何謂也。曰、回忘禮樂矣。仲尼曰、可矣。猶未也。異日復見曰、回益矣。仲尼曰、何謂也。曰、回忘仁義矣。仲尼曰、可矣。猶未也。異日復見曰、回坐忘矣。仲尼遽然曰、何謂坐忘。顏回曰、隳支體、黜聰明、離形去知、洞於化通、此謂坐忘。仲尼曰、洞則無善也、化則無常矣。而夫子薦賢、丘請從之後。故老子曰、載營魄抱一、能無離乎。專氣至柔、能如嬰兒乎。
（『淮南子』道應篇）

（12）池田知久『莊子 上』（學習研究社、一九八三年八月）、四〇〇頁、人閒世篇の補注の二。また、池田知久譯注『莊子（上）』（講談社、二〇一四年五月）「人閒世 第四」第一章の【注釋】二五九頁〜二六〇頁に、ほぼ同樣の說明がある。

（13）孔子窮於陳・蔡之閒、七日不火食。左據槁木、右擊槁枝、而歌猋氏之風。有其具而無其數、有其聲而無宮角。木聲與人聲、犁然有當於人之心。顏回端拱還目而窺之。仲尼恐其廣己而造大也、愛己而造哀也。曰、回、無受天損易、無受人益難。無始而非卒也。人與天一也。夫今之歌者、其誰乎。回曰、敢問無受天損易。仲尼曰、飢渴寒暑、窮桎不行、天地之行也、運物之泄也。言與之偕逝之謂也。爲人臣者、不敢去之。執臣之道猶若是。而況乎所以待天乎。何謂無受人益難。仲尼曰、始用四達、爵祿竝至而不窮、物之所利、乃非己也。吾命有在外者也。君子不爲盜、賢人不爲竊。吾若取之何哉。故曰、鳥莫知於鷾鴯。目之所不宜處、不給視。雖落其實、棄之而走。其畏人也。而襲諸人閒、社稷存焉爾。何謂無始而非卒。仲尼曰、化其萬物、而不知其禪之者。焉知其所終、焉知其所始。正而待之而已耳。何謂人與天一邪。仲尼曰、有人、天也。有天、亦天也。人之不能有天、性也。聖人晏然體逝而終矣。
（『莊子』山木篇）

（14）孔子窮於陳・蔡之閒、七日不火食。藜羹不糝、顏色甚憊。而弦歌於室。顏回擇菜。子路・子貢相與言曰、夫子再逐於魯、削迹於衞、伐樹於宋、窮於商・周、圍於陳・蔡。殺夫子者無罪、藉夫子者無禁。弦歌鼓琴、未嘗絕音。君子之無恥也若此乎。顏回無以應。入告孔子。孔子推琴、喟然而歎曰、由與賜細人也。召而來。吾語之。子路・子貢入。子路曰、如此者、可謂窮矣。孔子曰、是何言也。君子通於道、之謂通。窮於道、之謂窮。今丘抱仁義之道、以遭亂世之患。其何窮之爲。故內省而不窮於道、臨難而不失其德。天寒既至、霜雪既降。吾是以知松柏之茂也。陳・蔡之隘、於丘其幸乎。孔子削然反琴而弦歌。子路扢然執十而舞。子貢曰、吾不知天之高也、地之下也。古之得道者、窮亦樂、通亦樂。所樂非窮通也。道德於此、則窮通爲寒暑風雨之序矣。故許由娛於潁陽、而共伯得乎共首。
（『莊子』讓王篇）

（15）孔子西遊於衞。顏淵問師金曰、以夫子之行爲奚如。師金曰、惜乎、而夫子其窮哉。顏淵曰、何也。師金曰、夫芻狗之未陳也、盛以篋衍、巾以文繡、尸祝齊戒以將之。及其已陳也、行者踐其首脊、蘇者取而爨之而已。將復取而盛以篋衍、巾以文繡、遊居・寢臥其下、彼不得夢、必且數眯焉。今而夫子、亦取先王已陳芻狗、取弟子、遊居・寢臥其下。故伐樹於宋、削迹於衞、窮於商・周。是非其夢邪。圍於陳・蔡之閒、七日不火食、死生相與鄰。是非其眯邪。夫水行莫如用舟、而陸行莫如用車。以舟之可行於水也、而求推之於陸、則沒世不行尋常。古今非水陸與、周魯非舟車與。今蘄行周於魯、是猶推舟於陸也。勞而無功、身必有殃。彼未知夫無方之傳、應物而不窮者也。且子獨不見夫桔槔者乎。引之則俯、舍之則仰。彼人之所引、非引人也。故俯仰而不得罪於人。故三皇・五帝之禮義・法度、不矜於同而矜於治。故譬三皇・五帝之禮義・法度、其猶柤梨・橘柚邪。其味相反而皆可於口。故禮義・法度者、應時而變者也。今取猨狙而衣以周公之服、彼必齕齧・挽裂、盡去而後慊。觀古今之異、猶猨狙之異乎周公也。故西施病心而矉其里。其里之醜人見而美之、歸亦捧心而矉其里。其里之富人見之、堅閉門而不出。貧人見之、挈妻子而去之走。彼知美矉、而不知矉之所以美。惜乎、而夫子其窮哉。（『莊子』天運篇）

(16) 孔子謂顏回曰、回來、家貧居卑。胡不仕乎。顏回對曰、不願仕。回有郭外之田五十畝、足以給飦粥、郭内之田十畝、足以爲絲麻。鼓琴足以自娛、所學夫子之道者、足以自樂也。回不願仕。孔子愀然變容曰、善哉、回之意。丘聞之、知足者、不以利自累也。審自得者、失之而不懼。行脩於内者、無位而不怍。丘誦之久矣。今於回而後見之。是丘之得也。（『莊子』讓王篇）

(17) 顏淵東之齊。孔子有憂色。子貢下席而問曰、小子敢問、回東之齊、夫子有憂色。何邪。孔子曰、善哉、女問。昔者管子有言。丘甚善之。曰、褚小者不可以懷大、綆短者不可以汲深。夫若是者、以爲命有所成、而形有所適也。夫不可損益。吾恐回與齊侯言堯・舜・黃帝之道、而重以燧人・神農之言。彼將内求於己而不得。不得則惑。人惑則死。……。（『莊子』至樂篇）

(18) 人閒世篇で「心齋」が説かれる孔子と顏回の會話は、以下のとおり。

顏回見仲尼、請行。曰、奚之。曰、將之衞。曰、奚爲焉。曰、回聞、衞君、其年壯、其行獨。輕用其國、而不見其過。輕用民死、死者以國量、乎澤若蕉。民其無如矣。回嘗聞之夫子、曰、治國去之、亂國就之。醫門多疾。願以所聞思其則。庶幾其國有瘳乎。仲尼曰、譆、若殆往而刑耳。夫道不欲雜。雜則多、多則擾、擾則憂、憂則不救。古之至人、先存諸己、而後存諸人。所存於己者未定、何暇至於暴人之所行。且若亦知夫德之所蕩、而知之所爲出乎哉。德蕩乎名、知出乎爭。名也者、相軋也。知也者、爭之器也。二者凶器、非所以盡行也。且德厚信矼、未達人氣、名聞不爭、未達人心、而彊以仁義繩墨之言術暴人之前者、是以人惡有其美也。命之曰菑人。菑人者、人必反菑之。若殆爲人菑夫。且苟爲悅賢而惡不肖、惡用而求有以異。若唯無詔、王公必將乘人而鬭其捷。而目將熒之、而色將平之、口將營之、容將形之、心且成之。是以火救火、以水救水。名之曰益多。順始無窮。若殆以不信厚言、必死於暴人之前矣。且昔者桀殺關龍逢、紂殺王子比干。是皆脩其身、以下傴拊人之民、以下拂其上者也。故其君、因其脩以擠之。是好名者也。昔者堯攻叢・枝・胥敖、禹攻有扈、國爲虛厲、身爲刑戮。其用兵不止、其求實無已。是皆求名實者也。而獨不聞之乎。名實者、聖人之所不能勝也。而況若乎。雖然、若必有以也。嘗以語我來。顏回曰、端而虛、勉而一、則可乎。曰、惡、惡可。夫以陽爲充孔揚、采色不定、常人之所不違。因案人之所感、以求容與其心。名之曰日漸之德不成。而況大德乎。將執而不化、外合而內不訾。其庸詎可乎。然則我內直而外曲、成而上比。內直者、與天爲徒。與天爲徒者、知天子之與己皆天之所子。而獨以己言蘄乎而人善之、蘄乎而人不善之邪。若然者、人謂之童子。是之謂與天爲徒。外曲者、與人之爲徒也。擎跽曲拳、人臣之禮也。人皆爲之、吾敢不爲邪。爲人之所爲者、人亦無疵焉。是之謂與人爲徒。成而上比者、與古爲徒。其言雖教讁之實也、古之有也、非吾有也。若然者、雖直不爲病。是之謂與古爲徒。若是則可乎。仲尼曰、惡、惡可。大多政法而不諜。雖固亦無罪。雖然、止是耳矣。夫胡可以及化。猶師心者也。顏回曰、吾無以進矣。敢問其方。仲尼曰、齋。吾將語若。有而爲之、其易邪。易之者、皞天不宜。顏回曰、回之家貧、唯不飲酒不茹葷者、數月矣。若此、則可以爲齋乎。曰、是祭祀之齋、非心齋也。回曰、敢問心齋。仲尼曰、若一志。無聽之以耳、而聽之以心。無聽之以心、而聽之以氣。耳止於聽、心止於符。氣也者、虛而待物者也。唯道集虛。虛者、心齋也。顏回曰、回之未始得使、實自回也。得使之也、未始有回也。可謂虛乎。夫子曰、盡矣。吾語若。若能入遊其樊、而無感其名、入則鳴、不入則止、無門無毒、一宅而寓於不得已、則幾矣。絕迹易、無行地難。爲人使易以僞、爲天使難以僞。聞以有翼飛者矣、未聞以無翼飛者也。聞以有知知者矣、未聞以無知知者也。瞻彼闋者、虛室生白。吉祥止止。夫且不止、是之謂坐馳。夫徇耳目內通、而外於心知、鬼神將來舍。而況人乎。是萬物之化也。禹・舜之所紐也、伏戲・几蘧之所行終。而況散焉者乎。

（『莊子』人間世篇）

（19）白川静『孔子傳』（中央公論社、一九七二年一一月／中公文庫、一九九一年二月／『白川静著作集　六　神話と思想』、平凡社、一九九九年一一月）、文庫本二〇六頁・二〇八頁。

（20）これには反對意見もある。注（9）所揭衣笠勝美氏論文は、こう述べる。

しかし、內篇の記述を見る限り、莊子の孔子や顏回から受けたであろうと考えられる影響は、あくまでもその現象面に於いてのみであり、思想的には何ら影響を受けているとは考えられない。白川氏は、郭氏の莊子は「顔氏の儒」から出た人であるという説を「鋭い指摘である」とし、更に「顔氏の儒は、孔子晩年の思想を繼承したものであろう。それは流れて楚狂となる。—中略—。莊子もまた、楚狂の徒であった。」と述べて肯定しているが、莊子と顔回の結び付きを兩者の思惟する所を比較して考えてみても、現象面に於ける相關は見られるものの、思想的な關連は希薄であり、直接的なる道統關係にはなかったのではないかと思われる。寧ろ顔回後學の傳習録を、莊子の後學が戰國時代末期の百家爭鳴する狀況の中で、引用或いは借用し、その結果先に引いた田子方篇のような説話が形成されていったのではないかと考えられるのである。（九八頁）

(21) 禹・稷當平世。三過其門而不入。孔子賢之。顔子當亂世。居於陋巷、一簞食一瓢飲、人不堪其憂、顔子不改其樂。孔子賢之。孟子曰、禹・稷・顔回同道。禹思天下有溺者由己溺之也。稷思天下有飢者由己飢之也。……。禹・稷・顔子、易地則皆然。……。（『孟子』離婁篇下）

(22) 子曰、顔氏之子、其殆庶幾乎。有不善、未嘗不知。知之、未嘗復行也。易曰、不遠復、无祗悔、元吉。（『易』繫辭下傳）

ほぼ同じ文章が、馬王堆漢墓帛書『周易』要篇に、以下のとおりに見える。

夫子曰、顔氏之子、亓庶幾乎。見幾又不善、未嘗不知。知之、未嘗復行之。易曰、不遠復、无莖誨、元吉。（馬王堆漢墓帛書『周易』要篇）

「其殆庶幾乎」「亓庶幾乎」は、『論語』本文18の「回也其庶乎」を踏まえたものである。「有不善、未嘗不知。知之、未嘗復行也。」という顔回の態度については、『論語』本文4の「有顔回者、……、不貳過、……。」を踏まえている。

(23) この點に關して、池田知久『「馬王堆漢墓帛書周易」要篇の研究』（『東洋文化研究所紀要』第一二三冊、東京大學東洋文化研究所、一九九四年二月）は、次のように述べている。

「〔夫子〕曰、顔氏之子、亓庶幾乎。」のごとく「夫子」とともに「顔氏之子」を持ち出すのは、『易』の儒教化が進展していることを示す端的なメルクマールの一つであるが、それは『論語』公冶長篇に「回也聞一以知十。」とあり、先進篇に「子曰、回也其庶乎、屢空。」とある類の顔回説話が、當時知識界に廣く流布していたからであろう。また、本章を引用している『蔡中郎文集』答詔問災異八事・『中論』虚道篇・『魏志』司馬朗傳注などは、顏回が「聖人」ではなく「匹夫」であることを強調しているが、それらと問題意識――儒家思想の大衆化――をすでに本書要篇が抱いていたからであるかもしれない。ただし、後に引く通説は、『易經』繫辭下傳の作者が前節に「幾を知る」聖人を配し、本節には「幾に庶い」亞聖を配したと解釋しているので、この種のコンテクストの理解をも考慮に入れなければならないけれども。

（一五四頁～一五五頁）

（24）『顏淵問於孔子』の釋文は、馬承源主編『上海博物館藏戰國楚竹書（八）』（上海古籍出版社、二〇一一年五月）所收の圖版に基づき、諸説を參照したうえで、ひとまずこの書の示す配列どおりに作成した。後述するように、この書の配列のままでは讀めないが、用いない簡を放置するのではなく、ひとまず『顏淵問於孔子』の全ての簡に釋文を施すことが基本である、と考えているからである。

（25）新たな配列案については、復旦吉大古文字專業研究生聯合讀書會「《上博八・顏淵問於孔子》校讀」（復旦大學出土文獻與古文字研究中心網站、二〇一一年七月一七日）、陳偉著、近藤浩之・和田敬典譯「『顏淵問於孔子』內事、內敎二章校讀」（陳偉氏の發表は、もと簡帛網、二〇一一年七月二二日／邦譯は、『中國哲學』第三九號、北海道中國哲學會、二〇一一年一一月）、湯淺邦弘「上博楚簡『顏淵問於孔子』と儒家系文獻形成史」（原載誌掲載は二〇一二年一二月／湯淺邦弘『竹簡學――中國古代思想の探究――』、大阪大學出版會、二〇一四年五月）等を參照。なお、今田裕志「上博楚簡『顏淵問於孔子』譯註」（『中國出土資料研究』第一八號、中國出土資料學會、二〇一四年三月）は、本文で示した新たな配列案の末尾の第十號簡の直後に第八號簡が續くとする配列案を示しているが、ここでは愼重に判斷し、筆者は第八號簡は採用しないでおく。

（26）新たな配列案に基づく『顏淵問於孔子』の釋文は、以下のとおり。

也。窨（顏）囦（淵）䎽（問）於孔＝（孔子）曰、敢䎽（問）君子之内事也又（有）道虐（乎）。孔＝（孔子）曰、又（有）。窨（顏）囦（淵）、敢䎽（問）可（何）女（如）。孔＝（孔子）曰、敬又（宥）征（過）、而【第一簡】〔先〕又（有）司、老＝（老老）而戀（慈）學（幼）、敓（豫）絞而收貧。录（祿）不足則青（請）、又（有）余（餘）則詒（辭）。【第十二簡A】敬又（宥）征（過）、所以爲緩（寬）也。先【第二簡B】〔又（有）〕司所以【第二簡A】㝵（得）青（情）＝。老＝（老老）而戀（慈）學（幼）、所以尻（處）急（仁）也、豫（豫）絞而收貧、所以取【第十一簡】新（親）也。彔（祿）不足則靑（請）、又（有）余（餘）【第十二簡B】則訙（辭）、所以昜（揚）信也。奮（蓋）君子之內事也女（如）此矣。簪（顏）困（淵）曰、君子之內事也、悳（回）既翻（聞）命矣。敢翻（問）【第五簡】君子之內敎也又（有）道虐（乎）。孔＝（孔子）曰、攸（修）身以先、則民莫不從矣。前（謙）【第六簡】以専（博）忚（愛）、則民莫遐（遺）新（親）矣。道（導）之以僉（儉）、則民智（知）足矣。前（謙）之以讓、則民不靜（爭）矣。或（又）迪而敎【第七簡】之、能＝（能能）、戔（賤）不枲（肖）而遠之、則民智（知）欽（禁）矣。女（如）進者藋（勸）行、退者智（知）欽（禁）、則亓（其）於敎也不遠矣。簪（顏）困（回）曰、【第九簡】君子之內敎也、悳（回）既翻（聞）矣＝（矣已）。敢翻（問）至名。孔＝（孔子）曰、悳（德）城（成）則名至矣、名至必俾（卑）身＝（身、身）紿（治）大則（則大）彔（祿）。【第十簡】

第一簡冒頭に「也」字が認められることから、注（25）所揭今田裕志氏譯注の注【1】で言及されるとおり、第一簡が「必ずしも冒頭簡であるとは限らない」（一三四頁）という大西克也氏の指摘に、筆者も同意する。

（27）孔子生魯昌平鄉陬邑。其先宋人也、曰孔防叔。防叔生伯夏、伯夏生叔梁紇。紇與顏氏女野合而生孔子、禱於尼丘得孔子。魯襄公二十二年而孔子生。（『史記』孔子世家）

（28）將適陳、過匡、顏刻爲僕、以其策指之曰、昔吾入此、由彼缺也。匡人聞之、以爲魯之陽虎。陽虎嘗暴匡人、匡人於是遂止孔子。孔子狀類陽虎、拘焉五日。顏淵後、子曰、吾以汝爲死矣。顏淵曰、子在、回何敢死。（『史記』孔子世家）

（29）孔子知弟子有慍心、乃召子路而問曰、詩云、匪兕匪虎、率彼曠野。吾道非邪。吾何爲於此。子路曰、意者吾未仁邪。人之不我信也。意者吾未知邪。人之不我行也。孔子曰、有是乎。由、譬使仁者而必信、安有伯夷・叔齊。使知者而必行、安有王子比干。子路出、子貢入見。孔子曰、賜、詩云、匪兕匪虎、率彼曠野。吾道非邪。吾何爲於此。子貢曰、夫子之道至大也、故天下莫能容夫子。夫子蓋少貶焉。孔子曰、賜、良農能稼而不能爲穡、良工能巧而不能爲順。君子能脩其道、綱而紀之、統而理之、而不能爲容。今爾不脩爾道而求爲容。賜、而志不遠矣。子貢出、顏回入見。孔子曰、回、詩云、匪兕匪虎、率彼曠野。吾道非邪。吾何爲於此。

顏回曰、夫子之道至大、故天下莫能容。雖然、夫子推而行之、不容何病、不容然後見君子。夫道之不脩也、是吾醜也。夫道既已大脩而不用、是有國者之醜也。不容何病、不容然後見君子。孔子欣然而笑曰、有是哉顏氏之子。使爾多財、吾爲爾宰。

（『史記』孔子世家）

(30) 子貢曰、夫子之文章、可得聞也。夫子言天道與性命、弗可得聞也已。顏淵喟然歎曰、仰之彌高、鑽之彌堅。瞻之在前、忽焉在後。夫子循循然善誘人、博我以文、約我以禮、欲罷不能。既竭我才、如有所立、卓爾。雖欲從之、蔑由也已。

（『史記』孔子世家）

(31) 顏淵死、孔子曰、天喪予。

（『史記』孔子世家）

(32) 孔子曰、受業身通者七十有七人、皆異能之士也。德行、顏淵・閔子騫・冉伯牛・仲弓。政事、冉有・季路。言語、宰我・子貢。文學、子游・子夏。師也辟、參也魯、柴也愚、由也喭、回也屢空。賜不受命而貨殖焉、億則屢中。

（『史記』仲尼弟子列傳）

(33) 顏回者、魯人也、字子淵。少孔子三十歲。顏淵問仁、孔子曰、克己復禮、天下歸仁焉。孔子曰、賢哉回也。一簞食、一瓢飮、在陋巷、人不堪其憂、回也不改其樂。回也如愚。退而省其私、亦足以發、回也不愚。用之則行、捨之則藏、唯我與爾有是夫。回年二十九、髮盡白、蚤死。孔子哭之慟、曰、自吾有回、門人益親。魯哀公問、弟子孰爲好學。孔子對曰、有顏回者好學、不遷怒、不貳過、不幸短命死矣、今也則亡。

（『史記』仲尼弟子列傳）

(34) 顏淵侍坐魯定公于臺、東野畢御馬于臺下。定公曰、善哉、東野畢之御也。顏淵曰、善則善矣、其馬將佚矣。定公不說、以告左右曰、聞君子不譖人。君子亦譖人乎。顏淵退、俄而廐人以東野畢馬佚聞矣。定公躐席而起、曰、趣駕召顏淵。顏淵至、定公曰、鄉寡人曰、善哉。東野畢之御也。吾子曰、善則善矣、然則馬將佚矣。不識吾子何以知之。顏淵曰、臣以政知之。昔者舜工於使人、造父工於使馬。舜不窮其民、造父不極其馬。是以舜無佚民、造父無佚馬也。今東野畢之御、上車執轡、銜體正矣。周旋步驟、朝禮畢矣。歷險致遠、馬力殫矣。然猶策之不已、所以知其佚也。定公曰、善、可少進乎。顏淵曰、獸窮則齧、鳥窮則啄、人窮則詐。自古及今、窮其下能不危者、未之有也。詩曰、執轡如組、兩驂如舞。善御之謂也。定公曰、寡人之過矣。

（『韓詩外傳』巻二）

ちなみに、本文で省略した『新序』雜事五の説話は、以下のとおり。

顏淵侍魯定公于臺、東野畢御馬于臺下。定公曰、善哉、東野畢之御。顏淵曰、善則善矣、雖然、其馬將失。定公不悅、以告左右曰、吾聞之、君子不讒人、君子亦讒人乎。顏淵不悅、歷階而去。須臾、馬敗聞矣。定公躐席而起曰、趨駕、請顏淵。顏淵至、定公曰、向寡人曰、善哉、東野畢之御也。吾子曰、善則善矣、雖然、其馬將失矣。不識吾子何以知之也。顏淵曰、臣以政知之。昔者舜工於使人、造父工於使馬。舜不窮其民、造父不盡其馬。是以舜無失民、造父無失馬。今東野畢之御、上車執轡、御體正矣、周旋步驟、朝禮畢矣。歷險致遠、而馬力殫矣、然求不已、是以知其失也。定公曰、善、可少進與。顏淵曰、獸窮則觸、鳥窮則啄、人窮則詐。自古及今、窮其下能無危者、未之有也。詩曰、執轡如組、兩驂如舞。善御之謂也。定公曰、善哉、寡人之過矣。

（『新序』雜事五）

(35) 定公問於顏淵曰、東野子之善御乎。顏淵曰、善則善矣、雖然、其馬將失。定公色不悅、入謂左右曰、君子固有讒人。三日而校來謁曰、東野畢之馬失、兩驂列兩服入廄。定公越席而起曰、趣駕召顏淵。顏淵至、定公曰、前日、寡人問吾子、吾子曰、東野畢之御、善則善矣、其馬將失。不識吾子何以知之。顏淵對曰、臣以政知之。昔舜巧於使人、而造父巧於使馬。舜不窮其民、造父不窮其馬。是以舜無失民、造父無失馬也。今東野畢之御、上車執轡、銜體正矣。步驟馳騁、朝禮畢矣。歷險致遠、馬力盡矣。然猶求馬不已、是以知之也。定公曰、善、可得少進乎。顏淵曰、臣聞之、鳥窮則啄、獸窮則攫、人窮則詐。自古及今、未有窮其下而能無危者也。

（『荀子』哀公篇）

(36) 孔子與子路・子貢・顏淵游於戎山之上。孔子喟然嘆曰、二三子、各言爾志、予將覽焉。由爾何如。對曰、得白羽如月、赤羽如日、擊鐘鼓者、上聞於天、旌旗翩飜、下蟠於地、使將而攻之、惟由爲能。孔子曰、勇士哉。賜爾何如。對曰、得素衣縞冠、使於兩國之閒、不持尺寸之兵・升斗之糧、使兩國相親如兄弟。孔子曰、辯士哉。回爾何如。對曰、鮑魚不與蘭茝同笥而藏、桀・紂不與堯・舜同時而治。二子已言、回何言哉。孔子曰、回有鄙之心。顏淵曰、願得明王聖主爲之相、使城郭不治、溝地不鑿、陰陽和調、家給人足、鑄庫兵以爲農器。孔子曰、大士哉。由來、區區汝何攻。賜來、便便汝何使。願得衣冠爲子宰焉。

（『韓詩外傳』卷九）

ちなみに、本文で省略した『韓詩外傳』卷七の說話は、

孔子遊於景山之上、子路・子貢・顏淵從。孔子曰、君子登高必賦。小子願者、何言其願。丘將啓汝。子路曰、由願奮長戟、盪三軍、乳虎在後、仇敵在前、蠡躍蛟奮、進救兩國之患。孔子曰、勇士哉。子貢曰、

兩國構難、壯士列陣、塵埃漲天、賜不持一尺之兵。一斗之糧、解兩國之難。用賜者存、不用賜者亡。孔子曰、辯士哉。顏回不願。孔子曰、回何不願。顏淵曰、二子已願、故不敢願。孔子曰、不同、意各有事焉。回其願、丘將啓汝。顏淵曰、願得小國而相之。主以道制、臣以德化、君臣同心、外内相應。列國諸侯、莫不從義嚮風、壯者趨而進、老者扶而至。教行乎百姓、德施乎四蠻、莫不釋兵、輻輳乎四門。天下咸獲永寧、蝖飛蠕動、各樂其性。進賢使能、各任其事。於是君綏於上、臣和於下、垂拱無爲、動作中道、從容得禮。言仁義者賞、言戰鬭者死。則由何進而救。賜何難之解。孔子曰、聖士哉。大人出、小人匿。聖者起、賢者伏。回與執政、則由・賜焉施其能哉。詩曰、雨雪麃麃、曣晛聿消。（『韓詩外傳』卷七）

であり、『説苑』指武篇の説話は、

孔子北遊東上農山、子路・子貢・顏淵從焉。孔子喟然歎曰、登高望下、使人心悲、二三子者、各言爾志、丘將聽之。子路曰、願得白羽若月、赤羽若日、鐘鼓之音、上聞於天、旌旗翩飜、下蟠於地、由且舉兵而擊之、必也攘地千里、獨由能耳。使二子者爲我從焉。孔子曰、勇哉士乎。憤憤者乎。子貢曰、賜也願齊・楚合戰於莽洋之野、兩壘相當、旌旗相望、塵埃相接、接戰構兵、賜願著縞衣白冠、陳説白刃之閒、解兩國之患、獨賜能耳。使二子者爲我從焉。孔子曰、辯哉士乎。僊僊者乎。顏淵獨不言。孔子曰、回來、若獨何不願乎。顏淵曰、文武之事、二子已言之、回何敢與焉。孔子曰、若鄙心不與焉、第言之。顏淵曰、回聞鮑魚蘭芷不同篋而藏、堯・舜・桀・紂不同國而治。二子之言、與回言異。回願得明王聖主而相之、使城郭不修、溝池不越、鍛劍戟以爲農器、使天下千歳無戰鬭之患。如此、則由何憤憤而擊、賜又何僊僊而使乎。孔子曰、美哉德乎。姚姚者乎。子路舉手問曰、願聞夫子之意。孔子曰、吾所願者、顏氏之計、吾願負衣冠而從顏氏子也。（『説苑』指武篇）

である。

(37) 子路入。子曰、由、知者若何。仁者若何。子路對曰、知者使人知己、仁者使人愛己。子曰、可謂士矣。子貢入。子曰、賜、知者若何。仁者若何。子貢對曰、知者知人、仁者愛人。子曰、可謂士君子矣。顏回入。子曰、回、知者若何。仁者若何。顏淵對曰、知者自知、仁者自愛。子曰、可謂明君子矣。（『荀子』子道篇）

(38) 孔子門徒七十有餘、顏回蚤夭。孔子曰、不幸短命死矣。短命稱不幸、則知長命者幸也、短命者不幸也。服聖賢之道、講仁義之業、宜蒙福祐。伯牛有疾、亦復顏回之類、俱不幸也。（『論衡』幸偶篇）

(39) 遭命者、行善於内、遭凶於外也。若顏淵・伯牛之徒、如何遭凶。顏淵・伯牛、行善者也、當得隨命、福祐隨至、何故遭凶。顏淵困於學、以才自殺、伯牛空居而遭惡疾。（『論衡』命義篇）

(40) 顏淵死、子曰、天喪予。子路死、子曰、天祝予。孔子自傷之辭、非實然之道也。孔子命不王、二子壽不長也。不王不長、所稟不同、度數竝放、適相應也。（『論衡』偶會篇）

(41) 伯牛有疾。子問之、自牖執其手曰、亡之、命矣夫、斯人也而有斯疾也、斯人也而有斯疾也。（『論語』雍也篇）

なお、『論語』における冉伯牛に關する記述は、ここと『論語』本文11の二箇所のみである。

(42) 傳書或言、顏淵與孔子俱上魯太山、孔子東南望、呉閶門外有繫白馬、引顏淵以示之、曰、若見呉昌門乎。顏淵曰、見之。孔子曰、門外何有。曰、有如繫練之狀。孔子撫其目而止之、因與俱下。下而顏淵髮白齒落、遂以病死。蓋以精神不能若孔子、彊力自極、精華竭盡、故早夭死。（『論衡』書虚篇）

(43) 秦武王與孟説舉鼎不任、絶脉而死。少文之人、與董仲舒等涌胸中之思、必將不任、有絶脉之變。王莽之時、省五經章句、皆爲二十萬、博士弟子郭路、夜定舊説、死於燭下、精思不任、絶脉氣滅也。顏氏之子、已曾馳過孔子於塗矣、劣倦罷極、髮白齒落。夫以庶幾之材、猶有仆頓之禍、孔子力優、顏淵不任也。（『論衡』效力篇）

(44) 曾子曰、以能問於不能、以多問於寡、有若無、實若虚、犯而不效。昔者、吾友常從事於斯矣。
　鄭玄注：效、報也。言人見侵犯不報。顏淵・仲弓・子貢等也。（ペリオ將來敦煌文書の『論語』太伯篇とその鄭玄注）

(45) 子曰、語之而不惰者、其回也歟。
　鄭玄注：惰、懈惰也。
子謂顏淵曰、惜乎、吾見其進也。未見其退也。
　鄭玄注：顏淵病。孔子往省之。故發此言。痛惜之甚。
子曰、苗而不秀有矣夫。秀而不實者有矣夫。
　鄭玄注：不秀諭項託。不實諭顏淵。
子曰、後生可畏。焉知來者之不如今也。

鄭玄注：後生謂幼稚。斥顔淵也。可畏者、言其才美服人也。孟子曰、吾先子之所畏。是時顔淵死矣。故發言、何知來世將無此人。

卌五十而無聞焉。斯亦不足畏也已。

鄭玄注：言年如此、而才德不聞、此不足畏也。

（ペリオ將來敦煌文書の『論語』子罕篇とその鄭玄注）

（46）金谷治『唐抄本　鄭氏注論語集成』（平凡社、一九七八年五月）所收「鄭玄と論語」、三八四頁。

（47）注（19）所揭白川静氏著書、文庫本二五九頁。

（48）曹操既積嫌忌、而郗慮復搆成其罪、遂令丞相軍謀祭酒路粹枉狀奏融曰、少府孔融、昔在北海、見王室不靜、而招合徒衆、欲規不軌、云我大聖之後、而見滅於宋、有天下者、何必卯金刀。及與孫權使語、謗訕朝廷。又融爲九列、不遵朝儀、禿巾微行、唐突宮掖。又前與白衣禰衡跌蕩放言、云父之於子、當有何親。論其本意、實爲情欲発耳。子之於母、亦復奚爲。譬如寄物缻中、出則離矣。既而與衡更相贊揚。衡謂融曰、仲尼不死。融荅曰、顔回復生。大逆不道、宜極重誅。書奏、下獄弃市。時年五十六、妻子皆被誅。

（范曄『後漢書』孔融傳）

なお、この文章の飜譯に際しては、本田濟編譯『漢書・後漢書・三國志列傳選』（平凡社、一九六八年六月）の「後漢書」孔融傳を大いに參照した。

（49）唯善魯國孔融及弘農楊脩。常稱曰、大兒孔文擧、小兒楊德祖。餘子碌碌、莫足數也。融亦深愛其才。衡始弱冠、而融年四十、遂與爲交友。上疏薦之曰、……。竊見處士平原禰衡、年二十四、字正平、淑質貞亮、英才卓礫、初涉藝文、升堂覩奥、目所一見、輒誦於口、耳所瞥聞、不忘於心。……。使衡立朝、必有可觀。飛辯騁辭、溢氣坌涌、解疑釋結、臨敵有餘。……。

（范曄『後漢書』文苑列傳下・禰衡傳）

（50）串田久治「孔融と禰衡」（『愛媛大學法文學部論集　文學科編』第一七號、愛媛大學法文學部、一九八四年一一月）、八四頁。髙橋康浩「孔融の人物評價」（『六朝學術學會報』第一四集、六朝學術學會、二〇一三年三月）にも、孔融と禰衡の關係に言及がある。

（51）『藝文類聚』卷二十、人部四「賢」より。全文は、以下のとおり。

稟天地之純和、鍾嶽瀆之休靈、睿哲之資、誕自初育。英絶之才、顯乎嬰孩。在束修之齒、入宣尼之室、德行邁於三千、仁風横於萬國、知微知章、聞一覽十、用行舍藏、與聖合契。名爲四友之冠、寔盡疏附之益。爾乃安陋巷、挹淸流、甘簞瓢以充飢、雖屢空而不憂。于時河不出圖、周祚未訖。仲尼無舜・禹之功、先生包元凱之烈。其辭曰、亞聖德、蹈高蹤。游洙泗、肅禮容。備懿體、心彌沖。秀不實、振芳風。配聖饋、圖辟雍。紀德行、昭罔窮。

このほか、文字に異同があるが、『初學記』卷第一七「賢第二」に一部が引用され、『全上古三代秦漢三國六朝文』の『全後漢文』卷八七に全文が掲載されている。

(52)　宋代の顔回像については、土田健次郎『道學の形成』（創文社、二〇〇二年一二月）第一章第三節四「性善説と顔子好學論」、柴田篤「「顔子沒而聖學亡」の意味するもの――宋明思想史における顔回――」（『日本中國學會報』第五一集、日本中國學會、一九九九年一〇月）、平元道雄「北宋における顔子評價を巡って」（『九州大學中國哲學論集』第二八・二九合併號、九州大學中國哲學研究會、二〇〇三年一〇月）、伊香賀隆「陸象山の顔子論」（『東洋大學大學院紀要 文學研究科』第四六集、東洋大學大學院、二〇一〇年三月）等を參照。

(53)　余敦康「從《莊子》到郭象《莊子注》」（陳明主編『原道』第三輯、中國廣播電視出版社、一九九六年一月）の「二、莊學的沈寂與復興」、熊鉄基・劉固盛・劉韶軍『中國莊學史』（湖南人民出版社、二〇〇三年一〇月）の第二章第二節「潛行的《莊子》」等を參照。

附編　阮籍の三玄の學

はじめに

いわゆる「竹林の七賢」の一人、阮籍に關するこれまでの研究は、彼の『詠懷詩』を中心に、詩人や文學者としての阮籍に光が當てられる傾向が強かった、と言ってよい。しかし、そのことによって、阮籍の思想を論じることが等閑にふされてきた、というわけではない。例えば、阮籍に關する代表的な研究書を繙いてみると、松本幸男『阮籍の生涯と詠懷詩』（木耳社、一九七七年七月）や大上正美『阮籍・嵇康の文學』（創文社、二〇〇〇年二月）は、いずれも『達莊論』と『大人先生傳』をとりあげて分析している。この阮籍の著作のとりあげ方には、問題がないわけではない。阮籍の著作は、その思想を分析するにあたって、『達莊論』『大人先生傳』と『通易論』『樂論』という、道家系のそれと儒家系のそれとに區分されることが多い。[1] 上述の二つの研究書がいずれも『達莊論』と『大人先生傳』をとりあげ、『通易論』と『樂論』を檢討對象としていないのは、この區分意識を反映しているのであろうか。けれども、内山俊彦氏が指摘するように、「『通易論』や『樂論』の思想と、『達莊論』や『大人先生傳』のそれとは、矛盾、對立しあうのでなく、『自然』という概念を一つの媒體として、繋がり補いあう構造をなす」ものである。[2] すなわち、『達莊論』と『大人先生傳』を分析する際には、同時に『通易論』と『樂論』にも一定の配慮が必要とされるのである。

筆者は、これらの捉え方とは異なる意見を持っている。本書の本編第二章で、「通」について言及した。

後漢時代の一次資料に見える「通」の事例を考察していた頃、筆者は同時に、後漢時代より以降の一次資料に「通」の痕跡をもとめ、それを阮籍の三玄に關する著作――『通易論』『通老論』『達莊論』――に確認することができた。著作名に見える「通」と「達」がそれをよく表しており、ここでの「通」と「達」兩者は同義である（許愼『說文解字』二下に「通、達也。」とある）。阮籍の他の著作名に「通」と「達」の語が用いられていないことからは、阮籍は、『易』『老子』『莊子』を意識的に一つのまとまりとして捉えたのではないか、と思われる。三玄は、阮籍の著作に現れる形ではじめて揃ったのである。

この附編では、『通易論』『通老論』『達莊論』という阮籍の三玄に關する著作を検討する。(3) その際、検討對象が複数の著作にまたがったばあい、往往にして斷章取義に陥る可能性があり、一つの著作を丹念に讀解し、そこに投影された阮籍の思想や主張を分析する作業が手薄になる嫌いがあることも懸念される。一つのまとまった著作には一つの完結した世界があるはずである。この附編では、こうした點を考慮に入れ、阮籍の三玄に關する著作について、一つ一つの著作に込められた彼の思想や主張を讀み解くことを企圖している。

阮籍の著作のうち、積極的に分析されてきたとは言い難いのが、『通易論』である。『通易論』がこれまで中國文學研究者に積極的にとりあげられてこなかったのは、『易』が難解であることが大きな原因だったのであろうか。ともあれ、さしあたり『通易論』という一つのまとまった著作を検討する際には、阮籍が『易』をどのように理解し、なぜ『通易論』を書いたのか、を押さえることが重要である。附編の第一章では、『易』の引用の仕方が比較的整然としている『通易論』を検討對象としてとりあげ、その構成や『易』の引用の特徴を確認したうえで、阮籍の『易』理解について考察する。

そして、附編の第二章では『通老論』に、第三章では『達莊論』に、それぞれ譯注を施す形で、阮籍の

『老子』および『莊子』に對する理解をうかがうことを目的としている。そのうえで、阮籍の三玄に關する著作における「通」「達」の意味について考察する。

注

（1）例えば、中島千秋「阮籍の「論」と「賦」とについて」（『日本中國學會報』第九集、日本中國學會、一九五七年一〇月）は、「論」の形式という觀點から、『樂論』『通易論』と『達莊論』とをわけたうえで、『達莊論』と『大人先生傳』とを關係づけて檢討している。また、高晨陽『阮籍評傳』（南京大學出版社、一九九四年五月）は、『樂論』『通易論』と『達莊論』『大人先生傳』とにわけて、阮籍の思想を分析している。

（2）内山俊彦「阮籍思想窺斑――「通易論」「樂論」を中心として――」（『日本中國學會創立五十年記念論文集』、汲古書院、一九九八年一〇月）、二四六頁。内山氏の論文以前に、阮籍の説く「自然」概念について考察したものに、西順藏「竹林の士とその「自然」について」（原載誌掲載は一九五六年一一月／西順藏『中國思想論集』、筑摩書房、一九六九年五月／『西順藏著作集』第一卷、内山書店、一九九五年四月）、馬場英雄「阮籍の所謂る「道家的」なものと「儒家的」なものとの交錯について」（『國學院雜誌』第九一卷第一一號、一九九〇年一一月）がある。

（3）『通易論』『通老論』『達莊論』の底本には、陳伯君校注『阮籍集校注』（中華書局、一九八七年一〇月。以下、陳本と略記する。）所收のものを用い、清・嚴可均校輯『全三國文』卷四十五（いま一九九五年一一月中華書局版『全上古三代秦漢三國六朝文』全四册の第二册を用いる。以下、嚴本と略記する。）、李志鈞・李昌華・紫玉英・彭大華校點『阮籍集』（上海古籍出版社、一九七八年五月。以下、李本と略記する。）、中國社會科學院哲學研究所中國哲學史研究室編『中國哲學史資料選輯　魏晉隋唐之部』上（中華書局、一九九〇年五月。以下、社本と略記する。）、韓格平『竹林七賢詩文全集譯注』（吉林文史出版社、一九九七年一月。以下、韓本と略記する。）、韓格平主編『魏晉全書2』（吉林文史出版社、二〇〇六年一月。以下、魏本と略記する。）と比較し、文言の異同等、問題のある箇所についてのみ、注記する。但し、社本には『通老論』

は收録されておらず、『通易論』は一部（後述の第Ⅳ節）が省略されている。なお、『達莊論』については、『藝文類聚』巻三十七所引『達莊論』（いま上海古籍出版社の一九九九年五月新二版全二册の上册を用いる。）とも比較する。

第一章　『通易論』初探

一　『通易論』の構成――『易』の引用の特徴を中心に――

『通易論』には、全體を通じ、句の一定の形式の中に『易』の文言を埋めていく、という修辭上の特徴が見られる。この點から言えば、『通易論』は、阮籍自身の言葉で彼の『易』理解を示しているものというよりも、阮籍が『易』の文言を下敷きにして文章をつくり、そこに自らの主張や『易』理解を盛り込んだもの、と考える方が自然である。

そこで、『通易論』の内容を仔細に検討する前に、『通易論』の構成とその『易』の引用の特徴をおさえておく必要がある。本節では、阮籍の『易』理解をさぐる手がかりとして、總字數三千に滿たない『通易論』の構成とその『易』の引用の特徴を確認することにしたい。

『通易論』の冒頭では、「阮子曰」とあって、

『易』とは、何か。（易者、何也。）

との問いが發せられる。この問いに對する答えが、『通易論』の中に、實は四つある。その四つの答えは後述するが、『易』とは、何か。（易者、何也。）」から後の部分は、四つの答えに基づき、便宜的に次のⅠ～Ⅷの八つに分節することができる。

Ⅰ　乃昔之玄眞、往古之變經也。
Ⅱ　自「庖羲氏當」至「故謂之易」
Ⅲ　自「易之爲書」至「顯眞德也」
Ⅳ　自「自乾元以」至「之能審也」
Ⅴ　自「易之爲書」至「作之由也」
Ⅵ　自「卦體開闔」至「不可亂也」
Ⅶ　自「大過何也」至「天德興也」
Ⅷ　自「君子曰易」至「易以通矣」

以下、Ⅰ～Ⅷについて、分節の基準や『易』の引用の特徴を説明する。
Ⅰは、「易者、何也。」の直後に位置する文言で、且つ「易者、何也。」の第一の答えである。これは、一文のみの短いものであるが、簡にして要を得た答えとして完結しており、これのみで一節と見たい。
Ⅱは、「易者、何也。」の第二の答えに相當する部分である。庖羲が八卦を創作してそれを六十四卦に「布演」し、文王がそれに對して意圖的にことばを繫けていき、「歸藏」にかわって「周易」が興った、という

『易』の起こりと成立の經緯が説明されている。ここでは、繫辭上・下傳と説卦傳を下敷きにした表現が多く見られるほか、一部に序卦傳の文言も用いられている。

Ⅲは、「易者、何也。」の第三の答えの前半に相當する部分である。最初に「易之爲書也」という繫辭下傳の文言ではじまる阮籍の『易』という書物についてのコメントが見られるが、このコメントより以下は、『易』の上經に當たる乾卦から離卦までの各卦の文言が、ほぼ卦序どおりに登場する。(1) ほぼ卦序どおりに卦の文言が用いられる形式自體は、序卦傳の體例に倣ったものと考えてよい。ここでは、各卦に關する象傳・象傳の文言が多用され、序卦傳の文言も使われている。

Ⅳは、「易者、何也。」の第三の答えの前半（Ⅲ）と後半（Ⅴ）の間に位置し、Ⅲの冒頭に置かれた阮籍の『易』という書物についてのコメントを敷衍している部分である。六十四卦に即した部分でなく、またⅢとⅤの記述の體例から外れるため、この部分を獨立させて一節とする。『易』の文言は用いられているが、その用いられ方に規則性や際だった特徴は窺えない。

Ⅴは、「易者、何也。」の第三の答えの後半に相當する部分である。Ⅲと同樣に、最初に「易之爲書也」という繫辭下傳の文言ではじまる阮籍の『易』という書物についてのコメントが示された後、『易』の下經に當たる咸卦から未濟卦までの各卦の文言が、卦序どおりに登場する。Ⅲと同じく、體例は序卦傳に倣っており、各卦に關する象傳・象傳の文言が多用されるが、Ⅲに比べて序卦傳からの引用が目立ち、また雜卦傳の文言を下敷きにした表現も見られるのが特徴である。

Ⅵは、説卦傳の文言を下敷きにして八純卦について説明している部分である。六十四卦を成り立たせる八純卦それぞれの位置や役割が示される。

Ⅶは、Ⅵまでで『易』の世界の秩序が説明されたのを受けて、「大過」「小過」「既濟」「未濟」「无妄」の各卦に關する問答と、『易』に散見する「龍」「先王」「后」「上」「君子」「大人」という用語に關する問答との都合十四の問答が展開される部分である。『易』の個個の構成要素のうち、阮籍が重視した卦や用語について問答が展開され、その答えの部分にも『易』の文言が引かれている。

Ⅷは、「易者、何也。」の第四の答えを包含する部分である。「君子」のことばの中に第四の答えがあり、以下、それを敷衍する形で説明が續く。そして、末尾の一文は、『通易論』の最後に至ってようやく『易』に「通」じる、との意味を示す一文となっており、『通易論』というタイトルの基づくところである。ここでも、『易』を下敷きにした文言は見られるが、Ⅱ・Ⅲ・Ⅴ・Ⅵのような規則性は窺えない。

以上が、『通易論』全體の構成と『易』の引用の特徴である。このうち、『易』の引用の特徴について、顯著な點を述べておきたい。

「易者、何也。」の第二の答え（Ⅱ）と第三の答え（Ⅲ・Ⅴ）に見られる『易』の引用の顯著な特徴としては、Ⅱでは、下敷きにした『易』の文言が易傳のそれのみであって六十四卦の文言を用いた形跡が窺えないことであり、Ⅲ・Ⅴでは、それぞれの冒頭に置かれた阮籍の『易』という書物についてのコメントを除いた部分において、六十四卦の各卦の文言と序卦傳・雜卦傳の文言以外、『易』の文言を下に敷いていないことである。これは、明らかに、阮籍によって『易』の文言の使い分けが行われたことを示すものであり、こうした使い分けは、Ⅵの八純卦に關する説明に説卦傳の文言を用いていることにも窺える。阮籍は、『易』の經傳それぞれの體例に可能なかぎり沿う形で『易』を用いたのである。

四つの答えを見出だし得る、冒頭の「易者、何也。」というこの問いこそ、『通易論』全體を貫く問いであり、それ故に『通易論』の趣旨はこれの解明に盡きる、と言ってよい。『通易論』の趣旨がこのようなものである以上、「易者、何也。」という問いの答えを中心に、以下、二節にわたって、阮籍の『易』理解を窺うことにしたい。

二　阮籍の『易』理解（一）――變易性と二元的世界観――

本節では、「易者、何也。」に對する四つの答えの部分を順次詳細に見ていき、前節で確認した『易』の引用の特徴と併せ、阮籍が『易』をどう捉えたのかを考察する。

1　第一の答え

まず、「易者、何也。」に對する第一の答えは、次の一文である。

むかしの奥深い眞理であり、過去の變化する經典である。(2)

この一文は、『易』の内實について「玄眞」、『易』という書物について「變經」とそれぞれ表現した、言わば『易』の内實と外貌について端的に述べた簡要な答えである。ここでは、ただ簡要な答えが示されるのみであり、下文において答えの内容が詳しく述べられていく。

2　第二の答え

第二の答えは、第一の答えの直後に續く。當該部分の主要な文章を示す。

庖羲氏は天地がひとたび終わるに際し、……、そこではじめて八卦を創作した。……、（八卦から生じた事物を）とりまぜて一つにまとめ、變化させて通じさせると、未濟卦で終わりはするが、六十四卦は、盡きても窮まることはない。……。庖羲氏は八卦を六十四卦の變化に推しひろめ、……。文王の時代になって、文王が意圖的に各卦にことばを繫けていった。そのとき歸藏氏が姿を消して周代のテキストが經として誕生したが、上下（の爻の動き）は一定せず、剛と柔はたがいに入れ替わり、固定したテキストとすることができず、ただ變化する以外にない、そこでこれを『易』というのである。(3)

八卦、六十四卦のおこりについて述べられたあと、各卦にことばが繫けられ、それが周代の經典『（周）易』として誕生した經緯が説かれている。繫辭下傳の文言をそのまま用いた「上下無常、剛柔相易、不可爲典要、惟變所適」は、『易』の變易性を説明したものであり、「易者、何也。」に對する第一の答えの「變經」に照應する。

この第二の答えの部分は、下文において阮籍が『易』の中身について説明する前提として、まず『易』というテキストのおこりや性質に言及した部分、ということができる。

3　第三の答え

「易者、何也。」に對する第三の答えの部分は、前節で示したⅢとⅤであり、『易』の上經・下經の區分にしたがい、二分されている。ⅢとⅤに共通しているのは、「『易』という書物は（易之爲書也）」という書き出しと、上經もしくは下經の各卦に關する文言による説明がなされる前に阮籍の『易』という書物についてのコメントが置かれていること、この二點である。

3―1　第三の答え（一）

まず、ⅢとⅤの各冒頭に置かれる、阮籍の『易』という書物についてのコメントを見ることにしたい。Ⅲの冒頭には、こうある。

『易』という書物は、天地をもととし、陰陽にしたがい、盛衰をおしはかり、奥深い所から出て、明らかな所に達する。(4)

ここでの特徴は、「天」と「地」、「陰」と「陽」、「盛」と「衰」、「幽微」と「明著」、という二項對立である。阮籍が、『易』の依って立つ基盤（「天地」「陰陽」）とその機能（「推盛衰」）や性質（「出自幽微、以致明著」）にふれ、『易』の二元的世界を説いた文章である。

一方、Ⅴの冒頭には、こうある。

『易』という書物は、天地の道をおおいつくし、萬物のありのままの姿をのこらず包み込む。道はきわまってもとへ返り、事はきわまって改まる。もとへ返って時の推移に對應し、改まってつとめに對處する。時の推移に對應するので、天下の人人はその恩澤を慕う。つとめに對處するので、萬物はその利益を頼りにする。恩澤が施されると天下の人人は服從する。これこそ天下の人人が自然にしたがい命あるものをいつくしむ方法である。財力や地位は天地にひとしく、手柄や名聲は世界に充ちあふれ、その狀態をくつがえさず、その狀態をそこなわなければ、道はそむかない。天地は、『易』の根本である。萬物は、『易』の核心である。(5)

この文章は、形而上の「道」と形而下の「事」(「萬物」)の關係を竝列して述べ、この兩者を『易』があますところなく包含していることを説くものである。「きわまってもとへ返る(至而反)」と「きわまって改まる(極而改)」は、「道」と「事」に見られる同樣の反復運動を異なる文言で表現しているものであり、「時の推移に對應する(應時)」と「つとめに對處する(當務)」は、爲政者が時勢に對應して政治上の問題に對處する積極的な姿勢を示すものであり、「恩澤(澤)」と「利益(利)」は、いずれも「天下」「萬物」にもたらされる恵みについて文言を換えて表現したものである。その直後の「恩澤が施されると天下の人人は服從する(澤施而天下服)」は、「澤」と「天下」が上文の「天下の人人はその恩澤を慕う(天下仰其澤)」を受けていて、「道」に關する記述に屬する觀があるが、下文に「事」に關してこれに對應する記述が無いことや、「天下」と「萬物」の意味する内容がほぼ同じであること、「道」と「事」のそれぞれの展開について端的に「これこそ天下の人人が自然にしたがい命あるものをいつくしむ方法である。(此天下之所以順自然惠生類也。)」と締め括られていることから考えると、「天下服」で「萬物」の歸「服」の姿勢も同時に述べられていると推察される。すなわち、「道」と「事」それぞれの展開については、ほぼ同じ内容が文言を換えて述べられているにすぎない。いま、「道」と「事」それぞれの展開を簡單に圖示してみると、

道――（至↓反）↓應時↓澤 → 天下服
事――（極↓改）↓當務↓利 → 天下服

となる。

さらに、「道」と「事」の關係については、その直後の「財力や地位は天地にひとしく、手柄や名聲は世界に充ちあふれ、その狀態をくつがえさず、その狀態をそこなわなければ、道はそむかない。（富貴侔天地、功名充六合、莫之能傾、莫之能害者、道不逆也。）」の一文にまとめられている。「傾」「害」の否定に關しては、餘計な手出しをしないことを意味する「無爲」に類する言葉が想念されがちであるが、ここにはそうした道家思想の色彩は薄く、「事」の次元における「富貴侔天地、功名充六合」という秩序をかき亂さない狀態であれば、「道」（と「事」の關係）は保つことができる、と説くのである。

3―2　第三の答え（二）

次に、上經・下經のまとまりもしくは六十四卦という卦全體を取り扱うに際して、阮籍が『易』をどのよ

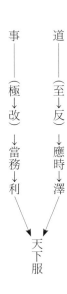

うなものとして捉えているのかを探る。

上經の各卦の文言を用いて説明される部分は、實は、「先王」を中心にして文脈を追うことによって、説かれている内容が判然とする。いま、當該部分の主要な文章を示す。

……。天地がすでにできあがり、……、そこで先王は多くの國を建設し、諸侯同士を親睦させ、その心を收攬した。……。先王が沒してしまうと、德治と法治の適用がチグハグになり、上位の者は冒されて下位の者がとってかわり、君主と臣下の關係は一定せず、剛と柔は調和せず、天と地は交渉をもたなくなった。そうした情況で君子は似たものを一つにまとめ同じものをさがし求め、惡をとどめ善をもりたて、その盛んなさまをきわめつくした。……。そこで大人はふさわしい地位を得、聰明な聖人がさらに現れたので、先王は音樂を奏でて上帝にたてまつり、その道を明らかにして天からの賜りものに答えた。そうした情況で萬物は服從し、隨順して爲政者につかえ、子は父にしたがい、臣下は君主にしたがい、先王は民衆を統治して一つにまとめ、盛んに天下にその德をしめした。そこで先王は四方をみわたし民の實情を觀察して教えを設け、模範を示すのに制度をもちいた。……。そこで先王は適用する際に罰を明確にし法を整備した。……、時日が推移してきわまりつくすと、先王は門を閉じ、商人や旅人は通行せず、君主は國をかえりみず、そうして民を靜めたのである。……、そこで先王は大いに時の推移にしたがって萬物を育成し、仁を施して惠澤をしき広めその德をうちたてたのである。……。そうした情況で大人は明德を繼承し、四方を照らし、その德をあきらかにしたのである。(6)

ここで説かれているのは、爲政者側にある「先王」「君子」「大人」「后」の「萬物」に對する統治上の政策とそれに左右される「萬物」のあり樣である。統治する側と統治される側の關係の上に成り立つあるべき秩序について述べられ、「先王」「君子」「大人」「后」の行動は政策を行う側として能動的に記され、一方の「萬物」の行動は實施された政策の影響を受ける側として受動的に記されている。すなわち、ここでの記述は、爲政者側の視點からの記述、ということになる。しかし、爲政者側にある「先王」「君子」「大人」「后」はどう區別される存在なのかや、その役割分擔や地位の序列については示されていない。

一方、下經の各卦の文言を用いて説明される部分は、どうであろうか。

……。柔は剛にしたがい、その種類を長持ちさせる。……。剛がすでに柔をおしきり、上位の者がさがし求め下位の者がそれにこたえ、立派な臣下は聰明な君主に出会う。柔の立場で剛にあうと、あらゆる種類の物はことごとくその姿をあらわし、剛が中庸な正しさを據りどころとすれば、天下では道が盛んに行なわれる。そこで君主は命令を施行し四方の國國に告げ報せ、教化につき従うことを貴ぶのである。そうした情況において天と地はあつまり、庶民は一つになる。……。臣下が君主を求め、陰が陽にしたがい、身をかがめる姿勢がまごころに歸着すれば、ふさわしい位置を得るものである。……。賢人や君子は、民衆をたもって盛りたてる。奢侈をきわめつくし大夫の地位をうしなうと、社会にあっても受け入れられず、受け入れられても居場所がない。身をひくくしてへり下れば、大人と會見して利益を得る。……。小さな事はとおり正しい形象があり、陰はいずれも陽の上に乗り、陽・剛は（陰・柔に）とってかわられ、君主と臣下は地位を易え、秩序が亂れて歯止めが効かないのは、中庸を得ていないという意味である。そこで君子が災難を思って豫防するのは、しくじりを慮るからである。……。愼重に事物を辨別し、陰と陽が互いに求めあうのは、最初に接觸する際の方法であり、長くその關係を持續するための理由である。(7)

Ⅲの爲政者側からの記述に對し、これは爲政者側からの記述とは言い難く、「柔」「中正」「陰」「卑身下意」といった謙虚なもしくは中庸の姿勢・立場での處世が強調される記述になっており、「君子」の行動が則るべき模範として記されている。言い方を換えれば、Ⅲが政策と統治の記述であるのに對し、Ⅴは民衆の側からの實際の社會での處世に關する記述であるとも言える。

ⅢとⅤを併せて言えば、二元論という横軸、「道」と「事」という縱軸、六十四卦という循環、といった各論理の中で、この世界の秩序を『易』を通じて明らかにしようというのが、「易者、何也。」の第三の答えの部分における論旨である。

3―3　Ⅳの位置について

ところで、Ⅳは、ⅢやⅤのように、六十四卦による説明部分ではない。にもかかわらず、六十四卦による説明部分であるⅢとⅤの間に位置する。これは、いったい何を意味するのであろうか。ここでは、このことを考えたい。Ⅳの主要な文章を示す。

天の造化が始まって以降、施與は公平ではっきりとしており、盛と衰には時の推移があり、剛と柔には恆常性が無く、獲得したり喪失したり、陰であったり陽であったり、吉と凶とが出たり入ったりし、暗いところから明らかなところを觀察する。……。未來のことを知り既往のことを自らの内に蓄藏するのでなければ、（『易』を）つまびらかにすることはできない。(8)

この文章は、Ⅲと∨の間にあって、一見、六十四卦の一連の流れによる説明を寸斷している觀があるが、本來、『易』の上經末尾の離卦と下經劈頭の咸卦とは序卦傳でも關係づけられておらず、(9)また前項で見たように、上經の文言を用いたⅢの文章と下經の文言を用いた∨の文章とは所論の内容が異なるため、このⅣがⅢと∨の間に位置していることは、兩者の寸斷を意味しない。問題は、このⅣが、上經の文言を用いたⅢの文章と下經の文言を用いた∨の文章との間に置かれた意味を、説かれている内容から解明することにある。

この文章でも、「盛」と「衰」、「剛」と「柔」、「得」と「失」、「陰」と「陽」、「出」と「入」、「吉」と「凶」、「闇」と「彰」の二項對立が見られ、Ⅲの冒頭の記述と照應する。一方、∨に見られたような「道」と「事」の關係や實際の社會での處世に關する記述は、ここには窺えない。したがって、このⅣの記述内容は、∨とは無關係でⅢに關係するもの、ということになる。では、なぜ、この文章は、Ⅲの中途にではなく、Ⅲの直後に置かれたのであろうか。その一つの理由として、「乾元より以來」（離卦まで）の上經の文言による説明の締め括りとしての意味が求められはする。しかし、そうであれば、Ⅲと同じ體例で書かれた∨の直後に、Ⅳに類する記述が置かれていてもよいはずであるが、それは無い。Ⅳの内容は、Ⅲの冒頭の記述内容を反復するものである。同じ内容を反復する記述をどこに置くか、ということを檢討する際、Ⅲと∨の記述の體例を想起せねばなるまい。Ⅲと∨に共通する記述の體例は、冒頭に「易之爲書也」で始まる阮籍の

『易』という書物に對するコメントが置かれ、その後に上經もしくは下經の文言を用いて『易』の世界觀が示される、というものである。これは、明らかに、阮籍によって意圖的に作られた體例である。この體例を壞さない形で同じ内容を反復する記述の配置を考えたばあい、Ⅴの記述内容と無關係のそれは、Ⅴと無關係でⅢと關係する位置、すなわち、Ⅴの直前でⅢの直後という位置に自然落ち着いてしまうことになるのではなかろうか。

4　第四の答え

「易者、何也。」の第四の答えは、Ⅷの冒頭の「君子」のことばに端的に示される。

『易』は天地を順序だて、萬物を秩序づける。(10)

この一文より以下は、

天地に正しい構造があり、四季に恆常的な位置があり、事業につき従う場所があり、鳥獸にあつまる場所があるので、萬物は一體でないことはない。(11)

という文章の内容をパラフレイズする形で「萬物」の「一」の秩序が説明された後、「陰」と「陽」、「性」と「情」、「剛」と「柔」、「愛」と「惡」、「得」と「失」、「悔」と「吝」、「吉」と「凶」、「仁」と「義」、

「禍」と「福」、の二項對立による秩序が、「二」からの派生としての意味合いをもって説かれ、尋いで、この秩序に基づく「尊」と「卑」、「貴」と「賤」、「上」と「下」の釣り合いや「陰」と「陽」、「剛」と「柔」の調和が聖人によって實現される在り方が述べられ、末尾に至って、

　こうしたことから考えれば、『易』は通じる。(12)

と、最後にようやく『易』が理解できる、との趣旨の一文で締め括られている。

第四の答えの部分は、『易』の「二」の秩序とそこから派生する二元的世界觀が示された部分、ということになる。

以上、本節では、「易者、何也。」に對する四つの答えを見てきたが、『易』という書物が、六十四卦（上經・下經）という一連の循環・變易性をもちながらも、その絶えず變化する中にあって、天地・萬物や上下關係など、この世界の秩序の安定がとりわけ重視される、二元的世界觀に支えられた書物である、と要約される阮籍の『易』理解を窺うことができた。

次節では、阮籍の『易』理解の別の側面、すなわち『易』の構成要素に對する阮籍の理解を窺うことにしたい。

三　阮籍の『易』理解（二）──『易』の構成要素について──

ここまで、Ⅰ・Ⅱ・Ⅲ・Ⅳ・Ⅴ・Ⅷの部分を検討した。ⅥとⅦが未検討であるが、Ⅵは八純卦の説明であり、Ⅶは『易』の卦や用語に關する十四の問答であり、言わば、Ⅵ・Ⅶは、『易』の構成要素について述べられた部分である。本節では、ⅥとⅦの檢討を通じ、『易』の構成要素に對する阮籍の理解を窺うことにしたい。

1　八純卦について

八純卦については、『易』傳では説卦傳で詳しく説明されている。阮籍もこれに着眼して説卦傳を下敷きにした説明を行っている。Ⅵの主要な文章を示す。

卦の構造の開閉は、乾が一（陽爻）で開き、坤が二（陰爻）で閉じる。乾と坤とで卦の構造を成していて剛と柔にはふさわしい位置があり、……、そして坤は西南の方角にある。……、そして乾は西北の方角にある。剛と柔とは交渉をもつので、これを父母という。陽は震の動きにしたがい、……、そこでこれを長男という。……、そこで巽は長女である。……、そこで離は中女である。さらに西北の方角にあって、……、そこで兌は少女である。……、そこで坎は中男である。……、そこで艮は少男である。乾は圓形（天）で坤は方形（地）であり、女は柔で男は剛であり、健（乾）と柔（坤）とが時に應じて推移して、禍と福とが行われる。化にしたがって誕生がわかり、變にしたがって滅亡がわかる。そういうわけ

で、吉凶成敗（が到來する原理）は、亂すことができないのである。(13)

乾を父、坤を母、震を長男、巽を長女、坎を中男、離を中女、艮を少男、兌を少女に配し、乾を西北の卦にあてるのは、説卦傳の説である。しかし、單なる説卦傳の文言を用いた八純卦の説明に終始するのではなく、この部分で阮籍が最も言いたいことは、この八純卦の組み合わせによって禍福や死生存亡が到來する原理について、である。ここでは、『易』という世界においては「吉凶成敗」が到來する秩序をやぶることはできない、という六十四卦という變易性の中にある一定の秩序の不可變性・恆常性、このことを説くことに阮籍の主張の力点が置かれているのである。

2　卦と用語に關する十四の問答

次に、『易』の用語に關する十四の問答を取りあげる。以下、十四の問いで何が問われているのか、その概要を把握したい。答えの部分については必要に應じて取りあげる。これらの問いは、阮籍が『易』の何を重視し理解しようとしたのか、この點をよく示しているものと考えられる。

①「大過」とは、何か。（大過、何也。）

②「小過」とは、何か。（小過、何也。）

③既濟卦（卦辭）の、「初吉終亂」とは、何か。（既濟、初吉終亂、何也。(14)）

④未濟卦上九の、「飲酒、無咎」とは、何か。（未濟上九、飲酒、無咎、何也。(15)）

⑤「无妄」とは、何か。（无妄、何也。）
⑥无妄卦六三の、「无妄之災、或繫之牛、行人得之、邑人災」とは、何か。（六三、无妄之災、或繫之牛、行人得之、邑人災、何也。）[16]
⑦无妄卦九五の「疾、勿薬」とは、何か。（九五之疾、勿薬、何也。）
⑧「龍」とは、何か。（龍者、何也。）
⑨（乾卦上九の）「亢龍有悔」とは、何か。（亢龍有悔、何也。）
⑩「先王」とは、何か。（先王、何也。）
⑪「后」とは、何か。（后者、何也。）
⑫「上」とは、何か。（上者、何也。）
⑬「君子」とは、何か。（君子者、何也。）
⑭「大人」とは、何か。（大人者、何也。）

①～⑦は卦に關する問いであり、⑧～⑭は『易』に散見する用語に關する問いである。問われる内容から、①②、③④、⑤⑥⑦、⑧⑨、⑩⑪⑫⑬⑭、の五つに分けることができる。①②、③④は、それぞれ一對を成すものである。阮籍が「大過」と「小過」、「既濟」と「未濟」を取りあげている理由は、「過」字もしくは「濟」字を共通にもつということに求められる。[17]⑤⑥⑦は无妄卦に關するものであり、阮籍がここでとりわけ无妄卦だけを取りあげている理由は、「无妄、何也。」の答えの部分を見れば明白である。

望んでいないのにそういう事態になるのは、きっちりと出會った陰と陽とがあやまって行われたものではない。[18]

すなわち、无妄卦は「陰陽」の二元論では推し測れない卦であるために、ここでわざわざ阮籍の取りあげるところとなった、と考えられる。そして、无妄卦の六三と九五についてさらに問われているのも、「陰陽」の論理では把握できない、望まない禍殃の到來をどう理解すればよいか、という點を阮籍が重視したものと思われる。

⑧⑨は「龍」に關する問いであるが、「龍」が問いに取りあげられた理由は、「龍」が乾・坤兩卦で登場し、陰と陽とを語る際のキーワードであることによると思われる。[19]そして、乾卦上九の「亢龍有悔」が問われているのは、この問いの答えの部分に、

(潜龍の段階から自らを)大きくしようとすると小さい時のことを顧みず、奢侈をこころよいとすると乏しさを思わず、正しい上位にじっとしていると(のぼりすぎて)下位の者がおらず、貴い地位なりの骨折りはあってもよりどころが無く、志操をうしない我が身を危うくする、そういうわけで悔いるのである。[20]

と説明されることや、3―2で見たように、阮籍が『易』における謙虚なもしくは中庸の姿勢を強調していることから考えると、乾卦の爻辭の中でも上九のそれが謙虚な姿勢を欠いていることによると思われる。すなわち、謙虚な姿勢を強調する『易』の中での例外を取りあげて、阮籍なりの解釈を與えたものと言える。

⑩⑪⑫⑬⑭は、「先王」「后」「上」「君子」「大人」という、『易』のみならず『通易論』においてもしばしば言及された、いずれも爲政者側にある者に關する問いである。しかし、『易』においても『通易論』においても「先王」「君子」「大人」「上」「后」はどう區別される存在なのかや、その役割分擔や地位の序列についても説明されていない。ここで、そのそれぞれについて問答が行われているのは、これら爲政者側の存在について、どう區別すべきか混亂をきたさないよう、それぞれについて確認しておくという意味を帶びているのではないかと思われる。

おわりに

以上、『通易論』を八つに分節して、阮籍の『易』理解について考えてきた。『通易論』全體を貫く問い「易者、何也。」の答えからは、六十四卦の循環・變易性の中で、主に二元論からなる、然るべき爲政者のもとに實現される安定した秩序をもつ世界、それが『易』に凝縮された世界である、という阮籍の『易』理解を窺うことができた。また、『易』の構成要素の檢討からも、六十四卦の變易性の中にある一定秩序の不可變性・恆常性を確認することができ、一對の卦や二元論では容易に理解されない卦、そして重要な用語を取りあげた阮籍の意圖を窺うことができた。

そもそも、阮籍はなぜ、『通易論』という『易』を説明する著作を書いたのであろうか。蜂屋邦夫氏は、魏晉期の時代思潮を解説する中で、後漢のすえごろに、それまで國家の統治原理として機能してきた儒教の權威が失墜し、それにともなって、支配階級の知識人たちは儒教にかわる新しい指導理念を模索するようになった。そこに、世界と人間について根本的に反省する氣運が起り、いわゆる「天人の學」が追求され、『易』と『老子』の思想が再評價されてきた。このばあい、『易』は、儒教の經典とはいいながら、その解釋は漢代に行なわれていたものとは違っており、文字どおりの再評價である。(21)

と述べている。これを筆者の言葉で言い換えると、魏晉期の知識人が理解しようとした『易』は、漢代の儒者たちの手垢のついた『易』とは異なり、それを捨象した本來の『易』を意味する。

本章で明らかにしてきた阮籍の『易』理解が大過ないものであるならば、阮籍のばあいも、「易者、何也。」という『通易論』全體を貫く問いが示すように、本來の『易』の理解を心がけたのであり、『易』がどのような構造や思想をもつのかを虛心坦懷に理解して、『易』の世界を阮籍自身の言葉で示したのが『通易論』にほかならないのである。

注

（1）「ほぼ卦序通りに」と述べたのは、『通易論』の卦の取りあげ方に二箇所、排列の亂れが認められるためである。その二箇所とは、一つは、『易』の小畜卦・履卦という排列にしたがわずに履卦・小畜卦の順で登場する箇所、二つは、『易』の賁卦・剝卦という排列にしたがわずに剝卦・賁卦の順で登場する箇所、である。

（2）乃昔之玄眞、往古之變經也。

（3）庖羲氏當天地一終、……、于是始作八卦。……、雜而一之、變而通之、終于未濟、六十四卦、盡而不窮。……。庖羲氏布演六十四卦之變、……。至乎文王、故繫其辭。于是歸藏氏逝而周典經興、上下無常、剛柔相易、不可爲典要、惟變所適、故謂之易。

李本・社本は、三つの「于」をいずれも「於」に作るが、底本にしたがう。「繫」は、底本・李本は「係」に作るが、嚴本・社本にしたがう。

（4）易之爲書也、本天地、因陰陽、推盛衰、出自幽微、以致明著。

（5）易之爲書也、覆燾天地之道、囊括萬物之情。道至而反、事極而改。反用應時、改用當務。應時、故天下仰其澤。當務、故萬物恃其利。澤施而天下服。此天下之所以順自然惠生類也。富貴侔天地、功名充六合、莫之能傾、莫之能害者、道不逆也。天地、易之主也。萬物、易之心也。

（6）……。天地既設、……。是以先王以建萬國、親諸侯、收其心也。……。先王既歿、德法乖易、上陵下替、君臣不制、剛柔不和、天地不交。是以君子一類求同、遏惡揚善、以致其大。……。於是大人得位、明聖又興、故先王作樂薦上帝、昭明其道以答天貺。於是万物服從、隨而事之、子遵其父、臣承其君、臨馭統一、大觀天下。是以先王以省方觀民設敎、儀之以度也。……、故先王用之以明罰勅法。……、時極日至、先王閉關、商旅不行、后不省方、以靜民也。……、故先王茂對時育萬物、施仁布澤以樹其德也。……。於是大人繼明、照於四方、顯其德也。

嚴本は、「歿」を「沒」に作り、四つの「於」を「于」に作り、「答」を「荅」に作るが、いずれも底本にしたがう。

（7）……。柔以承剛、久其類也。……。剛既決柔、上索下合、令臣遭明君。以柔遇剛、品物咸亨、剛據中正、天下大行。是以后用施命誥四國、貴離敎也。於是天地萃聚、百姓合同。……。臣之求君、陰之從陽、委之歸誠、乃得其所。……。賢人君子、有衆以成其大也。窮侈喪大夫之位、羣而靡容、容而無所。卑身下意、利見大人。……。小亨正象、陰皆乘陽、陽剛凌替、君臣易位、亂而不已、非中之謂。故君子思患而豫防之、慮其敗也。……。愼辨居方、陰陽相求、初與之道、遠作之由也。

嚴本は「於」を「于」に作るが、底本にしたがう。嚴本・李本・社本は「同」を「用」に作るが、直前の「天地萃聚」で「萃」「聚」という意味のほぼ類似する語が竝べられる體例と對照させて、ここでは底本の處置にしたがって「同」に作る。なお、社本は「后」を誤って「後」に作り、底本は「與」を誤って「興」に作る。

（8）自乾元以來、施平而明、盛衰有時、剛柔無常、或得或失、一陰一陽、出入吉凶、由闇察彰。……。非知來藏往者、莫之能審也。

（9）本田濟『易学——成立と展開——』（平樂寺書店、一九六〇年一一月）の第一章第八節「十翼の完成」を參照。

（10）易順天地、序萬物。

（11）方圓有正體、四時有常位、事業有所麗、鳥獸有所萃、故萬物莫不一也。

（12）由此觀之、易以通矣。

（13）卦體開闔、乾以一爲開、坤以二爲闔。乾坤成體而剛柔有位、……、而坤在西南。……、而乾在西北。剛柔之際也、故謂之父母。陽承震動、……、故謂之長男。……、故巽爲長女。……、故離爲中女。又在西北、……、故兌爲少女。……、故坎爲中男。……、故艮爲少男。乾圓坤方、女柔男剛、健柔時推、而禍福是將、循化知生、從變見亡。故吉凶成敗、不可亂也。

（14）底本は「初吉終亂」を「初六終亂」に作るが、嚴本・李本・社本・韓本が「初吉終亂」に作るのにしたがう。

嚴本・李本は「禍福」を「福禍」に作る。いま、底本にしたがっておく。なお、社本は當該引用部を欠く。

（15）底本・嚴本は「未濟上九」を「未濟上六」に作るが、李本・社本・韓本が「未濟上九」に作るのにしたがう。

（16）底本は「无妄」を「無妄」に作るが、誤り。无妄卦六三について、『周易正義』は「无妄之災、或繫之牛、行人之得、邑人之災」に作る。

（17）注（9）所掲本田濟氏著書の第一章第三節「經」を參照。但し、阮籍が、同じ「畜」字を有する小畜卦と大畜卦を取りあげていない點については、後考をまちたい。

（18）無望而至、非會合陰陽之違行也。

（19）阮籍も、「龍者、何也。」の答えとして、陽が強力な種類であり、盛んな德こそ、とうといということの比喩である。（陽健之類、盛德尊貴之喩也。）と述べている如く、龍は陽の象徴とされる。主に乾卦で説かれているが、坤卦上六の、

龍は野で戦う。（龍戰于野。）

について、文言傳に、

陰が陽に疑わしくなると陰と陽とは戰うが、これは陽が全く無いと疑われるからで、そこで龍という名稱を用いた。（陰疑於陽必戰、爲其嫌於无陽也、故稱龍也。）

と説かれる如く、陰の極盛を示す箇所でも言及されている。

(20) 欲大而不顧其小、甘侈而不思其匱、居正上位而無卑、有貴勞而無據、喪志危身、是以悔也。

(21) 戸川芳郎・蜂屋邦夫・溝口雄三『儒教史』（山川出版社、一九八七年七月）の「第三章　儒教權威の相對化——三教交渉の時代——」の「1　時代思潮」、一四一頁。

第二章　『通老論』の検討

『通老論』は、斷片記事三條が傳わるのみで、全貌はわからない。ここでは、その三條を　つずつ検討し、試譯を示したうえで、私見を記すにとどめる。

一　第一條

聖人明於天人之理、達於自然之分、通於治化之體、審於大愼之訓。故君臣垂拱、完太素之樸。百姓熙怡、保性命之和[1]。

（試譯）

聖人は天と人（地上の統治者）との間の道理にくわしく、他者に頼らずに自力でそうなるという境地に到達し、政治教化のしくみに精通し、非常に愼重に行動せよとのおしえをよく理解している。そこで君主と臣下は何も手出しをせず、事物が形成された時點の素樸な狀態をしっかりと備える。一般庶民はたのしんで仲睦まじくし、（先天的にそなわっている）性と命の調和を保持する。

（私見）

この條は、『太平御覽』卷一に引かれる。聖人のありかたが、君臣關係と一般庶民の姿勢の規準となっている。阮籍の三玄に關する著作に用いられている「通」「達」が、ここでは聖人を主語とする動詞として用いられている。阮籍は、三玄に關する著作において、自らを聖人に擬したのであろうか、あるいは聖人に託して自らの理想を述べたのであろうか。

二　第二條

道者、法自然而爲化、侯王能守之、萬物將自化。易謂之太極、春秋謂之元、老子謂之道。

（試譯）

道とは、他者に頼らずに自力でそうなるというはたらきを模範として萬物を造化するが、統治者がそのしくみを守ることができるならば、萬物はそれ自身の力で變化しようとする。『易』はこれを「太極」といい、『春秋』はこれを「元」といい、『老子』はこれを「道」という。

（私見）

この條は、『太平御覽』卷一に引かれる。「道」について述べた條で、『老子』第二十五章の「人法地、地法天、天法道、道法自然。」と第三十七章の「道常無爲而無不爲、侯王若能守、萬物將自化。」を踏まえている。

阮籍は、『老子』における「道」に相當するものとして、『易』の「太極」と『春秋』の「元」を擧げている。(2)

三　第三條

三皇依道、五帝仗德、三王施仁、五霸行義、強國任智。蓋優劣之異、薄厚之降也。(3)

（試譯）

三皇は道に依據し、五帝は德に倚り、夏・殷・周の三王は仁を施し、春秋時代の五霸は義を行い、戰國時代の強國は智にまかせた。政治の優劣の違いは、（『老子』の教えを守ることの）厚薄の落差によるようである。

（私見）

この條は、『太平御覽』卷七十七に引かれる。三皇・五帝は、それぞれ『老子』の説く「道」と「德」にのっとったが、三王・五霸・強國は、『老子』第十九章の「絶聖棄智」「絶仁棄義」に反するかのごとく、儒家の説く「仁」「義」「智」を用いた。すなわち、三皇・五帝の時代には『老子』の思想は守られていて理想的な治世が續いたが、時代がくだっていくにつれ、『老子』の否定する儒家（をはじめとする様様な學派の）の考え方が用いられるようになり、理想的な治世から遠のいてしまった、との阮籍の歴史觀が示されている。

注

（1）四つの「於」は、嚴本・李本は「于」に作る。韓本は簡體字表記のため「于」に作るが、それが「於」と「于」のいずれを踏まえたものかは分からない。ここでは、陳本・魏本にしたがい「於」に作る。「於」字については、以下、同じ。

「垂拱」は、ここでは「無爲」と同じ意で、餘計な手出しをしないこと。

「太素」は、『白虎通義』天地篇に、

始起先有太初、然後有太始、形兆既成、名曰太素。……。故乾鑿度云、太初者、氣之始也。太始者、形之始也。太素者、質之始也。……。

と、『易緯乾鑿度』も引用しているのが夙い例である。「太素」を含む漢魏六朝期の生成論については、戸川芳郎・蜂屋邦夫・溝口雄三『儒教史』（山川出版社、一九八七年七月）の第二章の4「無限世界と人間社會——生成論から通史まで——」（戸川芳郎氏執筆）、戸川芳郎『漢代の學術と文化』（研文出版、二〇〇二年一〇月）の「I」に收録された諸論文を參照。

「百姓」は、陳本は「百性」に作るが、「性」字について「當作姓」と注記がある。嚴本・李本・韓本・魏本が「百姓」に作るのにしたがう。

「恰」は、陳本は「洽」に作るが、この條を引く『太平御覽』巻一と嚴本・李本・韓本・魏本は「恰」に作る。ここでは、「恰」に作るのにしたがうが、管見のかぎり、「熙恰」という熟語は他書に例を見出だせず、「熙洽」の意で解釋すべきものであろう。

（2）『易』の「太極」と『春秋』の「元」については、戸川芳郎「後漢期における氣論」（原載誌掲載は一九七八年三月／注（1）所掲戸川芳郎氏著書）に詳しい。

（3）「仗徳」は、嚴本は「伏徳」に作るが、中華書局影印組による頭注に「伏當作仗」と記されている。李本の校勘記は、「『仗徳』，嚴本誤作『伏徳』。」と述べる。ここでは、陳本・李本・韓本・魏本にしたがい、「仗徳」に作る。

第三章　『達莊論』譯注

本章は、今後の研究のために、阮籍『達莊論』の譯注を試みるものである。

『達莊論』が『莊子』を下敷きとして成った著作である以上、この譯注を作成するに當たって、阮籍が踏まえたであろう『莊子』の文言を特に注記していくことに努めたが、『莊子』に典據をもとめられない語のばあい、魏代までの諸文獻に見える語を手がかりとして引用した。全體の分節については、ここでは便宜的に底本の分け方にしたがって十四に分け、譯注であることを考慮して、本章末尾に一括するのでなく、十四の部分それぞれに注を附すことにした。

一　原文1

伊單閼之辰①、執徐之歲②、萬物權輿之時③、季秋遙夜之月④、先生徘徊翺翔⑤、迎風之遊⑥。往遵乎赤水之上⑦、來登乎隱坌之丘⑧、臨乎曲轅之道⑨、顧乎泱漭之州⑩。恍然而止、忽然而休⑪、不識曩之所以行、今之所以留。悵然而無樂⑫、愀然而歸白素焉⑬。平晝閒居⑭、隱几而彈琴⑮。

（試譯）

陽の氣がはたらきだした卯の年も、おとなしくかくれていた生き物が現われてきた辰の年も、萬物のはじまりの時も、晩秋の長い夜の時も、先生はさまよって空を飛び、風を受けて（氣ままに）浮遊する。赤水のほとりや隱弅の丘を行き來したり、曲がりくねった道に出かけたり、廣大な中洲をたずねたりする。ぼんやりとして動きをとめて休憩し、以前どうやって出かけたのか、今どうしてとどまっているのかがわからない。世を悲觀していて（俗世間の人が味わう）樂しみなど皆無であり、世を憂えていて素樸な狀態にもどっていくのだ。晝閒は靜かに過ごし、脇息に寄り掛かって琴をかき鳴らしている。

注

①②「單閼」は、『淮南子』天文篇に「太陰在卯、歲名曰單閼。」とある。

「執徐」は、『淮南子』天文篇に「太陰在辰、歲名曰執徐。」とあり、『爾雅』釋天にも、「單閼」と「執徐」について、「太歲在寅曰攝提格、在卯曰單閼、在辰曰執徐、……。」とある。

③「權輿」は、『爾雅』釋詁上に「初、哉、首、基、肇、祖、元、胎、俶、落、權輿、始也。」とある。

④「遙夜」の用例として、『楚辭』九辨に「靚杪秋之遙夜兮、心繚悷而有哀。」とあり、王逸の注に「盛陰脩夜、何難曉也。」と説明される。長い夜の意。

⑤「徘徊」は、『莊子』盜跖篇に「若是若非、執而圓機、獨成而意、與道徘徊。」とあり、「翱翔」は、『莊子』逍遙遊篇に「我騰躍而上、不過數仞而下、翱翔蓬蒿之閒。」とある。

⑥「遊」は、陳本・魏本は「游」に作る。韓本は簡體字表記のため「游」に作る。いま、嚴本・李本・社本にしたがい「遊」に作る。「遊」字については、以下、同じ。

⑦「赤水」は、『莊子』天地篇に「黃帝遊乎赤水之北、登乎崐崘之丘而南望。」とある。

⑧「隱坌之丘」については、『莊子』知北遊篇に「知北遊於玄水之上、登隱弅之丘、而適遭無爲謂焉。」とあり、『達莊論』では「弅」を「坌」に作る。陳本は、「當作弅」と注記する。「隱弅之丘」で解しておく。
⑨「曲轅」は、『莊子』人閒世篇に「匠石之齊、至乎曲轅、見櫟社樹。」とある。「曲轅之道」は、曲がりくねった道の意。
⑩「泱漭」は、張衡『西京賦』に「山谷原隰、泱漭無疆。」とある。
⑪「州」は、陳本は「洲」に作る。いま、嚴本・李本・社本・韓本・魏本にしたがい、「州」に作る。
⑫「恍然」は『莊子』に見えないが、「忽然」は『莊子』の天地篇・知北遊篇・盜跖篇に各一例ずつ計三例見え、三例とも「にわかなさま」の意。しかし、「恍然而止」と「忽然而休」は、同じ内容を文言を換えて言い表しているものと考えると、「恍」「忽」の状態で「休」「止」している、の意。むしろ、『莊子』の至樂篇の「芒乎芴乎、而無從出乎。芴乎芒乎、而無有象乎。」「雜乎芒芴之閒、變而有氣」や天下篇の「芒乎何之、忽乎何適。」の「芒」「芴」のほうが意味として近い。なお、「恍忽」の語は、『論衡』亂龍篇・自然篇、『風俗通義』過譽篇に見える。
⑫「無樂」は、『莊子』至樂篇に「故曰、至樂無樂、至譽無譽。」とある。二つ目の「樂」は、この引用文の前にある「俗」の「樂」を指す。
⑬「湫然」は、『莊子』には讓王篇に一例、漁父篇に二例の計三例見える。
「白素」は、「白」も「素」も、手のつけられていない「潔白」「素」「素樸」のイメージであろう。
⑭「閒居」は、『莊子』在宥篇に「黃帝退、捐天下、築特室、席白茅、閒居三月、復往邀之。」とある。
⑮「隱几」は、『莊子』には齊物論篇に三例、知北遊篇に二例、徐無鬼篇に一例の計六例見える。脇息によりかかるの意。

二　原文2

於是、縉紳好事之徒、相與聞之、共議撰辭合句、啓所常疑。乃闚鑒整飭①、嚼齒先引、推年躡踵、相隨倶進。奕奕然歩②、膪膪然視、投跡蹈階③、趨而翔至。差肩而坐④、恭袖而檢、猶豫相臨⑤、莫肯先占。

（試譯）

そうした時に、高位高官の議論好きの人々は、先生のうわさを耳にし、相談し合ってことばを編成し、つねづね疑問に思っている點を開陳した。それから鏡をのぞいて身なりをととのえ、年長者が先導し、年齢順に一人一人あとに續き、順序よくともに進んでいった。大きく堂堂と歩き、目をいからせて一點を凝視し、前の人のあとにならって階段を踏み、足早に肘を張った樣子で（先生のもとへ）やってきた。横並びにくっついて座り、うやうやしく手を袖にいれてお辭儀をしたが、躊躇してお互いに顔を見合わせ、最初に口を開こうとする者はいなかった。

注

①「整飭」については、『鶡冠子』能天篇に「彼雖至人、能以練其精神、修其耳目、整飾其身、若合符節。」とあるのを參照。

②「奕奕然」の「奕奕」は、『詩』の小雅・南有嘉魚之什に「駕彼四牡、四牡奕奕」、小雅・節南山之什に「奕奕寢廟、君子作之」、大雅・蕩之什に「奕奕梁山、維禹甸之」「四牡奕奕、孔脩且張」、魯頌・駉之什に

「新廟奕奕、奚斯所作」とあるのを參照。『達莊論』の「奕奕」は、壯大・雄大の意。

③「投跡」は、『莊子』天地篇に「季徹局局然笑曰、若夫子之言、於帝王之德、猶螳蜋之怒臂以當車軼、則必不勝任矣、且若是、則其自爲遽、危其觀臺、多物將往、投迹者衆。」とある。人の行いにならうの意。なお、嚴本は「跡」字を脱し、中華書局影印組による頭注に「投下脱跡字」と記されてある。

④「差」は、李本・社本は「羞」に作る。嚴本・陳本・韓本・魏本にしたがい、「差」に作る。

⑤「臨」は、嚴本・李本・社本は「林」に作る。陳本・韓本・魏本にしたがい、「臨」に作る。

三　原文3

有一人、是其中雄桀也、乃怒目擊勢而大言曰、吾生乎唐・虞之後、長乎文・武之裔、遊乎成・康之隆、盛乎今者之世、誦乎六經之教、習乎吾儒之迹、①被沙衣、冠飛翮、垂曲裙、②揚雙鶂有日矣、③而未聞乎至道之要有以異之於斯乎。且大人稱之、細人承之。願聞至教、以發其疑。先生曰、何哉子之所疑者。客曰、天道貴生、④地道貴貞、聖人修之、以建其名。⑤吉凶有分、是非有經、務利高勢、惡死重生。故天下安而大功成也。今莊周乃齊禍福一死生、以天地爲一物、以萬類爲一指、⑥無乃徼惑以失貞、⑦而自以爲誠者也。⑧

（試譯）

その中の一人の豪傑が、目をむいて攻撃的な劍幕で大聲でこう言った。「わたしは堯・舜の時代のあとに生まれ、文王・武王の時代の末期に成長し、成王・康王のすばらしい治世に遊學し、現今の時代に活動の場を得、六經の教えをとなえ、われわれ儒家の事跡を學習し、薄い生地の衣服を身にまとい、鳥の羽で飾った冠をかむり、もすそを垂ら（すという儒家の装いを）し、じっと（大事な儒家の教えを）墨守してきて久しいのですが、最高の道のエッセンスとやらが儒家の教えと異なっていることをまだ耳にしたことがありません。さらに大人はそれを稱贊し、小人はそれを受け繼いでいます。お教えを頂戴して、疑問を晴らしたいのです。」先生は言った。「あなたがたの疑問は何ですか。」客は答えた。「天は生を重んじ、地は正しさを重んじ、聖人はそれらを身に修め、そうして名をうちたてます。吉（と）凶には區分がありますし、是（と）非には境界綫がありますし、（人は）利益を追求し權勢を高め、死をにくみ生を重んじます。そういうわけで天下は安定して大きな仕事が成し遂げられるのです。莊周は禍と福を齊一とみなし、死と生を同一とみなし、天と地を一體とみなし、萬物を一つの範疇とみなし、むしろ判斷を誤らせるように仕向けて正しさを失っておりますのに、自らは誠實である、などと考えているのでしょう。」

注

①「六經之教」と「吾儒之迹」については、『莊子』天運篇に、

孔子謂老耼曰、丘治詩・書・禮・樂・易・春秋六經、自以爲久矣、孰知其故矣。以奸者七十二君、論先王之道、而明周・召之迹、一君無所鉤用。甚矣夫、人之難説也、道之難明邪。老子曰、幸矣、子之不遇治世之君也。夫六經、先王之陳迹也、豈其所以迹哉。今子之所言、猶迹也。夫迹履之所出、而迹豈履哉。……。

とあるのを參照。

②「沙衣」「飛翮」「曲裙」については、『漢書』江充傳に「初、充召見犬臺宮、自請願以所常被服冠見上。

上許之。充衣紗穀襌衣、曲裾後垂交輸、冠襌纚歩搖冠、飛翮之纓。」とあるのを參照。

③「駅」は、『莊子』天運篇に「夫白鶂之相視、眸子不運而風化。」と見える。

④「生」は、『藝文類聚』卷三十七が「天道貴順」に作るのにしたがい、韓本・魏本は「順」に作る。嚴本・李本は「生」に作るが、『藝文類聚』卷三十七が「順」に作ることを注記する。次の注⑤に引用した『漢書』杜周傳附杜欽傳の記述によれば、「順」でも「生」でもなく、「信」であるが、續く一文「生、天地之所貴也。」を考慮に入れると、「貴順」でなく「貴生」であろう。ここでは、陳本・嚴本・李本・社本にしたがい、「生」に作る。

⑤「天道貴生、地道貴貞、聖人修之、以建其名。」については、『漢書』杜周傳附杜欽傳に「欽對曰、臣聞、天道貴信、地道貴貞、不信不貞、萬物不生。生、天地之所貴也。王者承天地之所生、理而成之、昆蟲草木靡不得其所。」とあるのを參照。

⑥「今莊周乃齊禍福一死生、以天地爲一物、以萬類爲一指」については、『莊子』には齊物論篇に「天地一指也、萬物一馬也。」、德充符篇に「老聃曰、胡不直使彼以死生爲一條、以可不可爲一貫者、解其桎梏、其可乎。」、大宗師篇に「孰能以無爲首、以生爲脊、以死爲尻。孰知死生・存亡之一體者。」、天地篇に「萬物一府、死生同狀。」、秋水篇に「萬物一齊、孰短孰長。」、田子方篇に「夫天下也者、萬物之所一也。得其所一而同焉、則四支百體、將爲塵垢、而死生終始、將爲晝夜、而莫之能滑。而況得喪・禍福之所介乎。」、知北遊篇に「生也死之徒、死也生之始。孰知其紀。人之生、氣之聚也。聚則爲生、散則爲死。若死生爲徒、吾又何患。故萬物一也。」「不以生生死、不以死死生、死生有待邪、皆有所一體。」、庚桑楚篇に「兒子動不知所爲、行不知所之。身若槁木之枝、而心若死灰。若是者、禍亦不來、福亦不來。禍福無有、惡有人災也。」「以無有爲首、以生爲體、以死爲尻。孰知有無・死生之一守者。」、天下篇に「齊萬物以爲首。」「氾愛萬物、天地一體也。」などと見え、『淮南子』精神篇に「死之與生、一體也。」とあるのを參照。

「莊周」は、『藝文類聚』卷三十七は「莊子周」に作るが、ここでは、陳本・嚴本・李本・社本・韓本・魏本にしたがい、「莊周」に作る。

⑦「徼」は、陳本・韓本・魏本が「激」に作る。「徼」に作る李本・社本は、いずれも『藝文類聚』卷三十七が「徼」に作ることを根拠として「激」を退けている。ここでは、嚴本・李本・社本にしたがい、「徼」

に作る。
⑧「貞」は、陳本・嚴本は「眞」に作る。ここでは、李本・社本・韓本・魏本にしたがい、「貞」に作る。「者」は、陳本・韓本は「是」に作るが、いずれも『藝文類聚』巻三十七が「者」に作ることを注記する。「者」に作る李本は、『藝文類聚』巻三十七が「者」に作ることを根拠として「是」を退けている。ここでは、嚴本・李本・社本・魏本にしたがい、「者」に作る。

四　原文4

於是先生乃撫琴容與、①慨然而嘆、②俛而微笑、仰而流眄、噓噏精神、③言其所見。曰、昔人有欲觀於閬峯之上者、④資端冕、⑤服騂騮、⑥至乎崑崙之下、沒而不反。端冕者、常服之飾、騂騮者、凡乘之〔馬〕耳、⑦非所以矯騰增城之上、⑧遊玄圃之中也。⑨且燭龍之光、⑩不照一堂之上、鐘山之口、⑪不談曲室之內。今吾將墮崔巍之高、⑫杜衍謾之流、言子之所由、幾其寤而獲及乎。

（試譯）

ここで先生は琴を爪弾いてゆったりとし、胸をつまらせてため息をつき、うつむいてはかすかに笑みを浮かべ、天を仰いでは（客を）流し目に見、（天地に充満する）精神を吸ったり吐いたりし、見てきたことを次のように述べた。「むかし閬峯山のうえを見たい人がいましたが、端冕（禮服）を調達し、騂騮（駿馬）をしたがえ、崑崙山のふもとまで至ったものの、消えてしまってかえってきませんでした。端冕とは、平服を装飾したものですし、騂騮とは、ふだん乘る馬にすぎませんから、增城のうえをかけあがり、玄圃の中を遊ぶためのものではないのです。それに(規模の大きな)燭龍の光は、いちいち一つの堂のうえを照らすのではありませんし、鐘山の(大きな)口は、いちいち小さな室内のことまで語るものではありません。いま私は高い山をこわした岩で、世にはびこる流言をふさぎ、あなたがたの見方のもとづくところを述べ、御理解いただけるようにいたしましょう。

注

① 「容與」は、『莊子』人間世篇に「因案人之所感、以求容與其心。」とある。が、ここでのイメージとしては、『楚辭』九章・涉江の「船容與而不進兮。」や同じく九章・哀郢の「楫齊揚以容與兮。」の「容與」のほうがふさわしい。

② 「嘆」は、陳本・嚴本は「歎」に作る。韓本は、簡體字表記のため「嘆」と「歎」のいずれに基づいているのかは分からない。ここでは、李本・社本・魏本にしたがい、「嘆」に作る。

③ 「仰而流眄、噓噏精神」については、『莊子』には齊物論篇に「南郭子綦隱几而坐、仰天而噓。」とあり、徐無鬼篇に「南伯子綦隱几而坐、仰天而噓。」とあるが、『達莊論』では「仰天而噓」を「仰」ぐことと「噓」(呼吸をすること)に分けたのであろう。

「精神」は、『莊子』刻意篇に「精神四達竝流、無所不極、上際於天、下蟠於地、化育萬物、不可爲象、其名爲同帝。」と説明される。

④ 「閬」は、『楚辭』哀時命に「擥瑤木之橝枝兮、望閬風之板桐。」とあり、王逸の注に「板桐、山名也、在閬風之上。言已既登崑崙、復欲引玉樹之枝、上望閬風・板桐之山、遂陟天庭而遊戲也。」と説明される。

⑤ 「資」は、『莊子』逍遙遊篇に「宋人資章甫而適諸越。」とある「資」と同じ用法で、調達するの意。

⑥ 「驊騮」は、『莊子』秋水篇に「騏驥・驊騮、一日而馳千里、捕鼠不如狸狌、言殊技也。」とある。また、『荀子』性惡篇に「驊騮・騹驥・纖離・綠耳、此皆古之良馬也。」とあるのを參照。

⑦「凡乘之〔馬〕耳」は、嚴本・李本・社本は「凡乘之耳」に作り、陳本・韓本・魏本は「凡乘之馬」に作る。ここは、「凡乘之耳」の「之」字の直後に一字を脱していると見るべきで、「馬」字を補った。

⑧「增城」は、『楚辭』天問に「崑崙縣圃、其尻安在。增城九重、其高幾里。」とある。

⑨「玄圃」は、『楚辭』九懷・通路に「微觀兮玄圃、覽察兮瑶光。」とあり、阮籍と同時代の人・嵇康の『游仙詩』に「飄颻戲玄圃、黃老路相逢。」とある（いま戴明揚校注『嵇康集校注』〔人民文學出版社、一九六二年七月〕に據る）。『達荘論』の文脈から言えば、「增城之上」をかけあがった先にあるのが「玄圃」ということになろうか。

⑩「燭龍之光」については、『楚辭』天問に「日安不到、燭龍何照。」とあり、王逸の注に「言天之西北、有幽冥無日之國、有龍銜燭而照之也。」と説明されるのを參照。また、「燭龍」は、『山海經』大荒北經に「西北海之外、赤水之北、有章尾山、有神、人面蛇身而赤、直目正乘、其瞑乃晦、其視乃明、不食不寢不息、風雨是謁、是燭九陰、是謂燭龍。」とある。

⑪「鐘山」は、嚴本は「鐙山」に作るが、ここでは、陳本・李本・社本・韓本・魏本にしたがい、「鐘山」に作る。しかし、「鐘山」は、『山海經』海外北經に「鍾山之神、名曰燭陰、視爲晝、瞑爲夜、吹爲冬、呼爲夏、不飲不食不息、息爲風、身長千里、在無鐘之東、其爲物、人面蛇身赤色、居鍾山之下。」とある「鍾山」の誤りか。注⑩に引用した『山海經』大荒北經の記述に照らすと、「燭陰」は「燭龍」と見てよい。

⑫「崔巍之高」については、『楚辭』七諫・初放に「高山崔巍兮、水流湯湯。」とあり、王逸の注に「崔巍、高貌。」と説明されるのを參照。

五　原文5

天地生於自然、萬物生於天地。①自然者無外、②故天地名焉。天地者有內、故萬物生焉。當其無外、誰謂異乎。當其有內、誰謂殊乎。地流其燥、天抗其濕。③月東出、日西入、隨以相從、解而後合、④升謂之陽、降謂之陰、在地謂之理、在天謂之文。⑤蒸謂之雨、散謂之風。⑥炎謂之火、凝謂之冰。⑦形謂之石、象謂之星。⑧朔謂之朝、晦謂之冥。⑨通謂之川、回謂之淵。⑩平謂之土、積謂之山。⑪男女同位、山澤通氣、雷風不相射、水火不相薄。⑫天地合其德、日月順其光。⑬自然一體、則萬物經其常。入謂之幽、出謂之章。一氣盛衰、變化而不傷。是以重陰雷電、非異出也、天地日月、非殊物也。故曰、自其異者視之、則肝膽楚越也。自其同者視之、則萬物一體也。⑭

（試譯）

天地は自然から生じ、萬物は天地から生じました。自然はこれ以上外がないもの（最も外のもの）であり、そこで天と地に名があるのです。天と地には一定の範圍があり、そこで萬物が生じるのです。これ以上外がない（最も外である）ということについて、だれが異を唱えましょうか。一定の範圍があるということについて、だれが違うと言いましょうか。地は火氣を行きわたらせ、天は水氣を高くのぼらせます。月は東から昇り、太陽は西へと沈みます。順序どおりあとに續いて運行し、わかれてもあとでぴたりと出あいます。のぼっている狀態を陽といい、くだっている狀態を陰といい、地に在る狀態を理《すじめ》といい、天にある狀態を文《かざり》といいます。蒸している狀態を雨といい、空氣が散じる狀態を風といいます。燃え上がる狀態を火といい、水が凝り固まる狀態を氷といいます。地に在るかたちを石といい、天に在るかたちを星といいます。未明を朝といい、深夜を冥といいます。水が流通していくのを川といい、水が回っている所を淵といいます。平らな地面を土といい、（土が）積もったのを山といいます。男と女は立場を同じくし、山と澤は氣を通じあい、雷と風はお互いに排斥することなく、水と火がお互いに迫り合うこともありません。天と地は德をぴたりと合わせ、太陽と月は順番に次次と照らします。自然は一つの構造ですので、萬物は一定で變わりません。天體が沈んでしまうことを幽といい、天體が昇ることを章といいます。一つの氣は盛んになったり衰えたりしますが、變化してもそこなうことはありません。そういうわけで陰が重なった（雨の）時に雷が發生するのは、特別な現象ではありませんし、天や地や太陽や月は、特別な物ではないのです。ですから、『異なる觀點からみたばあい、肝臟と胆嚢は楚と越のように遠い關係となる。同じ地平からみたばあい、萬物は一つの構造となる。』というのです。

注

①「萬物生於天地」については、『莊子』達生篇に「天地者、萬物之父母也。」とあり、『易』序卦傳に「有天地、然後萬物生焉。盈天地之閒者、唯萬物。……。有天地、然後有萬物。」とあり、『論衡』物勢篇に「然則人生於天地也、猶魚之於淵、蟣虱之於人也。因氣而生、種類相產、萬物生天地之閒、皆一實也。」とあるのを參照。

②「無外」は、『莊子』天下篇に「至大無外、謂之大一、至小無內、謂之小一。」とある。また、『管子』版法解に「天覆而無外也、其德無所不在。」とあるのも參照。

③「地流其燥、天抗其濕」については、『易』乾卦の文言傳に「子曰、同聲相應、同氣相求、水流濕、火就燥、……。」とあり、『呂氏春秋』有始覽應同篇に「平地注水、水流濕。均薪施火、火就燥。」とあり、『荀子』大略篇に「均薪施火、火就燥。平地注水、水流濕。」とあるのを參照。

「流」は、『藝文類聚』卷三十七は「沈」に作り、嚴本・李本・韓本がこのことを注記する。しかし、ここに引用した一次資料中に「流」字が用いられている點から考えても、「流」字で差し支えない。ここでは、陳本・嚴本・李本・社本・韓本・魏本にしたがい、「流」に作る。「流」字は本來「水」「濕」に關する字であるのを、阮籍が意圖的に「燥」のほうに用いたのであろう。

「抗」は、社本が「「抗」當作「亢」。」と注記する。これは、『易』に見える「亢龍」の「亢」のイメージであり、意味としては、この方向で捉えてよいであろう。但し、ここでは、文言自體は、陳本・嚴本・李本・社本・韓本・魏本にしたがい、「抗」に作る。

④「月東出、日西入、隨以相從、解而後合。」については、『莊子』田子方篇に「日出東方、而入於西極、萬物莫不比方。有目有趾者、待是而後成功。是出則存、是入則亡。」とあるのを參照。

「隨」と「解」は、『易』の卦名を踏まえた表現。

⑤「後」は、魏本が「后」に作る。韓本は簡體字表記のため「后」に作るが、それが「後」と「后」のいずれを踏まえたものかは分からない。ここでは、陳本・嚴本・李本・社本にしたがい、「後」に作る。

⑥「在地謂之理、在天謂之文」については、『易』繫辭上傳に「仰以觀於天文、俯以察於地理。」とあるのを參照。

⑦「蒸謂之雨、散謂之風」について。「蒸」と「雨」は、賈誼『鵩鳥賦』に「雲蒸雨降兮、糾錯相紛。」と記され、「散」と「風」は、『易』說卦傳に「雷以動之、風以散之、雨以潤之、日以烜之。」、『白虎通義』禮樂篇に「雷以動之、溫以煖之、風以散之、雨以濡之。」と記され、「雨（蒸）」と「風」については、『淮南子』原道篇に「水流而不止、與萬物終始。風興雲蒸、事無不應。雷聲雨降、竝應無窮。」とあり、『淮南子』脩務篇に「雲蒸風行、在所設施。」とあるのを參照。

⑧「炎謂之火、凝謂之冰。」について。「炎」と「火」は、『尚書』洪範に「水曰潤下、火曰炎上。」と記され、『說文解字』十上に「炎、火光上也。」と説明される。「凝」と「冰」は、『易』坤卦の象傳に「履霜堅冰、陰始凝也。」とあり、『淮南子』俶眞篇に「夫水瞠冬、則凝而爲冰。」とあり、『論衡』論死篇に「水凝爲冰、氣凝爲人。」「隆冬之月、寒氣用事、水凝爲冰、踰春氣溫、冰釋爲水。」とある。

⑧「形謂之石、象謂之星。」について。「形」と「象」は、『易』繫辭上傳に「在天成象、在地成形、變化見矣。」とある。

⑨「晦」と「冥」は、『春秋公羊傳』僖公十五年に「晦者何。冥也。」とある。

⑩「通」と「川」は、『說文解字』十一下に「川、貫穿通流水也。」と説明される。

⑪「積謂之山」については、『荀子』勸學篇に「積土成山、風雨興焉。積水成淵、蛟龍生焉。」とあり、『荀

子』儒效篇に「故積土而爲山、積水而爲海。」とあり、『大戴禮記』勸學篇に「積土成山、風雨興焉。積水成川、蛟龍生焉。」とあり、『鹽鐵論』散不足篇に「今富者、積土成山、列樹成林。」とあり、『淮南子』本經篇に「殘高增下、積土爲山。」とあり、『春秋繁露』山川頌篇に「且積土成山、無損也。成其高、無害也。」とあり、『論衡』狀留篇に「積土成山、非斯須之作。」とあるのを參照。

⑫「男女同位、山澤通氣、雷風相薄、水火不相射。」とあるのを參照。「男」は乾卦、「女」は坤卦、「山」は艮卦、「澤」は兌卦、「雷」は震卦、「風」は巽卦、「水」は坎卦、「火」は離卦、のそれぞれの象徵であり、ここの一文は八純卦の象徵によってこの世界の秩序を表している。

⑫「男女同位、山澤通氣、雷風不相射、水火不相薄。」については、『易』說卦傳に「天地定位、山澤通氣、雷風相薄、水火不相射。」とあるのを參照。「男」は乾卦、「女」は坤卦、「山」は艮卦、「澤」は兌卦、「雷」は震卦、「風」は巽卦、「水」は坎卦、「火」は離卦、のそれぞれの象徵であり、ここの一文は八純卦の象徵によってこの世界の秩序を表している。

⑬「天地合其德、日月順其光。」については、『易』乾卦の文言傳に「夫大人者、與天地合其德、與日月合其明、與四時合其序、與鬼神合吉凶。」とあり、『淮南子』泰族篇に「故大人者、與天地合德、與日月合明、與鬼神合靈、與四時合信。」とあり、『白虎通義』聖人篇に「聖人者、何。……。與天地合德、日月合明、四時合序、鬼神合吉凶。」とあり、『論衡』初稟篇に「夫大人、與天地合其德、與日月合其明、與四時合其序、與鬼神合吉凶。」とあり、『論衡』寒溫篇に「夫大人與天地合德。」とあり、『論衡』感類篇に「大人與天地合德。」（二箇所）とあり、嵇康『聲無哀樂論』に「夫天地合德、萬物貴生。」とあるのを參照。

⑭「自其異者視之、則肝膽楚越也。自其同者視之、則萬物一體也。」については、『莊子』德充符篇に「仲尼曰、自其異者視之、肝膽楚越也。自其同者視之、萬物皆一也。」とあるのを參照。
「萬物一體」の類例については、「三　原文3」の注⑥を參照。

六　原文6

人生天地之中、體自然之形。①身者、陰陽之精氣也。②性者、五行之正性也。情者、遊魂之變欲也。③神者、天地之所以馭者也。以生言之、則物無不壽、推之以死、則物無不夭。④自小視之、則萬物莫不小、由大觀之、則萬物莫不大。⑤ 殤子爲壽、彭祖爲夭、秋毫爲大、泰山爲小。⑥ 故以死生爲一貫、是非爲一條也。⑦

（試譯）

人は天地の中に生じ、自然の形を構造としています。肉體とは、陰陽の精氣です。性とは、五行の正しい生まれつきです。情とは、束縛のない魂の移り變わる欲です。神とは、天地が人を統御しているものです。生の觀點から言えば、物は長生きしないものはありません。これを死の觀點から推究すると、物は早死にしないものはないわけです。小の觀點からみれば、萬物は小でないものはなく、大の觀點からみれば、萬物は大でないものはないのです。（すなわち、見方によっては）夭折した子も長壽となりますし、彭祖も短命となりますし、微細なものは大きくもなり、泰山は小さくもなるのです。ですから、死と生を一續きのものとし、是と非を一連のものと考えるのです。

注

①「人生天地之中」については、『論衡』の本性篇に「謂人生於天地、皆稟善性長大。」とあり、物勢篇に「然則人生於天地也、猶魚之於淵、蟣虱之於人也。」とあり、自然篇に「問曰、人生於天地、天地無爲、人稟天性、亦當無爲、而有爲何。」とあり、論死篇に「隆冬之月、寒氣用事、水凝爲冰、踰春氣温、冰釋爲水。人生於天地之間、猶冰也。陰陽之氣、凝而爲人、年終壽盡、死還爲氣。」とあるのを參照。

「體自然之形」については、揚雄『太玄經』太玄瑩に「夫作者、貴其有循、而體自然也。」とある。

「天地」「自然」の語を用いていないが、ここの一文と同様の趣旨を示すものとして、『春秋繁露』官制象天篇に「人生於天、而體天之節。」とある。

②「精」は、陳本・韓本・魏本は「積」に作る。『大戴禮記』曾子天圓篇に「吐氣者施而含氣者化。是以陽施而陰化也。陽之精氣曰神、陰之精氣曰靈。」と「陰」「陽」の「精氣」があることと、「精氣」が人の體を形づくっていることを示す以下の引用を考慮に入れると、ここでは、嚴本・李本・社本にしたがい、「精」に作るのでよい。
「陰陽之精氣」については、直前の注①に引用した『論衡』論死篇の文言のほか、『論衡』訂鬼篇に「夫人所以生者、陰陽氣也。陰氣主爲骨肉、陽氣主爲精神。人之生也、陰陽氣具。故骨肉堅、精氣盛。」とあり、『白虎通義』情性篇に「人稟陰陽氣而生。」とあるのを參照。

「精氣」が人の體を形づくっていることについては、『論衡』論死篇に「人之所以生者、精氣也。死而精氣滅。能爲精氣者、血脉也。人死、血脉竭。竭而精氣滅。滅而形體朽。朽而成灰土。……。精氣散亡、何能復有體、而人得見之乎。……。精氣去人、何故象人之體。」とあり、『風俗通義』佐神篇に「精氣消越、骨肉歸于土也。」とあるのを參照。また、『莊子』知北遊篇に「人之生、氣之聚也。聚則爲生、散則爲死。」とあるのも參照。

③「性」「情」「欲」の關係は、『荀子』正名篇に「性者、天之就也。情者、性之質也。欲者、情之應也。」とあり、荀悦『漢紀』孝武皇帝紀二に「性者、生之質也。情者、人之欲也。」とあるのを參照。
「遊魂」は、『易』繫辭上傳に「精氣爲物、遊魂爲變。」とあり、曹植『王仲宣誄』に「儻獨有靈、游魂泰素。」とあるのを參照。

④「以生言之、則物無不壽、推之以死、則物無不夭。」にまつわる『莊子』の生死に關する見方は、「三原文3」の注⑥を參照。

⑤「自小視之、則萬物莫不小、由大觀之、則萬物莫不大。」にまつわる『莊子』の小・大に關する見方は、「九　原文9」の注①を參照。

⑥「殤子爲壽、彭祖爲夭、秋毫爲大、泰山爲小。」については、『莊子』齊物論篇に「天下莫大於秋豪之末、而大山爲小。莫壽乎殤子、而彭祖爲夭。天地與我竝生、而萬物與我爲一。」とあるのを參照。

⑦「以死生爲一貫、是非爲一條」については、『莊子』德充符篇に「老聃曰、胡不直使彼以死生爲一條、以可不可爲一貫者、解其桎梏、其可乎。」とあるのを參照。

七　原文7

別而言之、則鬚眉異名。合而説之、則體之一毛也。彼六經之言、分處之教也。莊周之云、致意之辭也。大而臨之、則至極無外、小而理之、則物有其制。①夫守什五之數、審左右之名、一曲之説也。②循自然、性天地者、寥廓之談也。③凡耳目之耆、④名分之施、處官不易司、擧奉其身、⑤非以絶手足、裂肢體也。然後世之好異者、不顧其本、各言我而已矣、何待於彼。殘生害性、⑥還爲讎敵、⑦斷割肢體、不以爲痛。目視色而不顧耳之所聞、耳所聽而不待心之所思、心奔欲而不適性之所安、故疾癘萌則生不盡、禍亂作則萬物殘矣。⑧

（試譯）

（兩者をそれぞれ）分けて言うならば、ヒゲとマユは名稱が違います。（兩者を）引っくるめて言うならば、（ヒゲもマユも）體の一毛です。あの六經の文言は、人を等差づける教えです。（他方、）莊周のことばは、考えを明らかにし盡くしたことばです。大の觀點でみるならば、（物は）果てまで行き着いてこれ以上外がないもの（最も外のもの）となりますし、小の觀點でおさめるのならば、物には制約が出てきます。そもそも十とか五といった數の單位を維持したり、左か右かの區別を明確にしたりするのは、ほんの小さな話なのです。（逆に、）自然にしたがい、天地のあり方を本性とするのは、スケールの大きな話です。いったい耳や目の機能や、名稱や區分のはたらきは、特定の器官に定着して役割をかえることなく、すべてその體に奉仕するものであって、手足をたちきったり肢體を引き裂くためではないのです。けれども後世のもの好きたちは、その根本義をかえりみず、めいめい自らの充足を主張するばかりで、どうしてよそのこと（自分に無關係のこと）を恃みとしましょうか。（その結果、）生命をけずりとり本性をそこない、めぐりめぐって（手足と胴體は）仇敵の關係となり、わが身をたちきることになっても、痛いと思わないのです。目は色を注視しますが耳の聞いたことを顧慮しませんし、耳は意識して音を聴きますが心の思いを恃みとしませんし、心は（何かをしたいという）欲求をほとばしらせますが本性の落ち着き先にふさわしくありません。そういうわけで病氣の氣配がすると生命は全うされませんし、世が亂れると萬物はそこなわれるのです。

注

①　「大而臨之、則至極無外、小而理之、則物有其制。」に類する『莊子』の小・大に關する見方については、「九　原文9」の注①を參照。
「臨」は、『爾雅』釋詁篇に「監、瞻、臨、涖、頫、相、視也。」とあるのを參照。
「至極」は、『莊子』逍遙遊篇に「天之蒼蒼、其正色邪。其遠而所至極邪。」とある。

②　「左右之名」については、『莊子』齊物論篇に「夫道未始有封、言未始有常。爲是而有畛也。請言其畛。有左有右、有倫有義、有分有辯、有競有爭。此之謂八德。」とあるのを參照。

③　「性」は、陳本は「小」に作り、社本は「隹」に作る。李本は「隹」に作り、「或作性」と注記する。嚴本は「住」に作り、「一作性」と注記する。ここでは、韓本・魏本にしたがい、「性」に作る。

④　「耳目之耆」は、陳本は「耳目之任」に作り、韓本・魏本は「耳目之官」に作る。嚴本は「耳目之」に作り一字を欠くようであるが、「之」字の直後には「名分之施」が續く。ここでは、李本・社本にしたがい、「耳目之耆」に作る。

⑤　「擧奉其身」は、社本は「擧孝其身」に作るが、「孝」は誤植であろう。ここでは、陳本・嚴本・李本・

韓本・魏本にしたがい、「擧奉其身」に作る。
⑥「殘生害性」の「性」は、嚴本は「姓」に作るが、中華書局影印組による頭注に「姓作當性」と記されている。ここでは、陳本・李本・社本・韓本・魏本にしたがい、「性」に作る。
⑦「還爲讎敵」の「還」は、社本は「遂」に作る。ここでは、陳本・嚴本・李本・韓本・魏本にしたがい、「還」に作る。
⑧「目視色而不顧耳之所聞、耳所聽而不待心之所思、心奔欲而不適性之所安」については、『莊子』天下篇に「天下大亂、賢聖不明、道德不一。天下多得一察、焉以自好。譬如耳目鼻口、皆有所明、不能相通。猶百家衆技也。皆有所長、時有所用。雖然不該不徧、一曲之士也。」とあり、『荀子』天論篇に「耳目鼻口形能、各有接而不相能也。」とあるのを參照。
「生不盡」の「不」は、陳本・韓本・魏本は「意」に作る。ここでは、嚴本・李本・社本にしたがい、「不」に作る。

八　原文8

至人者、恬於生而靜於死。① 生恬、則情不惑。② 死靜、則神不離。故能與陰陽化而不易、從天地變而不移。③ 生究其壽、死循其宜、心氣平治、消息不虧。④ 是以廣成子處崆峒之山、以入無窮之門。⑤ 軒轅登崑崙之阜、而遺玄珠之根。⑥ 此則潛身者易以爲活、而離本者難與永存也。

（試譯）
至人という存在は、生にこだわらず死に對して平靜です。生がこだわらないものであれば、情はとらわれません。死が平静なものであれば、神は離れません。ですから陰陽とともに變化しようとしても至人はかわりませんし、天地にしたがって變遷しようとしても至人はうつらないのです。生きてはその壽命通りに生き、死ぬ際はそのふさわしいあり方にしたがえば、心持ちは平穏に治まり、陰陽は缺けることがないのです。そういうわけで廣成子は崆峒山にいて、きわまりない次元の門に入ったのであり、黄帝は崑崙のおかに登ったものの、（身につけていた）くろいたまの根本（道の本質）を落としてしまいました。このようであれば、身をかくしている者は生きやすいものの、根本を離れる者は永く存在しにくいのです。

注

① 「至人者、恬於生而靜於死。」について。「至人」は、『莊子』には齊物論篇に「至人神矣。大澤焚而不能熱、河漢冱而不能寒、疾雷破山風振海而不能驚。若然者、乘雲氣、騎日月、而遊乎四海之外。死生無變於己。而況利害之端乎。」とあり、天運篇に「古之至人、假道於仁、託宿於義、以遊逍遙之虚、食於苟簡之田、立於不貸之圃。逍遙無爲也、苟簡易養也、不貸無出也。古者謂是采眞之遊。」とあり、達生篇に「至人潛行不窒、蹈火不熱、行乎萬物之上而不慄。」「子獨不聞夫至人之自行邪。忘其肝膽、遺其耳目、芒然彷徨乎塵垢之外、逍遙乎無事之業。是謂爲而不恃、長而不宰。」とあり、田子方篇に「老聃曰、夫得是、至美・至樂也。得至美而遊乎至樂、謂之至人。」「夫至人者、上闚青天、下潛黄泉、揮斥八極、神氣不變。」とあり、庚桑楚篇に「夫至人者、相與交食乎地、而交樂乎天、不以人物利害相攖。不相與爲怪、不相與爲謀、不相與爲事。翛然而往、侗然而來。」とあり、外物篇に「唯至人乃能遊於世而不僻、順人而不失己。」とあり、列御寇篇に「彼至人者、歸精神乎無始、而甘瞑乎無何有之郷、水流乎無形、發泄乎大清。」とあり、天下篇に「不離於眞、謂之至人。」とある。

「至人者」は、『藝文類聚』卷三十七は「夫至人者」に作る。ここでは、陳本・嚴本・李本・社本・韓本・魏本にしたがい、「至人者」に作る。（「夫」字が必要である必然性は無い。）

「恬」と「靜」については、『莊子』天道篇に「夫虛靜恬淡・寂漠無爲者、天地之平、而道德之至。」「夫虛靜恬淡・寂漠無爲者、萬物之本也。」とあるのを參照。

② 「生恬、則情不惑」は、『藝文類聚』卷三十七は「恬生、則不惑」に作る。下文の「死靜、則神不離。」の句作りに照らすと、ここでは、陳本・嚴本・李本・社本・韓本・魏本にしたがい、「生恬、則情不惑」に作るのがよい。

③ 「與陰陽化」については、『呂氏春秋』愼大覽下賢篇に「王也者天下之徃也。得道之人、貴爲天子而不驕倨。……。狼乎其誠自有也。覺乎其不疑有以也。桀乎其必不渝移也。循乎其與陰陽化也。怱怱乎其心之堅固也。空空乎其不爲巧故也。……。」とあり、『淮南子』原道篇に「夫太上之道、生萬物而不有、……、幽兮冥兮應無形兮、遂兮洞兮不虛動兮、與剛柔卷舒兮、與陰陽俛仰兮。」とあり、『太玄經』太玄文篇に「是以聖人仰天則常窮神、掘變極物窮情、與天地配其體、與鬼神即其靈、與陰陽挺其化、與四時合其誠。」とあるのを參照。

④ 「消息」は、嚴本・李本・社本・魏本は「不消」に作る。ここでは、陳本・韓本・『藝文類聚』卷三十七にしたがい、「消息」に作る。「消息」は、『易』豐卦の彖傳に「日中則昃、月盈則食、天地盈虛、與時消息。而況於人乎、況於鬼神乎。」とある。

⑤ 「廣成子處崆峒之山、以入無窮之門。」については、『莊子』在宥篇に「聞廣成子在空同之上。……。廣成子曰、……、今夫百昌皆生於土、而反於土。故余將去女、入無窮之門、以遊無極之野。……。」とあるのを參照。

⑥ 「軒轅登崑崙之阜、而遺玄珠之根。」については、『莊子』天地篇に「黃帝遊乎赤水之北、登乎崑崙之丘而南望。還歸、遺其玄珠。」とあるのを參照。「玄珠」は、「道」のたとえ。

九　原文9

馮夷不遇海若、則不以己爲小。① 雲將不失於其鴻濛、則無以知其少。② 由斯言之、自是者不章、自建者不立、守其有者有據、持其無者無執。③ 月弦則滿、日朝則襲咸池、不留陽谷之上、而懸車之後將入也。④ 故求得者喪、爭明者失、無欲者自足、空虛者受實。⑤ 夫山靜而谷深者、自然之道也。得之道而正者、君子之實也。是以作智造巧者害於物、⑥ 明著是非者危與身、⑦ 修飾以顯潔者惑於生、⑧ 畏死而榮生者失其貞。⑨ 故自然之理不得作、天地不泰而日月爭隨、朝夕失期而晝夜無分、競逐趨利、舛倚横馳、父子不合、君臣乖離。故復言以求信者、梁下之誠也。⑩ 克己以爲仁者、郭外之仁也。⑪ 竊其雉經者、亡家之子也。⑫ 刳腹割肌者、亂國之臣也。⑬ 曜菁華被沆瀣者、昏世之士也。⑭ 履霜露蒙塵埃者、貪冒之民也。⑮ 潔己以尤世修身以明洿者、誹謗之屬也。⑯ 繁稱是非背質追文者、迷罔之倫也。⑰ 誠非媚悅以容求孚、故被珠玉以赴水火者、桀・紂之終也。⑱ 含菽采薇交餓而死、顏・夷之窮也。⑲ 是以名利之塗開、則忠信之誠薄。⑳ 是非之辭著、則醇厚之情爍也。

（試譯）

馮夷は北海若（の小・大の議論）に遭遇しなければ、自らを小さいとは思いませんでした。雲將が鴻濛を取り逃がさなかったならば、自らの不足を理解しなかったでしょう。こういう見方から言えば、自らを正しいとする者は際立たないですし、自らをしっかりとたてようとする者は安定しませんし、いま所有しているものを守る者には據り所がありますが、何も無いという狀態を維持する者は何事にもとらわれません。上弦の月は滿月となり、太陽は昇ってくると咸池に近づいていき、陽谷のほとりにとどまることなく、懸車をすぎた後に沈んでいくものです。ですから獲得しようとする者は失いますし、榮光を爭って奪い合う者はとりにがしますし、欲の無い者は自らを滿足だとしますし、からっぽの狀態でいる者は充實していきます。そもそも山がひっそりとしていて谷が奧深いというのは、自然の道です。この道を獲得して正しい狀態でいることが、君子の眞實です。そういうわけで知識を用い技能を發揮する者は外物を傷つけますし、是か非かをあきらかにする者はその身を危險にさらすことになりますし、自らを飾り立てて潔白を顯示する者は生にとらわれていますし、死をおそれて生をたっとぶ者は正しさを失ってしまいます。ですから、自然のことわりは作爲をするものでないですし、天地が泰平でなくても太陽と月は追いかけあう（かのように運行している）ものですし、朝方と夕方が約束事をうしなうと晝夜は區分されなくなりますし、競って利益に走ると、人間關係の錯亂や偏りが生じ、父と子の關係はギクシャクし、君主と臣下は乖離します。ですから、言ったことを實行してそれにまことをもとめたのは、梁下での故事における尾生の誠實さでありますし、自己に克って仁を實行したのは、仕官せずに城郭外の田からあがる收入で食いつないだ顏淵の仁です。人知れず首をくくって死んだのは、晉の獻公の夫人となった驪姬の謀略で追い詰められた晉の太子申生ですし、肉體を裂かれたのは、晉の文公の臣下介子推や殷の紂王の臣下比干らです。すぐれたものをかがやかせ夜露を飲んだのは、屈原ですし、霜や露をふみこえ世のけがれを一身に受けたのは、私欲に目がない君主に會いにはるばるとやってきた子張です。自己を潔いとし世をとがめわが身を修めて他人の短所を明らかにするのは、世をそしる者たちですし、頻繁に是か非かを口に出すのに實質に背を向け文飾を追い求めたのは、世を迷わせる孔丘のような人々です。媚びてよろこばせるのでなく容姿によってとりこになり、珠玉を身にまとって水火の中に身を投じたのは、末喜に溺れた夏の桀王と妲己に溺れた殷の紂王のそれぞれの最期の姿です。マメを食べゼンマイをとり、ともに餓えて死んだのは、顔淵と伯夷（・叔齊）が困窮した結果です。そういうわけで名譽や利益を追求する道が開かれれば、忠信の誠實さは輕薄なものとなります。是非のことばが顯著になれば、重厚なありのままの姿がかがやくのです。

注

① 「馮夷」は、『莊子』には大宗師篇に「馮夷得之、以遊大川。」と見える。「海若」は、『莊子』秋水篇に見える「北海若」のこと。『莊子』秋水篇に「河伯」と「北海若」の問答が展開されている。のちの『經典釋文』の「莊子音義中」は、『莊子』秋水篇の「河伯」について「姓馮名夷」などと説明する。

『莊子』秋水篇における北海若の言葉の中に見える小・大の議論については、

①北海若曰、……。今爾出於崖涘、觀於大海、乃知爾醜。……。而吾未嘗以此自多者、自以比形於天地、而受氣於陰陽、吾於在天地之間、猶小石・小木之在大山也。方存乎見少、又奚以自多。……。

②北海若曰、……。夫物、量無窮、時無止、分無常、終始無故。是故大知觀於遠近。故小而不寡、大而不多。知量無窮。……。由此觀之、又何以知豪末之足以定至細之倪、又何以知天地之足以窮至大之域。

③北海若曰、夫自細視大者不盡、自大視細者不明。夫精小之微也、莫大之殷也。故異便。此勢之有也。……。

④北海若曰、……。以差觀之、因其所大而大之、則萬物莫不大、因其所小而小之、則萬物莫不小。知天地之爲稊米也、知豪末之爲丘山也、則差數覩矣。……。

などの記述を參照。

② 「雲將不失於其鴻濛、則無以知其少。」については、『莊子』在宥篇に「雲將東遊、過扶搖之枝、而適遭鴻蒙。……。雲將不得問。又三年、東遊、過有宋之野、而適遭鴻蒙。……。再拜稽首、願聞於鴻蒙。……。

再拜稽首、起辭而行。」とあるのを參照。

「雲將」は、繁體字表記の魏本が「云將」に作るが、誤植であろう。陳本・嚴本・李本・社本にしたがい、ここでは「雲將」に作る。

「不失於」は、陳本・韓本・魏本は「不失問於」に作る。ここでは、嚴本・李本・社本にしたがい「不失於」に作る。

③「自是者不章、自建者不立」については、『老子』第二十四章に「自見者不明、自是者不彰、自伐者無功、自矜者不長。」とある（『老子』第二十二章にも「不自見故明、不自是故彰、不自伐故有功、不自矜故長。」とある）のを參照。

「持其無者無執」については、『老子』第六十四章に「爲者敗之、執者失之。是以聖人、無爲故無敗、無執故無失。」とあるのを參照。

④「月弦則滿、日朝則襲咸池、不留陽谷之上、而懸車之後將入也。」については、『淮南子』天文篇に、日出于暘谷、浴于咸池、拂于扶桑、是謂晨明。登于扶桑、爰始將行、是謂朏明。至于曲阿、是謂旦明。至于曾泉、是謂蚤食。至于桑野、是謂晏食。至于衡陽、是謂隅中。至于昆吾、是謂正中。至于鳥次、是謂小還。至于悲谷、是謂餔時。至于女紀、是謂大還。至于淵虞、是謂高春。至于連石、是謂下春。至于悲泉、爰止其女。爰息其馬、是謂縣車。至于虞淵、是謂黃昏。至于蒙谷、是謂定昏。とあるのを參照。

⑤「無欲者自足」については、『莊子』天地篇に「故曰、古之畜天下者、無欲而天下足、無爲而萬物化、淵靜而百姓定。」とあるのを參照。

「空虛者受實」については、『淮南子』精神篇に「是故聖人以無應有、必究其理、以虛受實、必窮其節、恬愉虛靜、以終其命。」とあるのを參照。

⑥「作智造巧者害於物」は、陳本は「作智巧者害於物」に作る。ここでは、嚴本・李本・社本・韓本・魏本にしたがい、「作智造巧者害於物」に作る。

「智」「巧」を否定する考え方は、『老子』第十九章の文言「絕聖棄智」「絕巧棄利」、『老子』第五十七章の「以此、天下多忌諱、而民彌貧、民多利器、國家滋昏、人多伎巧、奇物滋起、法令滋彰、盜賊多有。故聖人云、我無爲而民自化、我好靜而民自正、我無事而民自富、我無欲而民自樸。」、『老子』第六十五章の「民之難治、以其智多。故以智治國、國之賊。不以智治國、國之福。」を參照。

⑦　「明著是非者危與身」は、陳本は「明著是非者危其身」に作り、嚴本・韓本・魏本・『藝文類聚』卷三十七は「明是考非者危其身」に作る。ここでは、李本・社本にしたがい、「明著是非者危與身」に作る。『莊子』が「是」と「非」の區別を否定している點については、「六　原文6」の注⑧も參照。

⑧　「修飾以顯潔者惑於生」は、『藝文類聚』卷三十七が「脩飾以顯絜者惑於生」に作る。ここでは、陳本・嚴本・李本・社本・韓本・魏本にしたがい、「修飾以顯潔者惑於生」に作る。

⑨　「畏死而榮生者失其貞」は、嚴本は「畏死而崇生者失其貞」に作り、陳本・韓本・魏本は「畏死而榮生者失其眞」に作る。ここでは、李本・社本にしたがい、「畏死而榮生者失其貞」に作る。

「畏死而榮生」については、『淮南子』の氾論篇に「楚人有乘船而遇大風者、波至而自投於水、非不貪生而畏死也、或於恐死而反忘生也。」とあり、人閒篇に「或貪生而反死、或輕死而得生」とあるのを參照。

⑩　「梁下之誠」については、『莊子』盜跖篇に「尾生與女子期於梁下。女子不來。水至不去、抱梁柱而死。」とあるのを參照。ほかに、『戰國策』燕一に「信如尾生、期而不來、抱梁柱而死。」、『史記』蘇秦列傳に「信如尾生、與女子期於梁下、女子不來、水至不去、抱柱而死。」とあり、『淮南子』氾論篇に「直躬其父攘羊、而子證之、尾生與婦人期而死之。直而證父、信而溺死、雖有直信、孰能貴之。」とあるのを參照。

⑪　「克己以爲仁者、郭外之仁也。」は、陳本・嚴本・韓本は「克己以爲人者、郭外之仁也。」に作り、魏本は「克己爲人者、郭外之仁也。」に作り、李本・社本は「克己以爲人者、廓外之仁也。」に作る。「克己以爲仁」は、『論語』顏淵篇に「顏淵問仁。子曰、克己復禮爲仁、一日復禮爲仁、天下歸仁焉、爲仁由己、而由人乎哉。」とある（『史記』仲尼弟子列傳に「顏淵問仁。孔子曰、克己復禮、天下歸仁焉。」とある）のを踏まえているのであるから、「克己以爲人」に作るのは退けてよい。また、「郭外」は、『莊子』讓王篇に「顏淵對曰、不願仕。回有郭外之田五十畝、足以給飦粥、郭內之田十畝、足以爲絲麻。……。」とあるのに基づくものである。以上から、ここでは、陳本・嚴本・韓本にしたがい、「克己以爲仁者、郭外之仁也。」に作る。

⑫　「竊其雉經者、亡家之子也。」については、『春秋左氏傳』莊公二十八年に、

晉獻公娶於賈、無子。烝於齊姜、生穆夫人及太子申生。又娶二女於戎、大戎狐姫生重耳、小戎子生夷吾。晉伐驪戎、驪戎男女以驪姫、歸生奚齊、其娣生卓子。驪姫嬖、欲立其子、……。

とあり、『春秋左氏傳』僖公四年に、

及將立奚齊、既與中大夫成謀。驪姫謂太子曰、君夢齊姜、必速祭之。太子祭於曲沃、歸胙於公。公田、姫寘諸宮六日、公至、毒而獻之。公祭之地、地墳。與犬、犬斃。與小臣、小臣亦斃。姫泣曰、賊由太子。太子奔新城。公殺其傅杜原欵。或謂太子、子辭、君必辯焉。太子曰、君非姫氏、居不安、食不飽、我辭、姫必有罪。君老矣、吾又不樂。曰、子其行乎。太子曰、君實不察其罪、被此名也、以出、人誰納我。十二月戊申、縊於新城。

とあり、『國語』晉語第八にも「申生乃雉經於新城之廟。」とあるのを參照。

⒀「刳腹割肌」とは、『莊子』の盜跖篇に「介子推、至忠也。自割其股以食文公。文公後背之。子推怒而去、抱木而燔死。」「世之所謂忠臣者、莫若王子比干・伍子胥。子胥沈江、比干剖心。」と見え、胠篋篇に「昔者龍逢斬、比干剖、萇弘胣、子胥靡。」と見える事例を指すと思われる。特に比干については、『史記』殷本紀に「紂愈淫亂不止、微子數諫不聽、乃與大師・少師謀、遂去。比干曰、爲人臣者、不得不以死爭。迺強諫紂。紂怒曰、吾聞聖人心有七竅。剖比干、觀其心。」と具體的に記されている。

⒁「曜菁華被沆瀣」については、『楚辭』遠遊に「恐天時之代序兮、耀靈曄而西征。微霜降而下淪兮、悼芳草之先零。……。吾將從王喬而娛戲。餐六氣而飮沆瀣兮、漱正陽而含朝霞。」とあり、「沆瀣」については、王逸の注に「沆瀣者、北方夜半氣也。」と説明されるのを參照。「曜」は「耀」と同じ意。「菁華」の「華」は「曄」に通じるか。

⒂「履霜露蒙塵埃」については、『新序』雜事五に「子張見魯哀公七日而哀公不禮、託僕夫而去。曰、臣聞、君好士、故不遠千里之外、犯霜露冒塵垢、百舍重趼、不敢休息、以見君七日而君不禮。……。」とあるのを參照。

⒃「潔己以尤世修身以明洿者、誹謗之屬也。」については、『莊子』の刻意篇に「刻意尚行、離世異俗、高論怨誹、爲亢而已矣。此山谷之士、非世之人、枯槁赴淵者之所好也。」とあり、山木篇に「子其意者飾知以驚愚、脩身以明汙、昭昭乎如揭日月而行。」とあるのを參照。

⑰「繁稱是非背質追文者、迷罔之倫也。」については、『莊子』盜跖篇に「此夫魯國之巧僞人孔丘非邪。爲我告之。爾作言造語、妄稱文武、冠枝木之冠、帶死牛之脅。多辭謬説、不耕而食、不織而衣。搖脣鼓舌、擅生是非、以迷天下之主。」とあるのを參照。

⑱「非媚悦以容求孚、故被珠玉以赴水火」については、『莊子』天地篇に「合譬飾辭聚衆也、是終始本末不相坐也。垂衣裳、設采色、動容貌、以媚一世、而不自謂道諛。與夫人之爲徒、通是非、而不自謂衆人。愚之至也。」とあるのを參照。

「桀・紂之終」とは、夏の桀王は末喜に溺れ、殷の紂王は妲己に溺れ、そのために兩者とも國政をかえりみず王朝が滅んでしまった最期を指す。『國語』晉語第七に「史蘇曰、昔夏桀伐有施、有施人以妹喜女焉。妹喜有寵、於是乎與伊尹比而亡夏。殷辛伐有蘇、有蘇氏以妲己女焉。妲己有寵、於是乎與膠鬲比而亡殷。……。」とあるのを參照。

⑲「含菽采薇交餓而死、顏・夷之窮也。」については、『莊子』の人閒世篇に「回之家貧、唯不飲酒不茹葷者、數月矣。」とあり、讓王篇に「顏回擇菜。」とあり、『史記』伯夷列傳に「伯夷・叔齊、孤竹君之二子也。……。武王已平殷亂、天下宗周、而伯夷・叔齊恥之、義不食周粟、隱於首陽山、采薇而食之。及餓且死、作歌、其辭曰、登彼西山兮、采其薇矣。以暴易暴兮、不知其非矣。神農・虞・夏忽焉沒兮、我安適歸矣。于嗟徂兮、命之衰矣。遂餓死於首陽山。」とあり、『莊子』盜跖篇に「世之所謂賢士、伯夷・叔齊。伯夷・叔齊辭孤竹之君、而餓死於首陽之山、骨肉不葬。」とあるのを參照。また、注⑪に引用した『莊子』讓王篇の文言も參照。

「誠」は、陳本・韓本・魏本は「成」に作る。ここでは、嚴本・李本・社本にしたがい、「誠」に作る。

⑳「是以名利之塗開」は、嚴本は「是以名之塗開」に作るが、中華書局影印組による頭汁に「名下脱利字」と記されている。ここでは、陳本・李本・社本・韓本・魏本にしたがい、「是以名利之塗開」に作る。

十　原文10

故至道之極、混一不分、同爲一體、得失無聞。[1] 伏義氏結繩、神農敎耕、[2] 逆之者死、順之者生、又安知貪洿之爲罰、而貞白之爲名乎。使至德之要、無外而已。[3] 大均淳固、不貳其紀。[4] 淸靜寂寞、空豁以俟。[5] 善惡莫之分、是非無所爭。[6] 故萬物反其所而得其情也。

（試譯）

ですから最高の道のきわみは、ひとまとめになっていてわかれず、同じものとして一つの構造をなしており、得失（といった損得勘定）も聞かれないほどです。伏義は縄を結んで獲物を捕まえるアミを作り、神農は農耕を教えましたが、これにさからうと死に、これにしたがうと生きるまでであって、どうして貪欲で心が汚いのがとがめられ、正しくて潔白なのが名譽であるとわかるのでしょうか。最高の徳のエッセンスを、最も外に置くのみなのです。（そうすることで）バランスがしっかりと保たれ、原理にたがいません。清く静かでひっそりとし、空っぽのがらんとした狀態でまつのです。善（と）惡には區分はなく、是（と）非に境界綫もありません。ですから萬物はそのふさわしい境地にかえってありのままでいられるのです。

注

① 嚴本・李本・社本は「乃失無聞」に作るが、嚴本は中華書局影印組による頭注に「乃當作得」と記されてある。ここでは、陳本・韓本・魏本にしたがい、「得失無聞」に作る。「得失」については、『莊子』秋水篇に「察乎盈虛。故得而不喜、失而不憂。知分之無常也。」とあるのを參照。

② 「伏義氏結繩、神農教耕」については、『莊子』胠篋篇に、「昔者容成氏・大庭氏・伯皇氏・中央氏・栗陸氏・驪畜氏・軒轅氏・赫胥氏・尊盧氏・祝融氏・伏戲氏・神農氏。當是時也、民結繩而用之、甘其食、美其服、樂其俗、安其居。」とあり、『老子』第八十章に「使人復結繩而用之、甘其食、美其服、安其居、樂其俗。」とあり、『易』繫辭下傳に「古者包羲氏之王天下也、……、作結繩而爲網罟、以佃以漁、蓋取諸離。包羲氏沒、神農氏作。披木爲耜、揉木爲耒、耒耨之利、以教天下、蓋取諸益。日中爲市、致天下之民、聚天下之貨、交易而退、各得其所、蓋取諸噬嗑。……。上古結繩而治、後世聖人易之以書契。」とあるのを參照。

③ 「德」を「外」にたてることについては、『莊子』胠篋篇に「彼曾史・楊墨・師曠・工顯・離朱者、皆外立其德、而以爚亂天下者也。法之所無用也。」とあるのを參照。

④ 「大均」は、『莊子』徐無鬼篇に「知大一、知大陰、知大目、知大均、知大方、知大信、知大定、至矣。大一通之、大陰解之、大目視之、大均緣之、大方體之、大信稽之、大定持之。」とある。

⑤ 「清靜寂寞」は、陳本・韓本は「清淨寂寞」に作る。ここでは、嚴本・李本・社本・魏本にしたがい、「清靜寂寞」に作る。

「清靜寂寞、空豁以俟」については、『莊子』の天道篇に「夫虛靜・恬淡・寂漠・無爲者、天地之平、而道德之至。故帝王・聖人休焉。休則虛、虛則實、實者倫矣。虛則靜、靜則動、動則得矣。靜則無爲、無爲也則任事者責矣。無爲則俞俞、俞俞者憂患不能處、年壽長矣。夫虛靜・恬淡・寂漠・無爲者、萬物之本也。」とあり、刻意篇に「故曰、恬淡・寂漠・虛無・無爲、此天地之平、而道德之質也。故曰、聖人休焉。休則平易矣。平易則恬淡矣。平易・恬淡、則憂患不能入、邪氣不能襲。故其德全而神不虧。」とあるのを參照。

⑥ 「善惡莫之分、是非無所爭」については、『莊子』の齊物論篇に、

①道惡乎隱而有眞僞、言惡乎隱而有是非。道惡乎往而不存、言惡乎存而不可。道隱於小成、言隱於榮華。故有儒・墨之是非。以是其所非、而非其所是。欲是其所非、而非其所是、則莫若以明。物無非彼、物無非是。自彼則不見、自知則知之。故曰、彼出於是、是亦因彼。彼是方生之説也。雖然、方生方死、方死方生、方可方不可、方不可方可、因是因非、因非因是。是以聖人不由、而照之于天。亦因是也。是亦彼也、彼亦是也。彼亦一是非、此亦一是非。果且有彼是乎哉、果且無彼是乎哉。彼是莫得其偶、謂之道樞。樞始得其環中、以應無窮。是亦一無窮、非亦一無窮也。故曰、莫若以明。
②是非之彰也、道之所以虧也。
③是不是、然不然。是若果是也、則是之異乎不是也、亦無辯。然若果然也、則然之異乎不然也、亦無辯。

とあり、秋水篇に、

④知是非之不可爲分、細大之不可爲倪。
⑤以趣觀之、因其所然而然之、則萬物莫不然、因其所非而非之、則萬物莫不非。知堯・舜之自然而相非、則趣操覩矣。
⑥故曰、蓋師是而無非、師治而無亂乎、是未明天地之理・萬物之情者也。是猶師天而無地、師陰而無陽。其不可行明矣。
⑦且夫知不知是非之境、而猶欲觀於莊子之言、是猶使稱負山、商蚷馳河也。

とあり、至樂篇に、

⑧列士爲天下見善矣、未足以活身。吾未知善之誠善邪、誠不善邪。若以爲善矣、不足活身。以爲不善矣、足以活人。故曰、忠諫不聽、蹲循勿爭。故夫子胥爭之以殘其形。不爭名亦不成。誠有善、無有哉。
⑨天下是非、果未可定也。雖然、無爲可以定是非。

とあるのを參照。

十一　原文11

儒・墨之後、堅白竝起①、吉凶連物、得失在心、結徒聚黨、辯説相侵。昔大齊之雄、三晉之士、嘗相與瞑目張膽分別此矣②。咸以爲百年之生難致、而日月之蹉無常③。皆盛僕馬、修衣裳、美珠玉、飾帷牆、出媚君上、入欺父兄、矯厲才智、競逐縱橫④。家以慧子殘、國以才臣亡。故不終其天年而大自割、繁其於世俗也⑤。是以山中之木、本大而莫傷、吹萬數竅相和、忽焉自已⑥。夫鴈之不存、無其質而濁其文、死生無變而龜之是寶、知吉凶也⑦。故至人清其質而濁其文、死生無變而未始有之⑧。

（試譯）

儒家・墨家が活躍したあと、堅白論が起こり、吉（や）凶を物に關係づけ、得（や）失（といった損得勘定）は心にかかり、徒黨を組んで、辯論して相手をそこないあうようになりました。むかし齊の稷下の學者たちや、三晉（韓・魏・趙）の知識人たちは、かつてお互いに目をいからせ威勢を張って袂を分かっていました。彼らはみな百年の人生は實現しがたいものであって、壽命の年月の長短にきまりはない、と考えていました。彼らはみな役馬を盛大なものにし、衣裳をととのえ、珠玉で自らを美しく飾りたて、住まいを立派にし、外出（仕官）しては君主に取り入り、歸宅しては父や兄に對して面從腹背し、才能や知識をひけらかし、競い合って南北にも東西にも奔走しました。家はかしこい子によっていためつけられ、國は才能ある臣下によって亡ぼされます。そのため、彼らは天壽を全うしないうちに自らを深く傷つけてしまい、俗世間に面倒をかけることとなりました。そういうわけで山中の木は、幹が大きければ傷つけられることはなく、また無數もの木木にあるアナから出る音が共鳴しますが、だしぬけにそれはそれ自體なのです。そもそもガチョウが生き永らえなかったのは、實質をないがしろにして文飾をけがしたからであり、死んでも生きても變わりなく龜が寶とされるのは、吉か凶かをわきまえているからです。ですから至人は實質をきれいにして文飾をけがし、死んでも生きても變わらず、もともと何の存在でもないのです。

注

① 「儒・墨之後、堅白竝起」は、この過程を示すものとして、『莊子』には齊物論篇に、

故有儒・墨之是非。以是其所非、而非其所是。欲是其所非、而非其所是、則莫若以明。……。是非之彰也、道之所以虧也。道之所以虧、愛之所以成。果且有成與虧乎哉、果且無成與虧乎哉。有成與虧、故昭氏之鼓琴也。無成與虧、故昭氏之不鼓琴也。昭文之鼓琴也、師曠之枝策也、惠子之據梧也、三子之知幾乎。皆其盛者也。故載之末年。唯其好之也、以異於彼。其好之也、欲以明之。彼非所明而明之。故以堅白之昧終。而其子又以文之綸終、終身無成。

とあり、天下篇にも、

相里勤之弟子、五侯之徒、南方之墨者、苦獲・己齒・鄧陵子之屬、俱誦墨經、而倍譎不同。相謂別墨、以堅白同異之辯相訾、以觭偶不仵之辭相應。以巨子爲聖人、皆願爲之戸、冀得爲其後世、至今不決。

と、墨翟後の後繼者たちについて記されている。

② 「嘗相與瞋目張膽分別此矣」は、社本は「嘗相與瞋張膽分別此矣」に作る。ここでは、陳本・嚴本・李本・韓本・魏本にしたがい、「嘗相與瞋目張膽分別此矣」に作る。

③ 「百年之生難致」については、『論衡』氣壽篇に「夫彊弱夭壽、以百爲數。不至百者、氣自不足也。」とあるのを參照。

④「縦横」は、縦横家に重ねての言。

⑤「故不終其天年而大自割、繫其於世俗也。」は、陳本は「故不終其天年而夭、自割繫其於世俗也。」に作り、韓本・魏本は「故不終其天年、而大自割繫其於世俗也。」に作る。ここでは、嚴本・李本・社本にしたがい、「故不終其天年而大自割、繫其於世俗也。」に作る。

⑥「是以山中之木、本大而莫傷、吹萬數竅相和、忽焉自已。」については、『莊子』齊物論篇に、

子綦曰、夫大塊噫氣、其名爲風。是唯無作、作則萬竅怒呺。而獨不聞之翏翏乎。山林之畏佳、大木百圍之竅穴、似鼻、似口、似耳。似枅、似圈、似臼。似洼者、似汚者。激者、謞者、叱者、吸者、叫者、譹者、宎者、咬者。前者唱于、而隨者唱喁。泠風則小和、飄風則大和。厲風濟、則衆竅爲虛。而獨不見之調調、之刁刁乎。……。子綦曰、夫吹萬不同、而使其自己也、咸其自取。……。

とあるのを參照。

「本大而莫傷」は、陳本は「本大而莫相傷」に作り、韓本は「本大而莫相」に作る。ここでは、嚴本・李本・社本・魏本にしたがい、「本大而莫傷」に作る。

「吹萬數竅相和」は、嚴本・李本・社本は「復萬數竅相和」に作る。『莊子』齊物論篇の「夫吹萬不同」に照らすと、「吹」が適當。ここでは、陳本・韓本・魏本にしたがい、「吹萬數竅相和」に作る。

「忽焉自已」は、陳本は「忽焉自己」に作る。ここでは、嚴本・李本・社本・韓本・魏本にしたがい、「忽焉自已」に作る。この「忽焉」は「一　原文1」の注⑪の「忽」と異なり、にわかなさまの意であろう。「忽焉自已」の「忽焉」と「自」は、『易緯乾鑿度』巻下の「太初」に對する鄭玄の注「忽然而自生」の「忽然」と「自」に共通する。

⑦「鴈之不存」については、『莊子』山木篇に、

莊子行於山中、見大木枝葉盛茂。伐木者、止其旁而不取也。問其故。曰、無所可用。莊子曰、此木以不材得終其天年。夫子出於山、舍於故人之家。故人喜、命豎子殺鴈而烹之。豎子請曰、其一能鳴、其一不能鳴。請奚殺。主人曰、殺不能鳴者。

とあるのを參照。『達莊論』に見える「不終其天年」は、この文章の「終其天年」を踏まえていよう。

「死生無變而龜之是寶」は、陳本・嚴本・韓本・魏本は「死生無變、而龜之見寶」に作る。ここでは、

李本・社本にしたがい、「死生無變而龜之是寶」に作る。

⑧「死生無變而未始有之」は、陳本・嚴本・韓本・魏本は「死生無變而未始有云」に作る。ここでは、李本・社本にしたがい、「死生無變而未始有之」に作る。

十二　原文12

夫別言者、壞道之談也。①折辯者、毀德之端也。②氣分者、一身之疾也。③二心者、萬物之患也。④故夫裝束馮軾者、行以離支。⑤慮在成敗者、坐而求敵。⑥踰阻攻險者、趙氏之人也。⑦舉山塡海者、燕・楚之人也。⑧莊周見其若此、故述道德之妙、敍無爲之本、寓言以廣之、假物以延之、聊以娯無爲之心、而逍遙於一世。豈將以希咸陽之門、而與稷下爭辯也哉。⑨

（試譯）

そもそも言論が別れることは、道を破壞する話です。こみいった議論は、德を毀傷する端緒です。氣が分散するのは、身體の疾病です。二つの考えをもつことは、萬物の災難です。ですから、あの身なりをととのえ車の横木にもたれている者たちは、どこへ行っても大いなる道から外れてしまっています。成功か失敗かを思いめぐらす者たちは、いながらにして敵をもとめてしまっています。險阻な山を越えて中山の地に攻め入ったのは、趙氏です。山を移して海を埋め立てたのは、燕・楚の人たちです。莊周はこうした樣子を目にしたために、道德の靈妙なはたらきを述べ、無爲の根本を記し、ことばに託してそれを賡め、物にかりてそれを敷衍し、しばらく無爲の心境をたのしんで、その時代を氣ままにさまよったのです。どうして咸陽の門（の『呂氏春秋』の文言に關する議論）を希望し、齊の稷下で知識人たちと意見をたたかわせようとしたでしょうか（、そんなことには一切おかまいなしだったのです）。

注

①「壞道之談也」は、嚴本・李本・社本は「懷道之談也」に作る。前後の文脈から考えると、ここは「道を破壞する話である」の意であるから「壞道之談也」に作るのがふさわしい。ここでは、陳本・韓本・魏本にしたがい、「壞道之談也」に作る。

②「折辯」は、『淮南子』齊俗篇に「公孫龍折辯抗辭、別同異、離堅白。」とある。

③「氣分者、一身之疾也。」については、『莊子』知北遊篇に「人之生、氣之聚也。聚則爲生、散則爲死。」とあるのを參照。

④「一心者、萬物之患也。」については、『莊子』天道篇に「一心定而王天下。」「一心定而萬物服。」とあるのを參照。

⑤「故夫裝束馮軾者」は、嚴本・李本・社本は「故夫裝束馬軾者」に作る。ここでは、陳本・韓本・魏本にしたがい、「故夫裝束馮軾者」に作る。「馮軾」は、『漢書』酈食其列傳に「韓信聞食其馮軾下齊七十餘城、乃夜度兵平原襲齊。」とある。

「行以離支」は、韓本・魏本は「行以離交」に作る。ここでは、陳本・嚴本・李本・社本にしたがい、「行以離支」に作る。

⑥「慮在成敗者」は、陳本は「慮在成則者」に作る。ここでは、嚴本・李本・社本・韓本・魏本にしたがい、「慮在成敗者」に作る。

⑦「踰阻攻險者、趙氏之人也。」については、『史記』趙世家に、

十九年春正月、……。王北略中山之地、至於房子、遂之代、北至無窮、西至河、登黃華之上。……。二十年、王略中山地、至寧葭。……。二十一年、攻中山。……。二十三年、攻中山。二十五年惠后卒。……。二十六年、復攻中山、攘地北至燕・代、西至雲中・九原。惠文王二年、主父行新地、遂出代、西遇樓煩王於西河而致其兵。三年、滅中山、遷其王於膚施。

とあるのを參照。

⑧「舉山塡海者、燕・楚之人也。」は、『列子』湯問篇に見える、いわゆる「愚公移山」の話であろう。但し、『列子』の成立時期について、今のところ、筆者には定見がない。ここでは、引用をひかえ、言及するにとどめる。

⑨「咸陽之門」とは、『史記』呂不韋列傳に「呂不韋乃使其客人人著所聞、集論以爲八覽・六論・十二紀、二十餘萬言。以爲備天地萬物古今之事、號曰呂氏春秋。布咸陽市門、懸千金其上、延諸侯游士賓客有能增損一字者予千金。」と見える話を指すものと思われる。

十三　原文**13**

夫善接人者、導焉而已、無所逆之。故公孟季子衣繡而見、墨子弗攻。①中山子牟心在魏闕、而詹子不距。②因其所以來、用其所以至。循而泰之、使自居之。發而開之、使自舒之。且莊周之書、何足道哉。猶未聞夫太始之論、玄古之微言乎。③直能不害於物而形以生、物無所毀而神以清、形神在我而道德成、忠信不離而上下平。茲容今談而同古、齊說而意殊、是心能守其本、而口發不相須也。

（試譯）

そもそも他人との交際が上手な人は、相手の話題を導き出すにすぎず、相手に抵抗することはありません。ですから公孟季子は華麗な衣服を身につけて面會したものの、墨子はそのことをせめませんでした。中山子牟の心は魏闕にありましたが、詹子は拒否しませんでした。（こうした人人は）その事柄がよってきた理由にもとづき、その事柄の落ち着き先を用います。その時の情況にしたがってゆったりとし、自らをそこに落ち着かせます。相手を啓發して自説を展開し、自らをのびのびとした気持ちにさせるのです。それに莊周の書物については、何を申し上げる必要がありましょう。あの太始に關する所論や深遠で古い奥深い言葉をこれまで耳にしたことがないわけではないでしょう。ただ物に害されず形は生きており、物はこわされないで神は清くあり、形と神が私にそなわれば道と德が形成され、忠と信が離れなければ上下關係が安定する、というにすぎません。そういうわけで現在議論しながらも古いものと同化し、説をひとしくしつつも考えは個別的であるのです。これは心が根本を守ることができているということであって、もうこれ以上口を開くことは必要ないでしょう。」

注

①「公孟季子衣繡而見、墨子弗攻」については、『墨子』公孟篇に、

公孟子載章甫、搢忽、儒服而以見子墨子曰、君子服、然後行乎。其行、然後服乎。子墨子曰、行不在服。公孟子曰、何以知其然也。子墨子曰、昔者、齊桓公高冠博帶、金劒木盾、以治其國、其國治。昔者、晉文公大布之衣、牂羊之裘、韋以帶劒、以治其國、其國治。昔者、楚莊王鮮冠組纓、絳衣博袍、

以治其國、其國治。昔者、越王句踐剪髪文身、以治其國、其國治。此四君者、其服不同、其行猶一也。翟以是知行之不在服也。公孟子曰、善。吾聞之曰、宿善者不祥。請舍忽、易章甫、復見夫子可乎。子墨子曰、請因以相見也。若必將舍忽・易章甫、而後相見、然則行果在服也。

とあるのを參照。

② 「中山子牟心在魏闕、而詹子不距。」については、『莊子』讓王篇に、

中山公子牟謂瞻子曰、身在江海之上、心居乎魏闕之下。奈何。瞻子曰、重生。重生則利輕。中山公子牟曰、雖知之、未能自勝也。瞻子曰、不能自勝、則從。神無惡乎。不能自勝而強不從者、此之謂重傷。重傷之人、無壽類矣。

とあるのを參照。

「魏闕」は、嚴本は「魏關」に作るが、中華書局影印組による頭注に「關當作闕」と記されている。ここでは、陳本・李本・社本・韓本・魏本にしたがい、「魏闕」に作る。

③ 「太始」については、本書附編第二章の注①を參照。

十四　原文14

於是、二三子者風搖波蕩、相視膈脈、亂次而退、蹢跌失迹、隨而望之耳。後頗亦以是知其無實、喪氣而慙愧於衰僻也。

（試譯）

ここにおいて、（先生の話を聞いていた）數名の者たちは動搖して落ち着かなくなり、啞然として顔を見合わせ、順序を亂して退散し、つまづいて行方を見失い、前の人のあとをついていって遠くをながめるの

みであった。あとになって少し考えると自らに實などないのだと理解し、落膽して田舍者であることを恥じ入ることになるのである。

おわりに

以上、阮籍の三玄に關する著作を検討したが、これを踏まえて、ここでは阮籍における「通」「達」の意味を考察する。

『通易論』では、「『易』者、何也。」という問いが發せられたあと、末尾の「由此觀之、『易』以通矣。」で締め括られるまで、この問いに對するいくつかの答えが展開されている。阮籍自身にとっては、いくつもの答えを出し續けながら所論を最後まで展開し、そこでようやく『易』に「通」じる（『易』は「通」じる）、という狀態に到達する。見方をかえて、『通易論』の讀者の立場から言えば、讀者は『易』に基づきながら『通易論』を最後まで讀むことによって『易』に「通」じる（『易』は「通」じる）のである。では、『易』に「通」じる（『易』は「通」じる）とは、どういうことか。阮籍が理解した『易』とは、六十四卦という一連の循環・變易性をもちながらも、その絶えず變化する中にあって、「陰」と「陽」、「天」と「地」、「剛」と「柔」、「盛」と「衰」、「幽微」と「明著」、「吉」と「凶」など二元的世界觀に見られる不可變性・恆常性を有する書物、であった。すなわち、『易』という書物を通じて、この世界をささえる一定の秩序を把握すること、このことが、阮籍が『通易論』を執筆した目的であり、そのために阮籍は『易』に「通」じる（『易』は「通」じる）狀態に到達しなければならなかったのである。

『通老論』は、斷片記事ながらも、第一條の文章が阮籍の「通」「達」を理解するための手がかりを與えてくれる。聖人を主語とする動詞「明」「達」「通」「審」は、ここでは、文言を換えて同じことを言い表したいのであって、いずれもほぼ同義と捉えてよい。聖人は「天人之理」「自然之分」「治化之體」「大愼之訓」に「通」「達」している存在であり、その聖人のありかたが、いわゆる「無爲の治」の模範として描かれている。第三條によれば、それが理想的に行われたのが、三皇・五帝の治世であった。聖人とは、いうまでもなく、人の次元における模範的存在であるが、あくまで形而下の存在である。聖人が體している、すなわち「通」「達」しているのは、第二條に示される形而上の「道」にほかならない。『通老論』で阮籍が「通」じる對象としたのは「道」であり、「道」に「通」じることこそが『老子』に「通」じることである、とするのが（斷片記事ながら窺うことのできる）『通老論』の趣旨ではあるまいか。

『達莊論』については、『莊子』という書物に着目すると、實は「達」こそが、『莊子』のキーワードの一つである。たとえば、齊物論篇に「唯達者知通爲一」とあり、秋水篇に「知道者、必達於理。達於理者、必明於權。明於權者、不以物害己。」とあり、達生篇に「達生之情者、不務生之所無以爲。達命之情者、不務知之所無奈何。」とあり、知北遊篇に「聖人原天地之美而達萬物之理。」とあり、則陽篇に「聖人達綢繆、周盡一體矣。」とあり、列御寇篇に「達生之情者傀、達於知者肖、達大命者隨、達小命者遭。」とあるが如きであり、これらは、この世界を貫く道理に「達」することの重要性を綱領として示したものである。この道理とは、人が如何に努力しようとも變わりようがなく、つまるところ、人はそれに隨順するよりほかかない。しかし、それは、自己の（身勝手な）意思を貫き通せないアキラメによる消極的で否定的な隨順ではなく、『達莊論』の「十三　原文13」に「因其所以來、用其所以至。循而泰之、使自居之。」とあるように、事柄の由來と結果とを見極めたうえで、自己のあり方をそれに沿わせていく、という積極的で肯定的な隨順である。『莊子』は、是か非か・小か大か・禍か福か・生か死かといった俗世間のコダワリを超越したところに、それを見出だしたのであり、それが、「三　原文3」の注⑥にも引用した「萬物一府」（天地篇）・「萬物一齊」（秋水篇）・「天地一體」（天下篇）と表現される世界の捉え方である。『達莊論』はそれを「自然一體」（「五　原文5」）と表現した。

斷片記事しか傳わらない『通老論』はひとまずおくとして、『通易論』と『達莊論』には、共通の考え方がうかがえる。阮籍の『易』理解は、六十四卦という循環性・變易性の中に二元的世界觀の不可變性・恆常性がある、というものであった。一方、『達莊論』のばあい、多くを『莊子』に基づきながら、是非・小大・生死といった二項對立を超えて對立が解消される次元（「一體」）で世界を把握した。つまり、對立を生じさせる最小限の單位は「二」すなわち二項對立・二元論であり、（包含のし方は異なるものの）それとそれから派生する樣樣なあり方のすべてを内包しているただ一つの別の次元のおおきな秩序をうちたてている點が、兩者に共通しているのである。簡單に言ってしまえば、この世界を成り立たせている一定の秩序の把握という共通性である。

阮籍の「通」「達」の對象は、まさにこの世界の秩序であった。それを三玄にもとめたのは、儒家勢力が衰えた時代の要請であったとしても、[1] 阮籍は三玄によってこの世界の秩序を把握しそれを描き出すことにみごとに成功し、「通」「達」を通して三玄の縛りを確かなものにしたのである。

注

（1）この點については、戸川芳郎・蜂屋邦夫・溝口雄三『儒教史』（山川出版社、一九八七年七月）の蜂屋氏執筆箇所「第三章　儒教權威の相對化――三教交渉の時代――」の「1　時代思潮」を參照。

あとがき

一九九六年から一九九七年にかけての時期は、私にとって、當時の研究環境に身を置く中で、いろいろなことに行き詰まったり嫌気がさしたり限界を感じたりして、大學院博士課程を辭めたい、と眞劍に惱んでいた時期であった。その主要な原因は、いま想い返せば、私の不注意から、研究の世界特有の理不盡さに卷き込まれたことにあった（誤解の無いように記しておくが、中國思想研究のことで思い惱んでいたのではない）。この種の理不盡さは、今日でも時時見聞することがあり、もう氣にも留めないことが多くなったが、當時の私は、それを斷固として受け入れられず、「こんな理不盡な世界にい續けたら自分がおかしくなる（だから辭めたい）」と、かなり思い詰めていたのである。

何らかの機會に、そんな惱みを吐露したところ、恩師の一人（私が恩師と仰ぐかたがたは少なくないが、論文における引用ではないので御名前は伏せておく）が、一九九七年一二月二四日付で、私宛てに、次のような直筆の手紙をくださった。

……、いろいろの經驗をされたようですが、これは俗世間の常のこと。氣にせず、學問に沒頭してください。

學問を職業とする研究者にも、いろいろなタイプがあり、眞の學者など、ほとんど存在しません。くやしいでしょうが、自分のペーパーで相手を納得させる以外、權威をバックとしない者は方法がありません。權威に依據することを拒否すること、これは學問にとって非常に重要なことですが、やさしいことではありません。そのことを自覺してがんばってください。また自分の學力を〝客觀的に〟理解すること。謙虛になることも忘れないでください。……。

この手紙を拜讀したことで、私は胸のつかえがとれた思いがし、これ以降、いい意味で開き直ることができた。そして、山口大學を卒業し上京してきた時の「志」を心の中に呼びもどすことができた。この手紙は、今日までの私を支え續けてくれている私の寶物である。本書上梓の機會にここに特筆し、恩師の御心遣いに深く感謝申し上げる。

本書は、二〇〇六年三月に東京大學に提出した博士學位請求論文『後漢經學研究序説』と、二〇〇九年度~二〇一二年度の四年間にわたる文部科學省科學研究費補助金 若手研究（B）の研究成果報告書『後漢經學の基礎的研究』と、これらの前後に發表した數篇の論文とを再検討し、それらに大幅な加筆修正を施して成ったものである。すなわち、本書は、同題の課程博士論文そのものではない。

二つの思いがあった。一つは、私の課程博士論文を讀んでくださった研究者のかたがたの中には、すぐに出版することを勸めてくださった人が複數名いらっしゃった。しかし、その時はまだ、私には出版はとても考えられなかった。博士の學位を授與された時、私は三十五歳であったが、三十代での出版は機が熟していない、との思いが強かった。もう一つは、人文科學系の學問領域においても、博士課程在學中に課程博士論文を書き上げて學位を取得し、そして課程博士論文を出版したうえで就職の機會を待つ、という何とも恐ろしい時代となった今日の情勢の中で、それ以前にすでに大學に就職した者として、課程博士論文をそのまま刊行するわけにはいかない、と思うようになった。すなわち、博士課程修了者が時を置かずに課程博士論文を本にすることとの差別化を圖らないわけにはいかない、それが四十代になった私の研究者としての責務ではないか、との思い（あるいは「思いあがり」）である。そのため、課程博士論文の内容を何度も自己點検し、その後に發表した論文を加えて、かなりのプラス・アルファ（附加價値？）を盛り込むことを考えた。そして、それによって、課程博士論文としての體裁がいったん壞され、附加した論文をも含めて、一冊の本として新たに一つの大きなストーリーを構築しなければならなくなった。

こうして、どうにかまとめあげたのが、本書である。本書の構想は、二〇一三年度前期に（これまでの恩返しのつもりで）非常勤講師として出講した東京大學中國思想文化學研究室での講義「漢代思想の諸問題」において練り上げていったものである。當時の受講生のリアクション－ペーパーに教えられたことも多かった。ここに記して、研究室の先生方と受講生たちに感謝申し上げる。

本書上梓に至るまでの私の研究の歩みを記しとどめておきたい。

一九九〇年四月、私は山口大學人文學部人文學科に入學し、教養部での一年間を經たあと、二年生から中國哲學研究室に所屬した。當時の中國哲學研究室の専任教員は、澤谷《さわや》昭次《はるつぐ》先生と髙木《たかぎ》智見《さとみ》先生であった。殘念なことに、澤谷先生は、私が在学中の一九九三年三月に亡くなられたが、私が澤谷先生の教え子であるということで、のちに、大學院生時代に東京大學東洋文化研究所圖書室で漢籍整理のアルバイトに従事した際、かつて東大東文研にお勤めだった澤谷先生と舊知の司書のかたがたや岡本さえ先生には、本當にとてもよくしていただいた（このことについては、岡本さえ「故澤谷昭次さんを偲んで」〔東京大學東洋文化研究所附屬東洋學研究情報センター報『明日の東洋學』第二九號、二〇一三年三月〕を參照）。この一時期の東大東文研での漢籍整理の經驗は、私にとって、他事を以てかえ難い非常に貴重な財産となっている。さて、學部生時代に話をもどすと、四年生の最後の一年間は、高木先生の御指導のもとで、「王充の聖人觀」という卒業論文を書きあげた。王充との出會いは、私が中國思想の通史を把握するために日原利国編『中國思想史』（上下二册、ぺりかん社、一九八七年三月・同年七月）を讀んでいた時、その書の中で強烈に魅かれたのが、戸川芳郎先生の「王充――孤高の實證的批判家――」という一篇であったことによる。研究室の机にたまたま置かれてあった東京・本郷にある琳琅閣書店の販賣書籍目録から黄暉『論衡校釋（附劉盼遂集解）』（全四册、中華書局、一九九〇年二月）を注文して購入し、これを底本にして、二年生の終盤から四年生にかけての二年餘、研究室で夜十時に警備員に追い出されるまで、あるいは、夜中の靜けさ漂う下宿先で、漢和辭典を片手に毎夜讀み耽ったことが、今ではとても懐かしい。髙木先生からは、一次資料を讀む際、虚心坦懐に當時の史的文脈に分け入って考察することの重要性について何度も教えていただいたが、私が最初に王充に呑めり込んでしまったために、虚心坦懐に考察する姿勢以前に、まず疑ってモノを視るという姿勢が、私の中でいつの間にか培われてしまい、それが今日まで及んでしまっているような氣がしてならない。

一九九四年四月、私は東京大學大學院に進むことができた。實は、東京大學中國哲學研究室の様子は、一九九二年秋に集中講義で山口大學に來られた佐藤慎一先生からうかがって聞き知っていたのであるが、實際に大學院に入學して非常に驚いたのは、そこで用意されていた講義・演習がとても豐富であり教授陣の顔ぶれも多彩であったことである。これは、私にとって、とてつもないカルチャー・ショックであった。例えば、私が修士一年生の時（一九九四年度）に出席した講義・演習は、馬王堆漢墓帛書『經法』を讀解する池田知久先生の演習、ベンジャミン・シュウォルツ（一九一六～一九九九）の英文の著書を讀んで議論する佐藤愼一先生の演習、『禮記』樂記篇を讀解する川原秀城《かわはらひでき》先生の文獻講讀（以上は研究室專任教員による演習）、『周易參同契』を讀解する蜂屋邦夫先生（東文研）の演習、清初の文人の著作を讀解する岡本さえ先生（東文研）の演習、王夫之『張子正蒙注』を讀解する小川晴久先生（駒場）の演習、「春秋學」學に關する岩本憲司先生（非常勤）の講義、宋代思想の特に『大學』『中庸』に關する大島晃先生（非常勤）の講義、明清思想史に關する馬渕昌也先生（非常勤）の講義、『水經注』に關する尾形勇先生（東大東洋史）の演習、等であった。私は、修士課程でも引き續き王充の思想を研究對象にしたので、それに關連する演習にだけ出席して自らの研究に專念すればよかったのかもしれない。それでも、せっかく入學することができた東大大學院で何でも吸收してやろう、との思いのほうがまさり、多くの演習・講義に出席したのである。その結果、發表の準備ばかりに追われ、かなりシンドイ思いもした（一度だけ高木先生に電話をかけて「もう音をあげているのか」と呆れられたことがあった）が、しかし、この、古代から近代にわたって勉強した經驗が、今思えば、拙著『入門　中國思想史』（勁草書房、二〇一二年四月）につながる素地になったのかもしれない。

大學院生時代に出席した演習の中で、今でもなお強烈な印象とともに腦裡に燒きつけられている二人の先生の演習について記しておきたい。

一つ目は、池田先生の演習である。池田先生の演習に出席していたことが、一九九五年四月に發足した中國出土資料研究會（現在の中國出土資料學會）のたちあげ時に關わることにつながり、いわゆる哲史文の垣根を超えて研究者たちが集い、かなりの熱氣を帶びて出土資料研究が盛んに進められていく樣子を目の當たりにすることができたのは幸運であった（この詳しい經緯は、拙稿「中國出土資料研究會の三年閒」〔『中國出土資料研究』第二號、中國出土資料研究會、一九九八年三月〕を參照）。研究室に置かれたこの研究會の事務局の仕事に加え、當時、池田先生の演習での發表原稿をブラッシュ－アップして譯注册子を作成する作業に、池田先生の門下生たち（近藤浩之氏・芳賀良信氏・李承律氏・曹峰氏ら）とともに從事した。結局、池田先生の演習には、中國留學までの四年半出席した。こうした經緯からであろうか、私は、池田先生の門下生である、と閒違われることが今でもとても多いのであるが、それは〝美しき誤解〟である！

二つ目は、蜂屋先生の演習である。蜂屋先生の演習には通算三年閒出席したが、その緻密な讀みと的確な解釋にいつも感嘆し、どうすればこういう解釋ができるのだろうか、と自宅に歸ってノートを眺めて獨り煩悶したこと數知れず、とても勉強になった（だから通算三年閒出席したのである）。本書附編の第一章・第三章は、蜂屋先生の一九九六年度・一九九七年度の演習で讀解した阮籍の『通易論』『達莊論』に關する當時のノートが基礎となっている。蜂屋先生の演習に出席していなければ、後漢經學から阮籍の學へのつながり（特に「通」に着目すること）が全く見えてこなかったであろう。

東京大學での演習に多かった、原文を中國語として音讀したあと現代日本語譯を述べるという作業が、本書の本文における引用のしかたに反映されている。（一部の引用を除き）私が中國語文獻の原文を本文に示さず、現代日本語譯の提示にこだわったのは、それが日本語で讀み書きする讀者に對し、「わかる」ということを示す手段である、と考えるからである（逆に、私の現代日本語譯があやしければ「わかっていない」ことを露呈することになってしまうのであるが…)。

修士課程・博士課程の計九年間(一九九四年四月～二〇〇三年三月、中國留學にともなう二年間の休學期間を含む)、一貫して川原先生が指導教員として面倒をみてくださった。川原先生からいただいた言葉の數數は、修士課程に入學して川原研究室を初めて訪問した際の、「あなたは、修士論文を書き上げた時點で、世界のレヴェルが見えていなければ、そこで終わりです。」という(當時の私にとって)かなり衝撃的な言葉を皮切りに、今でもある種の緊張感をともなって私の腦裡にしっかりと刻み込まれている。その數數の言葉の中で特に印象的だったのは、中國留學を目前にした頃に、川原先生からいただいた一言であった。それは、今日の私の研究につながる一言であった。私は、留學期間中は當時まだ目立った研究の無かった『白虎通義』を讀解することに專念したいと思い、その旨を川原先生に申し上げた。すると、川原先生はそれには賛成されず、「『後漢書』を讀んで歸って來なさい。」と靜かにおっしゃった。この御指導の言葉を頂戴しなければ、本書に收録した論文は生み出されなかった。律暦志・天文志など讀めない(よく理解できない)部分も少なくなかったが、ともかく留學の二年間で『後漢書』を通讀した。このことにより、本編の第一章・第二章・第三章のもとになった論文を書きあげることができたのである。特に、第三章のもとになった論文では、白虎觀會議やその議論の記録『白虎通義』が、後漢時代の知識人たちにとって、さほど大きな意味を持たなかったことを『後漢書』の分析からつきとめることができ、これが結局、後に提出する博士學位請求論文の核となった。私の後漢經學研究は、まさにこの時からスタートしたのであり、そのきっかけとなったのが、川原先生の御指導の言葉であった。

一九九八年九月から二年間、私は東大大學院を休學し、中國政府奬學金留學生として北京師範大學哲學系に學んだ。指導教員は、中國における王充研究の第一人者、周桂鈿《ジョウグイディエン》先生であった。あとで知ったことであるが、實は、周先生にとって、私は周先生を指導教員として學んだ最初の留學生である。常に穩やかで、誰に對してもやさしく氣を配られる周先生からは、人として、學ぶべき點が少なくない。周先生と出會って今日まで御指導を仰いで十數年が經つけれども、私は、周先生が怒ったり不滿を述べていらっしゃる御姿を一度も見かけたことがない。大學教員としての私の目標は、周先生のようなきわめて寛容で温和な人柄の教員になることであるが、その境地には未だ到っていない。私が東京學藝大學に就職したばかりの頃、初めて受け持つ講義への不安を少しでも解消してくださるかのように、勵ましのメッセージとともに、講義の參照用として御自身のたくさんの論文を添附ファイルで送ってきてくださった時の、思わず涙が出たあの感激は、今も忘れられない。

中國留學を終えて歸國した直後の二〇〇〇年一〇月、私は、他大學の院生たちと後漢經學研究會をたちあげた。身近にいる同じ研究室の院生ばかりで構成するのでなく、他大學の院生たちと研究會を發足させたのは、他流試合の狀態を常につくっておきたいとの考えからであったが、私個人にとっては、冒頭に引用した恩師からの御手紙に教えられた「權威に依據することを拒否すること」を實踐してみる重要な機會でもあった。すなわち、學會や大學という大きな組織に依る（寄る）のではなく、何の後ろ盾もない院生だけで構成される小さな研究會が何をどこまでやれるか、挑戰したかったのである。その結果、年一回の研究報告會の開催、專門に近い先生をお招きしてのレクチャー、機關誌『後漢經學研究會論集』の刊行、この三點を實現することができた。こうした活動は二〇〇八年まで順調に續けることができたが、その後、諸事情により、現在では不定期ながら機關誌の刊行を續けるのみの活動となっている。（加えて、私自身の中では、就職によって大學という權威に依（寄）ってしまっているため、「權威に依據することを拒否すること」という研究會發足當初の大義名分は、完全に崩れ落ちてしまっている。それでも、發足當初の懷いを胸に、機關誌の刊行は今後も繼續する所存である。）本編の第一章・第二章・第五章のもとになった論文は、いずれもこの研究會の機關誌で發表したものであり、この研究會における研究活動は、私のこれまでの研究の歩みの中で、きわめて大きな位置を占めている。また、同時期に參加した『白虎通』譯注會での發表・議論の機會も非常に有益であった。最初の爵篇は參加者全員で全て讀み切ったが、その譯注作業を通じて得られたことを文章化したものが、本編第四章のもとになった論文である。

二〇〇四年四月、私は、東京學藝大學に專任教員として就職することができた。私の研究室のある研究棟の同じフロアにいらっしゃる哲學・倫理學分野の五人の同僚の先生方は、みな專門が異なるけれども、研究第一の雰圍氣を常に作ってくださっている。そのおかげで、着任して約二年が經った二〇〇六年三月、私は東京大學に博士學位請求論文を提出することができた。私の博士論文の審査には、川原秀城先生（主査、東京大學）・小島毅先生（東京大學）・横手裕先生（東京大學）・李承律先生（東京大學）・林克先生（大東文化大學）の五人の先生方があたってくださった（所屬先は當時のもの）。口頭試問の際に出された幾つかの宿題に本書がどれだけ答えられているか、甚だ心許ない。しかし、哲學・倫理學分野の研究第一という環境の中で、私は博士論文提出後の諸課題を今日まで時間をかけて考えることができた。そのなかでも、二〇〇九年度〜二〇一二年度の四年間にわたって文部科學省科學研究費による研究課題「後漢經學の基礎的研究」に取り組めたことが大きい。本編の第四章・第五章・第六章・第七章のもとになった論文は、この科研の研究成果である。

このほか、お一人お一人の御名前を擧げる餘裕はないが、お世話になったかたがたは數え切れない。總じて言えば、これまでに出會った先生方・同僚・研究者仲間のほか、講義を通じて教えられることの多い受講生たちに、私は本當に恵まれている、と思っている。今日までの私の研究活動に關わってくださったすべてのかたがたに、本書上梓のこの機會に、厚く御禮を申し上げる。

そして、私事ながら、妻と子が、私の研究活動のみならず日常の諸活動における精神的な支えとなっていることを申し添えたい。

本書は、二〇一五年三月に東京大學を定年退職される川原秀城先生に捧げる一册である。私は、大學院生を終えて以降今日まで、所用で東京大學中國思想文化學研究室へ行けば、川原研究室にも必ず寄らせていただいていたが、今後はそれができないということ、そして、私のこれまでの後漢經學關係の論文をまとめて本書を出版することは、ある意味、私の研究者人生における「一つの節目」なのだろう、と感じている。東京學藝大學に就職し、博士の學位を取得して、私は一研究者として獨り立ちした氣になっていたが、實はそうではなかった、ということに今あらためて氣附かされる。川原先生が東京大學のあの研究室にいらっしゃるからこそ、これまで私自身(だけでなく門下生たちはみな)、どこか安心して研究を進めることができたのではあるまいか。私が初めて川原先生にお目にかかった時(それは一九九四年二月の東大大學院修士課程受験の口頭試問の時)、川原先生は四十三歳であられた。私は、この「あとがき」を書いている今、四十三歳である。初めてお目にかかった時の川原先生の年齢に、その御退職の年度に私が到達してしまった。偶然とか時が流れたため、というよりは、これもまさに「一つの節目」を意味しているのではないか、との感慨が自然と湧き起こってくる。私にとっては、これから先の研究者人生が、眞の意味での獨り立ちに違いない。そのことを肝に銘じて、今後を過ごす所存である。

最後になったが、勉誠出版編集部の吉田祐輔氏には、本書の脱稿まで、かなり長い間、待っていただいた。「待つ」ということには、莫大なエネルギーが費やされる。そのことを深くお詫びし、そして吉田さんのお力添えのおかげで、本書を世に問うことができたことに、心から御禮と感謝を申し上げ、筆を擱く。

二〇一四年九月二九日　東京學藝大學の研究室にて

井ノ口　哲也

初出一覧

序章　後漢經學研究の視點

①「後漢研究へのまなざし」、『歴史學研究』第七〇七號、青木書店、一九九八年二月。

②「「經」とその解説――戰國秦漢期における形成過程――」、『中國出土資料研究』第二號、中國出土資料研究會、一九九八年三月。

③「完成使命的《儒教國教化》學説――圍繞日本學者的論議――」、國際儒學聯合會編・滕文生主編『儒學的當代使命：紀念孔子誕辰2560周年國際學術研討會論文集』卷三、九州出版社、二〇一〇年四月。

本編　後漢經學の研究

第一章　五經と讖緯

①「後漢時代における五經と讖緯」、『後漢経學研究會論集』創刊號、後漢經學研究會、二〇〇二年三月。

②「五經與讖緯」、『重慶信息技術職業學院學報』二〇〇九年第三期、重慶信息技術職業學院、二〇〇九年九月。

第二章　經學の繼受

①「後漢時代における五經の繼受――范曄『後漢書』に基づいて――」、『中國哲學研究』第一四號、東京大學中國哲學研究會、二〇〇〇年七月。

②「王充と經學」、『後漢經學研究會論集』第二號、後漢經學研究會、二〇〇五年三月。

③「「通」攷」、『中國學の十字路――加地伸行博士古稀記念論集――』、研文出版、二〇〇六年四月。

第三章　經義・經文の正定

①「後漢時代における五經の正定」、『中國文化論叢』第九號、帝塚山學院大學中國文化研究會、二〇〇〇年七月。

②「試論白虎觀會議的意義」、蔡方鹿主編『經學與中國哲學』、華東師範大學出版社、二〇〇九年六月。

第四章　「高宗諒陰三年不言」攷

①「〝高宗諒闇三年不言〟小考」、『國際儒學研究』第一六輯、九州出版社、二〇〇八年六月。

②「「高宗諒闇三年不言」について」、『中國文史論叢』第八號、中國文史研究會、二〇一二年三月。

第五章　『孟子』とその注釋

「後漢時代における『孟子』とその注釋」、『後漢經學研究會論集』第三號、後漢經學研究會、二〇一一年六月。

第六章　『易』と『周禮』

①「『易』の擡頭から『周禮』の擡頭へ（覺書）」、『紀要　哲學』第五四號、中央大學文學部、二〇一二年三月。

②「經學の『易』から玄學の『易』へ」、『林田愼之助博士傘壽記念三國志論集』、三國志學會、二〇一二年一〇月。

第七章　顏回像の變遷

①「顏回素描――『論語』と『史記』から――」、『成城大學 共通教育論集』第三號、成城大學共通教育研究センター、二〇一一年三月。

②「戰國秦漢時代における顏回像の變遷」、『東京學藝大學紀要　人文社會科學系Ⅱ』第六五集、東京學藝大學、二〇一四年一月。

附編　阮籍の三玄の學

第一章　『通易論』初探

「阮籍『通易論』初探」、『六朝學術學會報』第七集、六朝學術學會、二〇〇六年三月。

第二章『通老論』の検討・第三章『達莊論』譯注
「阮籍『通老論』『達莊論』初探――「通」「達」の理解のための基礎的考察――」、『中國文史論叢』第三號、中國文史研究會、二〇〇七年三月。

以上

參考文獻

本文や注で引いている論文が同一著者の一書の中に含まれているばあい、ここでは、煩瑣を避けるため、基本的に書名のみを掲げた。

一、中國語文獻（編著者名のピンイン順）

安居香山・中村璋八輯『緯書集成』（全三册、河北人民出版社、一九九四年一二月）
陳伯君校注『阮籍集校注』（中華書局、一九八七年一〇月）
戴蕃豫『稿本後漢書疏記』（書目文獻出版社、一九九五年一二月）
戴明揚校注『嵇康集校注』（人民文學出版社、一九六二年七月）
鄧安生「論〝六藝〟與〝六經〟」（『南開學報』二〇〇〇年第二期、二〇〇〇年三月）
杜敏『趙岐 朱熹《孟子》注釋傳意研究』（中國社會科學出版社、二〇〇四年一二月）
渡邉義浩著、松金佑子譯「日本有關「儒教國教化」的研究回顧」（『新史學』第一四卷第二期、三民書局、二〇〇三年六月）
方燕「東漢游學活動初探」（『四川師範大學學報（社會科學版）』第二七卷第二期、二〇〇〇年三月）
復旦吉大古文字專業研究生聯合讀書會「《上博八・顏淵問於孔子》校讀」（復旦大學出土文獻與古文字研究中心網站、二〇一一年七月一七日）
高晨陽『阮籍評傳』（南京大學出版社、一九九四年五月）
貢貴訓・范春媛「《孟子》正本與趙岐訓詁術語之比較」（『遵義師範學院學報』第五卷第一期、二〇〇三年五月）
工藤卓司「近一百年日本《周禮》研究概況――1900-2010年之回顧與展望」（『經學研究論叢』第二〇輯、臺灣學生書局、

二〇一二年一二月）
顧頡剛『秦漢的方士與儒生』（旧題は『漢代學術史略』、一九三五年出版、一九五五年に改題）
郭沫若『青銅時代』（人民出版社、一九五四年）
郭沫若『十批判書』（科學出版社、一九五六年一〇月新一版）
韓復智・洪進業註『後漢書紀傳今註』（全一〇册、五南圖書出版、二〇〇三年一〇月）
韓格平『竹林七賢詩文全集譯注』（吉林文史出版社、一九九七年一月）
韓格平主編『魏晉全書2』（吉林文史出版社、二〇〇六年一月）
河北省文物研究所・定州漢墓竹簡整理小組『定州漢墓竹簡　論語』（文物出版社、一九九七年七月）
河北省文物研究所・定州漢墓竹簡整理小組釋文（劉來成執筆）、北京大學儒藏編纂中心校勘（聞賢執筆）「定州漢墓竹簡《論語》」（『儒藏　精華編二八一册　出土文獻類』、北京大學出版社、二〇〇七年四月）
黄暉『論衡校釋（附劉盼遂集解）』（全四册、中華書局、一九九〇年二月）
黄開国「漢代經學的師法與家法」（林慶彰主編『經學研究論叢』第二輯、聖環圖書、一九九四年一〇月）
黄善夫刊『後漢書』一二〇卷六〇册影印本（『後漢書㈠』『後漢書㈡』『後漢書㈢』、古典研究會叢書漢籍之部第二九卷・第三〇卷・第三一卷、汲古書院、一九九九年七月・一九九九年九月・二〇〇〇年二月）
雷國珍・汪太理・劉強倫譯『後漢書全譯』（全五册、貴州人民出版社、一九九五年五月）
李昉等『太平御覽』（全四册、中華書局、一九六〇年二月）
李峻岫『漢唐孟子學述論』（齊魯書社、二〇一〇年三月）
李民「高宗〝亮陰〟與武丁之治」（『歷史研究』一九八七年第二期、一九八七年四月）
李志鈞・李昌華・紫玉英・彭大華校點『阮籍集』（上海古籍出版社、一九七八年五月）
林啓屏「論漢代經學的「正典化」及其意義——以「石渠議奏」爲討論中心——」（國立政治大學中國文學系主編『第四屆漢代文學與思想學術研討會論文集』、新文豐出版、二〇〇二年五月）
劉汝霖『漢晉學術編年』（商務印書館、一九三二年／全三册、中華書局、一九八七年一二月）
呂佛庭「蔡邕與漢熹平石經」（『國立歷史博物館館刊』第一二期、國立歷史博物館、一九八一年一二月）
羅歡「從趙岐注《孟子》思想動因看《孟子章句》訓釋特點」（『探求』二〇〇六年第六期、二〇〇六年）

馬承源主編『上海博物館藏戰國楚竹書（八）』（上海古籍出版社、二〇一一年五月）
馬衡「漢石經概述」（北京大學中國傳統文化研究中心編『北京大學百年國學文粹　考古卷』、北京大學出版社、一九九八年四月）
馬衡『凡將齋金石叢稿』（中華書局、一九七七年一〇月）
寧登國・趙立偉「趙岐《孟子章句》之訓詁特徵」（『聊城師範學院學報（哲學社會科學版）』二〇〇一年第六期、二〇〇一年）
歐陽詢等『藝文類聚』（全二冊、上海古籍出版社、一九九九年五月新二版）
彭林『《周禮》主體思想與成書年代研究（增訂版）』（中國人民大學出版社、二〇〇九年一一月）
皮錫瑞「漢碑引緯攷」（皮錫瑞『師伏堂叢書』所收）
皮錫瑞『經學歷史』（周予同注釋本、中華書局、一九五九年一二月）
阮元訂『詁經精舍文集』（全三冊、王雲五主編『叢書集成簡編』所收、臺灣商務印書館、一九六六年六月／全八冊、嚴一萍選輯『百部叢書集成』所收、藝文印書館）
　洪震煊「兩漢經師家法考」
　胡縉「兩漢經師家法考」
　邵保初「兩漢經師家法考」
　趙春沂「兩漢經師家法考」
施之勉『後漢書集解補』（全四冊、中國文化大學出版部、第一冊は一九八二年五月刊、第二～四冊は一九八四年一〇月刊）
宋文民『後漢書考釋』（上海古籍出版社、一九九五年九月）
王葆玹『今古文經學新論』（舊版、中國社會科學出版社、一九九七年一一月／增訂版、中國社會科學出版社、二〇〇四年一二月）
王令樾「「緯以配經説」詮釋」（國立臺灣師範大學國文學系編輯・發行『第二屆儒道國際學術研討會――兩漢　論文集』、二〇〇五年八月）
王仁祥『先秦兩漢的隱逸』（國立臺灣大學文學院、一九九五年五月）

汪文學『漢晉文化思潮變遷研究』（貴州人民出版社、二〇〇三年一二月）
王先謙『後漢書集解』（藝文印書館）
呉樹平「東觀漢記校注」（上下二册、中州古籍出版社、一九八七年三月）
呉樹平『秦漢文獻研究』（齊魯書社、一九八八年一〇月）
熊鉄基・劉固盛・劉韶軍『中國莊學史』（湖南人民出版社、二〇〇三年一〇月）
楊華『新出簡帛與禮制研究』、臺灣古籍出版、二〇〇七年四月）
楊九詮「東漢熹平石經平議」（『文史哲』二〇〇〇年第一期、二〇〇〇年一月）
楊天宇『鄭玄三禮注研究』（天津人民出版社、二〇〇七年四月）
葉國良「師法家法與守學改學——漢代經學史的一個側面考察」（姜廣輝主編『經學今詮四編《中國哲學》第二五輯』、遼寧教育出版社、二〇〇四年八月）
余敦康「從《莊子》到郭象《莊子注》」（陳明主編『原道』第三輯、中國廣播電視出版社、一九九六年一月）
虞世南『北堂書鈔』（全二册、據首都圖書館藏光緒十四年南海孔氏三十有三萬卷堂影宋刊本印製、學苑出版社、二〇〇三年八月刊）
于迎春「東漢後期不仕之士生命安頓方式」（陳鼓應主編『道家文化研究』第一五輯、一九九九年三月）
兪志慧「《孟子》旧注商兌九則」（『儒林』第三輯、山東大學出版社、二〇〇六年一二月）
張廣保「緯書與漢代政治」（陳明・朱漢民主編『原道』第五輯、貴州人民出版社、一九九九年四月）
張廣保「緯書對經書的闡釋」（《中國哲學》編輯部・國際儒聯學術委員會合編『經學今詮初編《中國哲學》第二二輯』、遼寧教育出版社、二〇〇〇年六月）
張鶴泉「東漢時代的游學風氣及社會影響」（『求是學刊』一九九五年第二期、一九九五年三月）
章惠康・易孟醇主編『後漢書今注今譯』（全三册、嶽麓書社、一九九八年七月）
張量「《孟子章指》研究」（『北京大學中國古文獻研究中心集刊』第三輯、北京大學出版社、二〇〇二年一〇月）
張猛「東漢〝桓氏學〟對訓詁學之作用」（陳平原・王守常・汪暉主編『學人』第一輯、江蘇文藝出版社、一九九一年一一月）
張奇偉・井之口哲也「論日本學者關於趙岐的研究」（『國際儒學研究』第一一輯、國際文化出版公司、二〇〇一年

三月）
張舜徽主編『後漢書辭典』（山東教育出版社、一九九四年八月）
趙鐵寒「讀熹平石經殘碑記」（『大陸雜誌』一〇巻五號、大陸雜誌社、一九五五年三月）
中國社會科學院哲學研所中國哲学史研究室編『中國哲學史資料選輯　魏晉隋唐之部』上（中華書局、一九九〇年五月）
鍾肇鵬『讖緯論略』（遼寧教育出版社、一九九一年一一月）
周汝英「《七略》的經學思想」（『社會科學戰綫』一九九八年第二期、一九九八年三月）
朱松美「趙岐《孟子章句》的詮釋學意義」（『山東大學學報』二〇〇五年第三期、二〇〇五年）

二、日本語文獻（編著者名の五十音順）

相田滿「『東觀漢記』再考――佚書を指標とする成立時期判定の可能性について――」（『東洋文化』復刊第九二號、無窮會、二〇〇四年四月）
浅野裕一『孔子神話――宗教としての儒教の形成』（岩波書店、一九九七年二月）
安部聡一郎「後漢時代關係資料の再檢討――先行研究の檢討を中心に――」（『史料批判研究』第四號、史料批判研究會、二〇〇〇年六月）
安部聡一郎「袁宏『後漢紀』・范曄『後漢書』史料の成立過程について――劉平・趙孝の記事を中心に――」（『史料批判研究』第五號、史料批判研究會、二〇〇〇年一二月）
飯島良子「後漢の章帝の學者集團による「校書」――史觀の構築に關して――」（『後漢經學研究會論集』第三號、後漢經學研究會、二〇一一年六月）
飯島良子「後漢の鄧太后の學者集団による「校書」――『詩』生民と閟宮の「毛傳」にみる漢制――」（國際基督教大學學報3―A『アジア文化研究』三八、國際基督教大學アジア文化研究所、二〇一二年三月）
伊香賀隆「陸象山の顔子論」（『東洋大學大學院紀要 文學研究科』第四六集、東洋大學大學院、二〇一〇年三月）
池田秀三「周禮疏序譯注」（『東方學報 京都』第五三册、京都大學人文科學研究所、一九八一年三月）

池田秀三「中國思想史における『周禮』」(『宇野精一著作集　第二巻　月報』、明治書院、一九八六年八月)
池田秀三「盧植とその『禮記解詁』(上)」(『京都大學文學部研究紀要』第二九、京都大學文學部、一九九〇年三月)
池田秀三「讀易緯通卦驗鄭注札記――周禮との關連を中心に――」(中村璋八編『緯學研究論叢――安居香山博士追悼――』、平河出版社、一九九三年二月)
池田秀三『風俗通義』研究緒論(上)」(『中國古典研究』第三八號、中國古典研究會、一九九三年一二月)
池田秀三「『白虎通義』と後漢の學術」(小南一郎編『中國古代禮制研究』、京都大學人文科學研究所、一九九五年三月)
池田秀三「漢代思想史概説」(橋本高勝編『中國思想の流れ(上)　兩漢・六朝』、晃洋書房、一九九六年五月)
池田秀三「「序在書後」説の再検討」(『東方學報　京都』第七三冊、京都大學人文科學研究所、二〇〇一年三月)
池田秀三「高誘覺書」(『東方學』第一一〇輯、東方學會、二〇〇五年七月)
池田秀三「鄭學の特質」(渡邉義浩編『兩漢における易と三禮』、汲古書院、二〇〇六年九月)
池田知久『莊子上』(學習研究社、一九八三年八月)
池田知久『馬王堆漢墓帛書周易』要篇の研究」(『東洋文化研究所紀要』第一二三冊、東京大學東洋文化研究所、一九九四年二月)
池田知久譯注『莊子(上)』(講談社、二〇一四年五月)
池田知久「經學とは何か」(中國出土資料學會編『地下からの贈り物　新出土資料が語るいにしえの中國』、東方書店、二〇一四年六月)
井澤耕一・橋本昭典「皮錫瑞『經學歴史』譯注」(『千里山文學論集』第四八號、關西大學大學院文學研究科院生協議會、一九九二年九月)
井澤耕一・橋本昭典・佐藤実「皮錫瑞『經學歴史』譯注(四)」(『千里山文學論集』第五二號、關西大學大學院文學研究科院生協議會、一九九四年九月)
板野長八『儒教成立史の研究』、岩波書店、一九九五年七月)
市村瓚次郎『支那史研究』、春秋社、一九三九年九月)

井上了「『周禮』の構成とその外族觀」（『中國研究集刊』律號、大阪大學中國学會、二〇〇二年六月）
今田裕志「上博楚簡『顏淵問於孔子』譯註」（『中國出土資料研究』第一八號、中國出土資料學會、二〇一四年三月）
岩本憲司・小島毅・濱口富士雄「經學」（溝口雄三・丸山松幸・池田知久編『中國思想文化事典』、東京大學出版會、二〇〇一年七月）
岩本憲司『春秋學用語集』（汲古書院、二〇一一年一二月）
内野熊一郎「周秦時代に於ける師法に就て」（『斯文』第一八編第二號、斯文會、一九三六年二月）
内山俊彦「阮籍思想窺斑――「通易論」「樂論」を中心として――」（『日本中國學會創立五十年記念論文集』、汲古書院、一九九八年一〇月）
浦山きか「經書の中の數と身體」（『鍼灸OSAKA　別冊ムック　總特集　東洋の身體知～［からだ］を通して見るアジア～』第一卷第一號、森ノ宮醫療學園出版部、二〇〇四年六月）
江川式部「漢熹平石經研究の現狀と課題――附　日本所藏熹平石經刻石・拓本調査――」（『明人アジア史論集』第七號、明治大學東洋史談話會、二〇〇二年二月）
大上正美『阮籍・嵇康の文學』（創文社、二〇〇〇年二月）
大庭脩『木簡』（學生社、一九七九年三月）
W・J・オング著、桜井直文・林正寛・糟谷啓介譯『聲の文化と文字の文化』（藤原書店、一九九一年一〇月）
加賀榮治『中國古典解釋史　魏晉篇』（勁草書房、一九六四年三月）
神楽岡昌俊『中國における隱逸思想の研究』（ぺりかん社、一九九三年二月）
影山輝國「『白虎通』撰者書名攷（上）」（『實踐國文學』第三七號、實踐國文學會、一九九〇年三月）
影山輝國「『白虎通』撰者書名攷（中）」（『實踐國文學』第三九號、實踐國文學會、一九九一年三月）
嘉瀨達男「『法言』の表現――經書の援用と模倣――」（『學林』第三六・三七號、中國藝文研究會、二〇〇三年三月）
金谷治『秦漢思想史研究』（日本學術振興會、一九六〇年三月）
金谷治『唐抄本　鄭氏注論語集成』（平凡社、一九七八年五月）

金谷治『金谷治中國思想論集　上卷　中國古代の自然觀と人間觀』（平河出版社、一九九七年五月）
狩野直喜『兩漢學術考』（もと一九二五年度・一九二六年度の京都大學文學部での講義原稿／筑摩書房、一九六四年一一月）
狩野直禎『後漢政治史の研究』（同朋舍出版、一九九三年二月）
鎌田重雄『秦漢政治制度の研究』（日本學術振興會、一九六二年一二月）
川原秀城『中國の科學思想――兩漢天學考』（創文社、一九九六年一月）
漢魏文化研究會編『漢魏文化』（漢魏文化研究會、一九六〇年六月創刊號～一九七一年一〇月第八號）
木島史雄「中世通儒考」（麥谷邦夫編『中國中世社會と宗教』、道氣社、二〇〇二年四月）
衣笠勝美「孔子・顏回と莊子――その思想に於ける共通性と影響について――」（『沼尻博士退休記念中國學論集』、沼尻正隆先生古稀紀念事業會、一九九〇年一一月）
木村英一『中國哲學の探究』（創文社、一九八一年二月）
金文京『中國の歷史04　三國志の世界　後漢 三國時代』（講談社、二〇〇五年一月）
串田久治「孔融と禰衡」（『愛媛大學法文學部論集　文學科編』第一七號、愛媛大學法文學部、一九八四年一一月）
串田久治『中國古代の「謠」と「豫言」』（創文社、一九九九年一二月）
串田久治「豫言に託す變革の精神――古代中國の豫言と童謠――」（『豫言の力』アジア遊學29號、勉誠出版、二〇〇一年七月）
栗原朋信『秦漢史の研究』（吉川弘文館、一九六〇年五月）
顧頡剛著、小倉芳彥・川上哲正・小松原伴子・原宗子・星野謙一郎 共譯『中國古代の學術と政治』（大修館書店、一九七八年一二月）
古勝隆一『中國中古の學術』（研文出版、二〇〇六年一一月）
後漢經學研究會編『後漢經學研究會論集』（後漢經學研究會、二〇〇二年三月創刊號～　現在まで第三號を刊行）
小嶋茂稔「范曄『後漢書』の史料的特質に關する考察――從來の諸説の檢討を中心に――」（『史料批判研究』創刊號、史料批判研究會、一九九八年一二月）
小嶋茂稔『漢代國家統治の構造と展開――後漢國家論研究序説――』（汲古書院、二〇〇九年二月）

小島毅「儒教經學と王權」（小島毅編『東アジア社會と王權』アジア遊學151號、勉誠出版、二〇一二年三月）
兒玉憲明「經學における「樂」の位置」（『人文科學研究』第一〇六輯、新潟大學人文學部、二〇〇一年八月）
小林俊雄「文選李善注引劉熙本孟子攷」（『支那學研究』第七號、廣島支那學會、一九五一年三月）
小林俊雄『趙岐本孟子の傳承に關する研究　唐土篇』（東洋大學博士論文、一九六一年一二月七日學位授與）
小林春樹「後漢時代の東觀について――『後漢書』研究序説――」（『史觀』第一一一冊、早稲田大學史學會、一九八四年九月）
齋木哲郎「漢代における知識の性格と知識人」（渭陽會編『東洋の知識人――士大夫・文人・漢學者――』、朋友書店、一九九五年三月）
齋木哲郎『秦漢儒教の研究』（汲古書院、二〇〇四年一月）
斎藤実郎「東觀漢記・七家後漢書・後漢書の資料問題」（早稲田大學文學部東洋史研究室編『中國正史の基礎的研究』、早稲田大學出版部、一九八四年三月）
佐川修『春秋學論考』（東方書店、一九八三年一〇月）
佐原康夫「周禮と洛陽」（奈良女子大學21世紀COEプログラム　古代日本形成の特質解明の研究教育據點編集・發行『奈良女子大學21世紀COEプログラム報告集vol.14、古代都市とその形制』、二〇〇七年八月）
重澤俊郎『周漢思想研究』（弘文堂書房、一九四三年八月）
重澤俊郎『原始儒家思想と經學』（岩波書店、一九四九年九月）
重澤俊郎「周禮の思想史的考察」（『東洋の文化と社會』第四輯、京都大學文學部支那哲學史研究室、一九五五年六月）
柴田篤「「顏子沒而聖學亡」の意味するもの――宋明思想史における顏回――」（『日本中國學會報』第五一集、日本中國學會、一九九九年一〇月）
島田鈞一「漢代の學風」（『支那學研究』第三編、斯文會、一九三三年六月）
島田虔次・萩原淳平・本田實信・岩見宏・谷川道雄編『アジア歴史研究入門　第3卷　中國Ⅲ』（同朋舍出版、一九八三年一一月）
日原利国「Ⅳ　思想史（Ⅰ）――春秋戰國と秦漢――」

吉川忠夫「V　思想史（II）——魏晉~隋唐——」
清水茂「紙の發明と後漢の學風」（『東方學』第七九輯、東方學會、一九九〇年一月／清水茂『中國目録學』、筑摩書房、一九九一年九月／「紙的發明與後漢的學風」、蔡毅譯『清水茂漢學論集』、中華書局、二〇〇三年一〇月）
下見隆雄「專制社會と隱逸——儒教經典でのあつかいを通して——」（『福岡女子短大紀要』第四號、福岡女子短期大學、一九七一年八月）
下見隆雄「隱逸者と權力者——『後漢書』の隱逸の場合——」（『福岡女子短大紀要』第一二號、福岡女子短期大學、一九七六年一二月）
下見隆雄「後漢末期の隱逸」（『哲學』第三一集、廣島哲學會、一九七九年一〇月）
白川静『孔子傳』（中央公論社、一九七二年一一月／中公文庫、一九九一年二月／『白川静著作集　六　神話と思想』、平凡社、一九九九年一一月）
城山陽宣「五經博士の設置に關する疑義の再檢討——『史記』『漢書』における「五經」を中心として——」（『關西大學中國文學會紀要』第二八號、關西大學中國文學會、二〇〇七年三月）
辛賢「後漢『易』學の終章——鄭玄易學を中心に——」（『東方學』第一〇七輯、東方學會、二〇〇四年一月）
菅谷軍次郎「六經及び五經についての一考察」（『宮城學院女子大學研究論文集』I、宮城學院女子大學、一九五一年一二月）
鈴木啓造「後漢における就官の拒絶と棄官について——「徴召・辟召」を中心として——」（中國古代史研究會編『中國古代史研究』第二、吉川弘文館、一九六五年五月）
関口順「經學的思惟構造の分析——春秋公羊學に即して——」（『東方學』第五一輯、東方學會、一九七六年一月）
関口順「「儒教國教化」論への異議」（『中國哲學』第二九號、北海道中國哲學會、二〇〇〇年一二月）
関口順『儒學のかたち』（東京大學出版會、二〇〇三年一〇月）
平秀道「後漢光武帝と圖讖」（『龍谷大學論集』第三七九號、龍谷學會、一九六五年一一月）
高田淳「范曄の後漢書列傳構成」（『大倉山學院紀要』第一輯、大倉山文化科學研究所、一九五四年一二月）
髙橋康浩「孔融の人物評價」（『六朝學術學會報』第一四集、六朝學術學會、二〇一三年三月）
武田時昌「損益の道、持滿の道——前漢における易の擡頭」（『中國思想史研究』第一九號、京都大學文學部中國

哲學史研究會、一九九六年一二月）
田中麻紗巳『兩漢思想の研究』（研文出版、一九八六年一〇月）
田中麻紗巳『後漢思想の探究』（研文出版、二〇〇三年七月）
陳偉著、近藤浩之・和田敬典譯「『顏淵問於孔子』內事、內教二章校讀」（陳偉氏の發表は、もと簡帛網、二〇一一年七月二二日／邦譯は、『中國哲學』第三九號、北海道中國哲學會、二〇一一年一一月）
塚田康信「熹平石經の研究」（『福岡教育大學紀要　第五分册　藝術・保健體育・家政・技術科編』第二六號、福岡教育大學、一九七六年）
土田健次郎『道學の形成』（創文社、二〇〇二年一二月）
都築晶子「「逸民的人士」小論」（『名古屋大學文學部三十周年記念論集』、名古屋大學文學部、一九七九年三月）
都築晶子「後漢後半期の處士に關する一考察」（『琉球大學法文學部紀要』史學・地理學篇第二六號、琉球大學法文學部、一九八三年三月）
都築晶子「處士と鄕里社會――後漢末～魏晉期における鄕里社會の統合について――」（『中國士大夫階級と地域社會との關係についての總合的研究』、研究代表者 谷川道雄氏、昭和五七年度科學研究費補助金總合研究（A）研究成果報告書、一九八三年三月）
鶴間和幸『秦漢帝國へのアプローチ』（山川出版社、一九九六年一一月）
照內崇仁「後漢時代の私塾に關する基礎的考察」附「後漢時代を中心とする學問授受に關する事例一覽」（『史料批判研究』第九號、史料批判研究會、二〇一〇年一二月）
杜石然・范楚玉・陳美東・金秋鵬・周世德・曹婉如編著、川原秀城・日原伝・長谷部英一・藤井隆・近藤浩之譯『中國科學技術史』上（東京大學出版會、一九九七年二月）
鄧紅「日本における儒教國教化論爭について――福井再檢討を中心に」（『北九州市立大學國際論集』第一二號、二〇一四年三月）
藤堂明保「鄭玄研究」（もと一九三七年一二月に東京帝國大學文學部に提出された卒業論文／蜂屋邦夫編『儀禮士昏疏』、汲古書院、一九八六年三月）
戸川芳郎『漢代の學術と文化』、研文出版、二〇〇二年一〇月）

戸川芳郎・蜂屋邦夫・溝口雄三『儒教史』（山川出版社、一九八七年七月）
富永一登『文選李善注の研究』（研文出版、一九九九年二月）
冨谷至「白虎觀會議前夜——後漢讖緯學の受容と展開——」（『史林』第六三卷第六號、史學研究會、一九八〇年一一月）
冨谷至『木簡・竹簡の語る中國古代　書記の文化史』（岩波書店、二〇〇三年七月）
冨谷至『文書行政の漢帝國』（名古屋大學出版會、二〇一〇年三月）
中島千秋「張衡の思想」（『愛媛大學紀要　第一部　人文科學』第一卷第一號、愛媛大學、一九五〇年）
中島千秋「阮籍の「論」と「賦」とについて」（『日本中國學會報』第九集、日本中國學會、一九五七年一〇月）
中嶋隆藏「書評　吉川忠夫著『六朝精神史研究』」（『集刊東洋學』第五四號、中國文史哲研究會、一九八五年一一月）
永田英正「一一　書契」（林巳奈夫編『漢代の文物』、京都大學人文科學研究所、一九七六年一二月）
永田英正『漢代石刻集成』（「圖版・釋文篇」と「本文篇」の二册、同朋舍出版、一九九四年二月）
南部英彦「『白虎通』の國家構想の特質と『孝經』」（『山口大學教育學部研究論叢』第五一卷第一部、二〇〇一年）
西順蔵「竹林の士とその「自然」について」（西順蔵『中國思想論集』、筑摩書房、一九六九年五月／『西順蔵著作集』第一卷、内山書店、一九九五年四月）
西嶋定生『中國の歴史　第2卷　秦漢帝國』（講談社、一九七四年七月／のち、西嶋定生『秦漢帝國　中國古代帝國の興亡』、講談社、一九九七年三月）
野沢達昌「後漢末　荊州學派の研究」（『立正大學文學部論叢』第四一號、立正大學文學部、一九七二年二月）
橋本昭典・佐藤実「皮錫瑞『經學歴史』譯注（五）」（『千里山文學論集』第五四號、關西大學大學院文學研究科院生協議會、一九九五年九月）
畠山薫「趙岐『孟子章句』の成立とその背景」（『集刊東洋學』第九二號、中國文史哲研究會、二〇〇四年一〇月）
東晋次『後漢時代の政治と社會』（名古屋大學出版會、一九九五年一一月）
日原利国「漢代思想はいかに研究されてきたか」（『中國思想史研究』第七號、京都大學文學部中國哲學史研究會、一九八五年三月）

日原利国『漢代思想の研究』(研文出版、一九八六年二月)
日原利国編『中國思想史』(上下二册、ぺりかん社、一九八七年三月・一九八七年七月)
馬場英雄「阮籍の所謂る「道家的」なものと「儒家的」なものとの交錯について」(『國學院雜誌』第九一巻第一一號、一九九〇年一一月)
馬場英雄「後漢書逸民傳について」(『國學院中國學會報』第三九輯、國學院大學中國學會、一九九三年一二月)
平井正士「董仲舒の賢良對策の年次に就いて」(『思潮』第一一年第二號、大塚史學會、一九四一年九月)
平井正士「賢良方正を擧げた動機について」(『思潮』第五一號、大塚史學會、一九五四年三月)
平井正士「漢の武帝時代に於ける儒家任用――儒學國敎化の前階として――」(東京敎育大學東洋史學研究室編『東洋史學論集』第三、不昧堂書店、一九五四年一一月)
平勢隆郎「『周禮』の構成と成書國」(『東洋文化』第八一號、東京大學東洋文化研究所、二〇〇一年三月)
平元道雄「北宋における顏子評價を巡って」(『九州大學中國哲學論集』第二八・二九合併號、九州大學中國哲學研究會、二〇〇三年一〇月)
福井重雅「石渠閣論議考」(『牧尾良海博士喜壽記念　儒・佛・道三敎思想論攷』、山喜房佛書林、一九九一年二月)
福井重雅『漢代儒敎の史的研究――儒敎の官學化をめぐる定説の再檢討――』(汲古書院、二〇〇五年三月)
富士正晴『中國の隱者――亂世と知識人――』(岩波書店、一九七三年一〇月)
藤原楚水『圖解書道史』第一卷(省心書房、一九七一年四月)
辺土名朝邦「石渠閣論議の思想史的位置づけ――穀梁學および禮議奏殘片を通じて――」(『哲學年報』第三六輯、九州大學文學部、一九七七年三月)
辺土名朝邦「『白虎通義』研究序説――新たな視座をもとめて――」(荒木敎授退休記念會編『荒木敎授退休記念中國哲學史研究論集』、葦書房、一九八一年一二月)
辺土名朝邦「後漢前期思想界の諸問題について」(『九州中國學會報』第二四卷、九州中國學會、一九八三年六月)
保科季子「前漢後半期における儒家禮制の受容――漢的傳統との對立と皇帝觀の變貌――」(『歴史と方法3　方法としての丸山眞男』、青木書店、一九九八年一一月)

保科季子「漢代における「道術」の展開――經學・讖緯・術數――」（『史林』第八三卷第五號、史學研究會、二〇〇〇年九月）
保科季子「圖讖・太學・經典――漢代「儒教國教化」論爭に對する新たな視座――」（『中國史學』第一六卷、中國史學會、二〇〇六年一〇月）
保科季子「近年の漢代「儒教の國教化」論爭について」（歴史科學協議會編『歴史評論』第六九九號、校倉書房、二〇〇八年七月）
堀池信夫『漢魏思想史研究』（明治書院、一九八八年一一月）
堀池信夫「鄭玄學の展開」（『三國志研究』第七號、三國志學會、二〇一二年九月）
本田濟『易學――成立と展開――』（平樂寺書店、一九六〇年一一月）
本田濟編譯『漢書・後漢書・三國志列傳選』（平凡社、一九六八年六月）
本田濟『東洋思想研究』（創文社、一九八七年一月）
間嶋潤一『鄭玄と『周禮』――周の太平國家の構想――』（明治書院、二〇一〇年一一月）
間嶋潤一「鄭玄の經書解釋『三禮』と今文學説・古文學説」（堀池信夫總編集、渡邉義浩・菅本大二編『知のユーラシア3　激突と調和　儒教の眺望』、明治書院、二〇一三年一〇月）
増淵龍夫『中國古代の社會と國家――秦漢帝國成立過程の社會史的研究――』（弘文堂、一九六〇年二月／新版は増補改訂し副題が無い、岩波書店、一九九六年一〇月）
町田三郎「後漢初期の社會と思想」（『集刊東洋學』第二八號、中國文史哲研究會、一九七二年一〇月）
町田三郎『秦漢思想史の研究』（創文社、一九八五年一月）
町田三郎「後漢思想史研究のための序」（『東方學會創立四十周年記念東方學論集』、東方學會、一九八七年六月）
松本雅明「後漢の逃避思想」（松本雅明『中國古代における自然思想の展開』（松本雅明博士還暦記念出版會、一九七三年／『中國古代における自然思想の展開――松本雅明著作集（13）』、弘生書林、一九八八年三月）
松本幸男『阮籍の生涯と詠懐詩』（木耳社、一九七七年七月）
満田剛「劉表政權について――漢魏交替期の荊州と交州――」（『創價大學人文論集』第二〇號、創價大學人文學會、二〇〇八年三月）

南昌宏「〈日本における『周禮』研究論考〉略述」（『中國研究集刊』月號（總第一〇號）、大阪大學中國學會、一九九一年六月）
南昌宏「鄭玄の感生帝説――周の始祖説話を中心として――」（『中國研究集刊』盈號（總第一一號）、大阪大學中國學會、一九九二年八月）
宮本勝「五經博士について」（『北海道大學人文科學論集』第一三號、北海道大學、一九七七年三月）
宮本勝「皮錫瑞『經學歷史』譯注（二）」（『北海道教育大學紀要　第一部A　人文科學編』第四二卷第一號、北海道教育大學、一九九二年二月）
宮本勝「皮錫瑞『經學歷史』（4）」（『中國哲學』第二三號、北海道中國哲學會、一九九四年一二月）
諸橋轍次『經學研究序説』（目黒書店、一九三六年一〇月）
安居香山「圖讖の形成とその延用――光武革命前後を中心として――」（安居香山・中村璋八『緯書の基礎的研究』、國書刊行會、一九六六年六月）
安居香山『緯書の成立とその展開』（國書刊行會、一九七九年二月）
山口久和「テクストの身體化――讀書行爲史の一素描――」（『中國思想における身體・自然・信仰――坂出祥伸先生退休記念論集』、東方書店、二〇〇四年八月）
山田勝美譯『論衡　中』（明治書院、一九七九年一一月）
山田崇仁「『周禮』の成書時期・地域について」（『中國古代史論叢』三集、立命館東洋史學會、二〇〇六年三月）
湯浅邦弘『竹簡學――中國古代思想の探究――』（大阪大學出版會、二〇一四年五月）
湯城吉信・矢羽野隆男・山口澄子・横久保義洋・釜田啓市「『後漢書』「儒林傳　上」譯注」（『研究紀要』第三〇卷、大阪府立工業高等專門學校、一九九六年六月）
湯城吉信・矢羽野隆男・山口澄子・釜田啓市「『後漢書』「儒林傳　下」譯注」（『研究紀要』第三一卷、大阪府立工業高等專門學校、一九九七年六月）
弡和順「趙岐とその學問――『孟子』所引の『詩』句に對する注釋を中心として――」（『中國哲學』第一四號、北海道中國哲學會、一九八五年九月）
弡和順「揚雄『法言』と『論語』――摸倣の意圖――」（松川健二編『論語の思想史』、汲古書院、一九九四年二月／楊菁譯「揚雄《法言》與《論語》――模倣的意圖――」、林慶彰・金培懿・陳靜慧・楊菁合譯『論語思想史』、萬卷樓、二〇〇六年二月）
弨和順「趙岐の詩經學」（『詩經研究』第二〇號、詩經學會、一九九六年二月）
弨和順「揚雄『法言』における摸倣と創造」（『中國研究集刊』律號（第三〇號）、大阪大學中國學會、二〇〇二年六月）
弨和順「法言摸倣考」（『北海道大學文學研究科紀要』第一一四號、二〇〇四年一一月）
吉川忠夫『六朝精神史研究』（同朋舍出版、一九八四年二月）
吉川忠夫訓注『後漢書』（全一〇册＋別册一册、岩波書店、二〇〇一年九月～二〇〇七年三月）
好並隆司『秦漢帝國史研究』（未來社、一九七八年三月）
好並隆司『後漢魏晉史論攷――好並隆司遺稿集』（溪水社、二〇一四年二月）
早稻田大學長江流域文化研究所「『後漢書』南蠻西南夷列傳譯注（三）」（『長江流域文化研究所年報』第三號、早稻田大學長江流域文化研究所、二〇〇五年一月）
渡邊幸三「漢熹平石經概説」（上）・（下）（『立命館文學』第四卷第八號・第四卷第九號、立命館大學、一九三七年八月・一九三七年九月）
渡辺滋『古代・中世の情報傳達――文字と音聲・記憶の機能論――』（八木書店、二〇一〇年一〇月）
渡邉将智『後漢政治制度の研究』（早稻田大學出版部、二〇一四年三月）
渡邉義浩『後漢國家の支配と儒教』（雄山閣出版、一九九五年二月）
渡邉義浩主編『全譯後漢書』（汲古書院、二〇〇一年一二月～　刊行中）
渡邉義浩『三國政權の構造と「名士」』（汲古書院、二〇〇四年三月）
渡邉義浩「日本における「儒教の國教化」をめぐる研究について」（渡邉義浩編『兩漢の儒教と政治權力』、汲古書院、二〇〇五年九月）
渡邉義浩『後漢における「儒教國家」の成立』（汲古書院、二〇〇九年三月）
渡邉義浩「儒教の「國教化」論と「儒教國家」の成立」（『中國――社會と文化』第二四號、中國社會文化學會、二〇〇九年七月）

三、拙稿（發表年次順・單著のもの）

井ノ口哲也「後漢研究へのまなざし」（『歷史學研究』第七〇七號、青木書店、一九九八年二月）
井ノ口哲也「「經」とその解說――戰國秦漢期における形成過程――」（『中國出土資料研究』第二號、中國出土資料研究會、一九九八年三月）
井ノ口哲也「「論」の立場――王充の「作」「述」否定の意味――」（『大久保隆郎教授退官紀念論集　漢意とは何か』、同論集刊行委員會、二〇〇一年一二月）
井ノ口哲也「後漢時代の學問ジャンル――經學と諸學――」（『東京學藝大學紀要　人文社會科學系Ⅱ』第五八集、東京學藝大學、二〇〇七年一月）
井ノ口哲也「書評　渡邉義浩著『後漢における「儒教國家」の成立』」（『史學雜誌』第一二〇編第九號、史學會、二〇一一年九月）
井ノ口哲也『入門　中國思想史』（勁草書房、二〇一二年四月）
井ノ口哲也「書評　鄭玄と『周禮』――周の太平國家の構想――　間嶋潤一著」（『新しい漢字漢文教育』第五四號、全國漢文教育學會、二〇一二年五月）
井ノ口哲也「「章句」攷――范曄『後漢書』を中心に――」（『紀要　哲學』第五六號、中央大學文學部、二〇一四年二月）

以上

著者紹介

井ノ口 哲也（いのくち・てつや）

1971年　兵庫県神戸市に生まれる。

2006年　博士（文学、東京大学）。

現　在　東京学芸大学教育学部准教授。

著書に『入門　中国思想史』（勁草書房、2012年）がある。

後《ご》漢《かん》経《けい》学《がく》研《けん》究《きゅう》序《じょ》説《せつ》

著　者　井ノ口　哲　也

発行者　池　嶋　洋　次

発行所　勉　誠　出　版（株）

〒101-0051 東京都千代田区神田神保町三-一〇-二

電話　〇三-五二一五-九〇二一（代）

二〇一五年二月二十一日　初版発行

印刷　太平印刷社

製本　若林製本工場

ISBN978-4-585-21023-8　C3012

索　引

凡　例

一　索引の項目は、本文と注から採ったものである。

一　論著名索引は、清末民初あたりまでの論著をめどに採録した。
それ以降の論著については、「参考文獻」を参照していただきたい。
書中の篇で上と下に別れるものは、上・下の順に掲載した。
特に、正史は、本紀・書・世家・志・列傳の順に掲載した。

一　人名索引は、近現代の研究者についても、人名を採録した。
姓と名が明確な人名の配列は、姓に基づくことを優先した。

論著名索引
（石碑名を含む）

お

か

す

せ

わ

人名索引
（伝説上の存在も含む）

き

く

け

こ

そ

た

ち